巾帼交大科教功勋

徐学敏 主编

萨日娜 苏卓君 副主编

上海交通大学出版社
SHANGHAI JIAO TONG UNIVERSITY PRESS

内容提要

本书从母校视角出发，讲述了和上海交通大学有渊源关系的十一位杰出女性科教工作者的突出成就和感人故事。书中收集的珍贵图像资料与采访记录，生动展现了她们站在时代前沿、爱岗敬业、拼搏进取的巾帼风范。书中用生动的笔触展现了她们作为"巾帼交大"的典型代表形象和成长经历、研究成果与工作历程。她们艰苦奋斗、攻坚克难、实现人生理想的同时为国家贡献，为人民造福。在她们身上所体现的心有大我、至诚报国的爱国情怀，追求真理、严谨治学的科研精神，甘为人梯、育人不倦的大师风范，坚韧执着、春泥护花的女性光辉。本书可供高校和妇女工作者阅读、参考。

图书在版编目（CIP）数据

巾帼交大 科教功勋 / 徐学敏主编；萨日娜，苏卓君副主编. —上海：上海交通大学出版社，2024.1
ISBN 978-7-313-28589-8

Ⅰ.①巾… Ⅱ.①徐… ②萨… ③苏… Ⅲ.①上海交通大学-女性-科学工作者-先进事迹-现代 Ⅳ.①K826.1

中国国家版本馆CIP数据核字（2023）第066541号

巾帼交大 科教功勋
JINGUO JIAODA KEJIAO GONGXUN

主　编：徐学敏　　　　　　　　　　副 主 编：萨日娜　苏卓君
出版发行：上海交通大学出版社　　　地　　址：上海市番禺路951号
邮政编码：200030　　　　　　　　　电　　话：021-64071208
印　制：上海盛通时代印刷有限公司　经　　销：全国新华书店
开　本：710mm×1000mm　1/16　　印　　张：22.25
字　数：294千字
版　次：2024年1月第1版　　　　　　印　　次：2024年1月第1次印刷
书　号：ISBN 978-7-313-28589-8
定　价：88.00元

编 委 会

主　编　徐学敏

副主编　萨日娜　苏卓君

编　委　（按姓氏笔画排序）

序

习近平总书记指出："纵观历史，没有妇女解放和进步，就没有人类解放和进步。""在中国人民追求美好生活的过程中，每一位妇女都有人生出彩和梦想成真的机会。"

近年来，我国女性科教工作者队伍规模不断扩大、能力不断提升，在人才培养、科学研究、成果转化等各个方面做出杰出贡献。她们以巾帼不让须眉的姿态，展示"她风采"，传递"她力量"，创造了无愧于时代的成就，书写了昂扬奋进的巾帼华章。

上海交通大学作为我国历史最悠久、享誉海内外的高等学府之一，自1927年就开始招收女生，在中国妇女事业发展史上留下重要一笔。学校在127年的发展历程中培养了众多杰出女性人才，她们走过战乱与动荡，投身改革和发展，不仅撑起学校建设的"半边天"，也为民族发展和社会进步做出突出贡献。此次由上海交通大学妇女工作委员会主编的《巾帼交大 科教功勋》一书，将"她力量"与科教兴国战略相结合，从母校视角出发，讲述在交大工作或从交大走出的杰出女性科教工作者的突出成就和动人故事，向她们艰苦奋斗、迎难而上的风采致敬，向她们坚定信念、无私奉献的情怀致敬，以期激发社会对"她力量"的共同认识。

本书共有十一个章节，分别讲述了九位女院士与两位学校党委书记的成长经历以及工作生活中攻坚克难、实现人生理想的生动故事，读后令人感动。她们有的出身贫寒，却从未放弃过对知识的渴望，一生矢志追求真理；有的甘愿放弃国外优渥的待遇，毅然回到当时一穷二白的祖国，为国家科研事业贡献力量；有的始终坚持以国家需求为自己的研究目标，数度改变专攻方向，时刻准备挑战新的课题；有的将人民的健康与幸福当成最紧要的事，知行合一，真正将论文写在祖国的大地上、写在人民的健康事业上；有的坚守大学之道，为人才培养事业殚精竭虑、春泥护花……书中收集的珍贵图像资料与采访记录，生动展现了交大杰出女性始终站在时代前沿、爱岗敬业、拼搏进取的巾帼风范。

选择交大，就选择了责任；走出交大，就要勇担使命。希望本书的出版，在讲好交大女性科教工作者奋斗故事的同时，进一步彰显交大人的责任与担当；相信书中所展现的饮水思源、爱国荣校的精神品质，定能激励一代又一代年轻人，特别是交大学子们心怀"国之大者"，孜孜不倦创新突破，在全面建设社会主义现代化国家、全面推进中华民族伟大复兴的新征程上做出新的贡献！

上海交通大学党委书记 杨振斌

2023 年 10 月

目 录

GAO
XIAOXIA

巾帼名言：科学要为人类造福，在科学研究上一定要实事求是，绝不能掺半点虚假。

高小霞

中国杰出的分析化学家

人物简介

　　高小霞（1919—1998），浙江萧山人，1944年毕业于上海交通大学化学系。1946—1948年在上海中央研究院化学研究所任研究助理员。1949—1951年在美国纽约大学研究生院攻读电分析化学和微量分析，于1951年初获硕士学位。为了能早日参加新中国建设，报效祖国，她放弃在美国继续攻读博士学位的机会，克服重重阻挠，于1951年5月回到祖国，在北京大学化学系任教。1980年，她当选为中国科学院学部委员（院士），后多次担任国务院学位委员会学科评议组成员、全国人大代表、政协委员、科学技术顾问。

　　20世纪50、60年代，在实验条件极度困难的情况下，她努力开展科研工作，将基础理论的研究与国家建设的需要结合起来，取得双极化电极电流滴定理论创新性成果，同时开展对矿产资源、金属冶炼中的分析方法研究。她还利用化学催化反应于极谱分析来提高分析灵敏度（称为极谱催化波），并开创一类简捷灵敏的几十种微量元素的极谱催化波方法，引发国内对催化波的研究兴趣和方法的广泛应用。1965年，她参加在民主德国举行的"国际纯物料会议"，报告论文《极谱催化波的机理和应用于痕量分析》受到普遍好评。1978

年，针对我国丰富的稀土资源和广泛的应用前景，她选择稀土极谱分析作为研究方向，指导研究生和电分析组成员经过几年的努力探索，提出了20多种稀土络合吸附波分析方法，可用国产小型示波极谱仪测定微量单个稀土和稀土总量，促进了国内对稀土及其他微量元素络合吸附波的研究和应用，解决了众多难题。

1980年，高小霞参加在布拉格召开的"纪念海洛夫斯基学术报告会"，在会上做了有关"稀土极谱分析"的学术报告，受到国际科学家的重视。她用极谱络合吸附波法测定了某些植物，如茶叶、黄瓜根、茎、叶及伤流液中的稀土含量，研究其在植物中的分布规律。她将这一时期的科研成果发表在国外顶尖期刊上，开拓稀土分析的一个新领域，并发展极谱分析，使我国相关领域的研究达到了国际先进水平。1989年，已过古稀之年的她瞄准国际科技发展的前沿，并结合我国的实际，开展了在模拟生物膜（BLM）中稀土络合物光—电效应和稀土对植物根系氮素同化过程中有关酶活性，以及稀土、锌对谷氨酸脱氢酶、乳酸脱氢酶等催化活性和酶催化反应机理的研究等，取得了一系列高水平的成果。

高小霞在国内外刊物上发表论文200余篇，出版科研专著5部，多次获得国家自然科学奖、国家教委科技进步奖，以及北京市科技进步奖。她还为发展我国的分析化学教学与科学研究及高素质人才的培养做出了重大的贡献，是我国杰出的化学教育家、杰出的分析化学和电分析化学家。

一

坚定信念，自强奋斗立足社会

高小霞出生于1919年，正值五四新文化运动在中国兴起，举国追求"德先生"（Democracy——民主）和"赛先生"（Science——科学）的时代。一批接受了现代西方教育的中国知识分子，提出摒弃传统文化和封建道德，破除旧式婚姻与习俗，实现个人解放与自由的主张。在这样的社会背景下，一部分女孩子有机会走出闺房，进入现代新式学校接受教育。成长于浙江省一个小镇的高小霞，直到10岁随家来到上海，才获得了难得的上学机会。她1932年考入上海工部局女中，在此度过了初高中时代。后又考入交通大学，逐渐成长为一位在事业、爱情和家庭中不断探寻和实现自我价值的新女性。

高小霞10岁时开始上小学。大哥曾戏言："你是土岁（11岁）上学。"高小霞在上海求学、工作，一直到1948年。家里生活不富裕，但她从来不顾及衣食住行的窘迫，长年穿着蓝布衣服，奔走在家和学校之间。在旧社会的上海，她看到一边是灯红酒绿，一边是雪地饿殍。世间的炎凉、社会的动荡在她心中烙下深深的印记。她从小富有同情心，看到穷困潦倒的路人常常感到不安和痛苦。

她进的是工部局女中，同学中不少是华侨子女，衣着华丽，周末还有电影或舞会等。家境清贫的高小霞从不羡慕她们舒适的生活，鲜亮的穿戴，总是将心思放在学业上。她下决心，将来一定要成为一名有独立思想、自强不息、学识渊博，掌握真本事，不任人欺侮的人。初中毕业后，她认为高中学费太贵，拟报考免费的苏州女子师范学校。工部局女中校长得知学习优异的高小霞的状况后，给她三年奖学金，让她顺利读完了高中。她后来将此事铭记于心，立志努力学习报效师恩，成长为有远大志向，以所学知识报效祖国的一代学人。

1937年，18岁的高小霞在上海工部局女中读高三

那时抗日战争已爆发，中学课堂上满怀爱国热情的老师们深深影响着高小霞。她想去当一名军人，赶走侵略者，但是家里只有病弱的父亲和继母。母亲早年去世，继母待她一直很好。高中毕业后，高小霞考上了西南联大生物学系，但当时路途遥远，旅费也是一笔不小的开支。女中校长再一次伸出援手，向老师们呼吁，资助她去昆明。正当她准备启程时，父亲悲伤地说道："书局紧缩，我可能失业，你兄姐都去了内地，身边只你一人，你忍心抛下我们而去吗？"高小霞偷偷哭了一夜，最后放弃了到昆明上西南联大的机会。校长帮助她在女中当了一名辅导员，替老师们修改作业，给暑期补习班上课，获得一些费用补贴家里的生活。但渴望求学的高小霞一直没有放弃升学的机会，1940年又考上了已迁驻法租界的交通大学化学系。因为交大学费每学期只十元，又可以走读，使她获得了上学机会，一切又开始变得忙碌而快乐。但不幸的是，就在那年夏天，父亲去世，高小霞只能半工半读，直到1941年。

高小霞交大毕业照

在一次又一次的现实困境面前，支撑高小霞的是练就真本领，靠自己的奋斗立足于社会的坚定信念。据她晚年回忆，这种念头的起源是童年时目睹了堂姐被送人的命运，而对自我的价值有了一种危机感。来到上海后，她深刻感受到社会的贫富差距。工部局女中的大部分同学家庭条件优越，高小霞却家庭经济困难。追求知识成为她获取自尊和实现自我价值的最为重要的途径。她"暗下决心，一定要努力学习，将来能够独立、自强，有点真本领"。这样的信念也追随了高小霞一生，成为她在科研和教育上不断上下求索的动力。后来当了母亲的高小霞，仍然教诲四个女儿要"自尊、自强、自立"。

有记者问她，在几十年的教师生涯中是如何处理好家庭与事业的关系的？她说她很幸运，家务由继母主管，四个女儿都请保姆照顾。徐光宪生活简朴，支持她专心业务。但是与今日父母对子女的热情关怀、精心教育相比，她感到内疚。她认为在孩子们年幼时，作为父母她没有陪伴她们游玩，让她们度过快乐的童年，孩子们上学后也很少管她们。没有常和她们谈谈话，更说不上沟通思想，增强感情。1966年，大女儿徐红刚上初中，二女儿徐燕小学毕业，"文化大革命"就开始了。1969年，她们分别去云南和黑龙江兵团劳动。小的两个女儿总算念完中学。直到1976至1977年大女儿和二女儿先后从云南和黑龙江回来，一家团聚，她称为"咱家全盛时期"。

女儿们后来都上了大学，宽慰徐光宪和高小霞说："有你们这样的父母足以自豪，妈妈就是事业心太强了点，我们从你们那里学到一点最可贵的东西，那就是人要不断学习，努力奋进，不怕苦不怕难，对国家做出贡献。"女儿们都很用功，学有成就。只是在她们结婚后碰到了同样的苦恼，家庭与事业不能兼顾，不能两全。三女儿在国外生下一对可爱的双胞胎女孩。她在家里已忙得不可开交，还要去实验室工作，孩子一旦生病，她就不得不请假。她和高小霞一样，事业心很强，不服气，一心要在科研中做出点好成绩，累得她精疲力竭。高小霞认为，女性要在事业上获得成就，要比男性付出更多的艰辛。

二

投身化学，追逐科学救国之梦

1940年，高小霞进入交通大学读书，选择了化学这一实用性较强的专业，从此将其作为一生安身立命的"本领"。毕业之后，几经辗转，高小霞经交大老师推荐，于1946年进入由昆明迁回上海的中央研究院化学研究所担任助理员。在这里，她先后协助梁树权、吴征铠两位化学家的研究工作，受到非常严格的化学实验训练。高小霞在晚年回顾时认为，这是其一生重要的转折点。对她来说，这里就像过去的"翰林院"，虽然收入不高，但是科研生活令她发自内心地喜悦。据高小霞回忆，当时化学研究所所长吴学周在动荡的社会局势下，仍然坚持在所里每周组织学术报告会，由研究员轮流作报告。高小霞作为助理员也可以参与，当时在交通大学任教的徐光宪也来旁听。这里成为夫妻二人走上化学研究道路的重要起点。

高小霞的化学事业和"科学救国"的理念深深地联结在一起。对她来说，科学救国是一种人生情结。这种情结有多个来源，其一是童年时代从长辈那里听来的历史故事，岳飞的精忠报国、诸葛亮的鞠躬尽瘁，作为民族文化的血脉流入她的心中。其二是青少年时代目睹了日本人侵略中国与百姓罹难的现实。对于高小霞来说，当亡国奴的苦闷远远胜于生活艰辛所带来的苦楚。1946年，高小霞和丈夫徐光宪一起参加了国家留学生考试，希望能够去国外多学些本领回来报效祖国。1947年，徐光宪先行赴美，一年多后高小霞留美。

高小霞在纽约大学研究生院攻读电分析化学和微量分析。由于经济条件紧张，她仍然坚持半工半读，在导师贝内德蒂·皮克勒（Benedetti Pickler）教授的推荐下，到康奈尔大学医学院的生物化学实验室做元素分析和同位素分析技术员。这是一家世界顶尖的实验室，当时的主持人文森特·迪维尼奥（Vincent du Vigneaud）教授是1955年诺贝尔化学奖获得者。高小霞在这个实验室可以参加每周三次的学术讨论，了解生物化学发展的前沿，同时也可以用实验室中的一些先进仪器进行实际操作。由于在国内接受过相对系统的分析化学实验训练，高小霞在实验室的工作总是完成得又快又准确，再加上她的中国女学生身份，令迪维尼奥教授对她印象深刻。

高小霞在纽约大学两年三个月的学习和实验研究，是利用学校在晚上和周末也开课教学的便利，在非工作时间开展的。除了选课外，在皮克勒教授指导下，高小霞用统计力学的方法，对杜马斯（Dumas）测氮方法的灵敏度做了理论分析，完成了论文"Equilibrium States and Theory of Combustion of the Method of Dumas for the Determination of Nitrogen"，获得硕士学位。在这一过程中，她也从皮克勒教授那里学到了一个深刻影响她之后学术科研工作的理念：搞分析化学研究不仅仅是Know how（技术秘诀）和解决分析任务，而是要Know why（原理知识）并且探索分析方法的机理。

硕士毕业之后，高小霞计划再读两年，取得博士学位。但是1951年朝鲜战争爆发，高小霞和徐光宪感受到中美关系的日渐紧张，他们当机立断，赶在美国政府禁止中国留学生回国的法令颁布前返回中国。为了回国，高小霞放弃了她一直追求的博士学位，徐光宪也舍弃了美国大学的教职。晚年的高小霞曾经多次向自己的研究生讲述这段回国的经历，既是感慨当时做决定时的凶险与果断，同时也是提醒自己的学生一定要心系祖国。她对学生说："我们一点都不后悔。不但不后悔，而且很欣慰。虽然我们在国内的物质条件比留在美国差，我也没能拿到博士学位，但我们却能为自己的国家工作。人各有志，我们的志向就是为自己国家做一点贡献。"

三

攀登高峰，未名湖畔授业传道

1951年5月初，徐光宪和高小霞从美国来到北京，满怀对新中国的激情和对首都的美好憧憬。唐敖庆教授介绍他们到著名的北京大学化学系任教。

从20世纪50年代初开始，高小霞在学术方面将其化学教学和研究工作坚持了47年。她先后在北京大学开设了"分析化学""仪器分析""电化学分析""高等电化学分析"等课程。其中，"仪器分析"是受到苏联影响新开设的课程。中华人民共和国成立初期的北京大学化学系，仪器设备简陋，分析化学教研室只有分光光度计和pH计等少量仪器。高小霞采购了捷克生产的照相式极谱仪，但使用中她发现这种照相式极谱仪测定极谱半波电位的灵敏度太低，只有0.01伏。为了提高灵敏度，高小霞根据自己在纽约大学做过的极谱分析实验，向物理化学实验室借来K式电位计和微安培电流计试着组装极谱分析仪。结果高小霞组装的仪器在测定极谱半波电位时灵敏度达到了0.02毫伏，是采购的照相式极谱仪的500倍。后来，她又用K式电位计加氢电极自行组装了高灵敏度的pH计等多台设备，逐渐开展起电分析化学的教学与研究。开仪器分析课还需要光谱分析，没有系统学习过光谱分析的高小霞，专程前往长春应用化学研究所请教柳大纲、黄本立等专家，逐渐建立了北大的光谱实验室。除了写学术著作以外，她又编写了《仪器分析》《电分析化学导论》等教科书，使北大分析化学专业成为国内高校最早开设仪器分析课程的专业之一。

高小霞自从1951年站上北京大学的讲台，逐渐形成了自己的教学方法和教学风格。她注重学生文献阅读能力、问题分析能力、实验动手能力等基础学习和研究能力的锻炼，并且密切关注他们的研究进展，培养他们的学术前瞻能力。据北大分析化学专业1959级学生姜承永回忆，他们写作本科毕业论文时，高小霞专门为全班同学讲授毕业论文各阶段的工作要点和相关的研究方法。在讲授完化学文献查阅方法后，高小霞带领学生到化学系图书馆，详细说明各类化学手册的内容和功用，对于分析化学方面的重要手册、丛书等，还特别指出各书的特点和灵活运用文献资料的方法。她的研究生焦奎认为"高先生讲课很有特色"。她的课"不完全按课本和讲义讲，而是把自己的科研工作、心得和体会尽量糅合进课程内容，在讲清楚基本概念和基本理论的同时介绍世界该领域的研究前沿"。在授课之外，高小霞几乎每天都到实验室查看学生们的研究进展，和学生讨论实验方法和学科发展。姜承永在毕业实验时遇到分析结果突变的问题，高小霞每天都到实验室看他做实验，帮他分析可能的原因，鼓励他更换试剂和实验装置等，排查相关因素。姜承永最终用三周时间找到了原因，完成了实验和论文。

教学的同时，高小霞也不断推进科研工作。她的研究有一个重要的特点，就是在创新研究理论和方法的同时，致力于与时代需求和国家建设相结合。20世纪50年代，国家掀起大规模建设热潮，开发矿业和发展半导体材料生产是其中重要的领域。针对当时高纯金属材料和半导体生产中微量杂质分析的要求，高小霞开始带领研究团队利用化学催化反应于极谱分析来提高分析灵敏度，称为极谱催化波。他们从1957年至1966年对20余种元素分别提出了催化体系，为资源开发利用提供了灵敏、快速、简便的检测手段。

1978年后，高小霞开始带领研究生将极谱分析方法用于稀土研究。据焦奎回忆，高小霞将"稀土元素的极谱分析研究"作为研究生的课题。这在当时是一个具有挑战性的世界前沿课题，因为学界普遍认为极谱方法不适用于稀土元素的分析。但高小霞考虑到中国是稀土大国，资源丰富，且应用前景广泛，将极谱这一方便、易于推广的技术应用于稀土元素分析，是一项国家建设所需的研究，因而迎难而上选择了这个方向。高小霞每天都到实验室了解学生的实验进程，和学生一起研究讨论。经过几年努力，研究团队终于可以用极谱络合吸附波方法对个别稀土和稀土总量进行高灵敏的准确测定。

　　在从事稀土元素极谱分析研究的同时，高小霞关注稀土农用问题，致力于理论和新方法的实际应用。她带领研究生与中科院植物所合作研究稀土元素对植物的作用机理和生理功能。年逾六十的她亲自带着学生去中科院植物所与合作的教授研究和讨论；跟学生们一起拟定用所提出的稀土元

高小霞夫妇在交大两院院士图片资料展开幕式

素极谱络合吸附波新方法测定植物根、茎、叶、伤流液以及植物所生长土壤中的微量稀土含量的方案；想尽办法从江西稀土矿区找来各种植物和土壤供学生们作为分析样品，以探索植物中稀土含量与土壤稀土含量的关系以及稀土在植物中的分布规律。他们最终在该课题上取得了一系列成果。1980年，高小霞当选为中国科学院学部委员。

1989年后，高小霞在已过古稀之年、腿部受伤必须坐轮椅的情况下，仍然将国际科技发展的前沿与国家实际需求结合，带领团队开展新领域的研究。学生们看到高老师因摔伤后行动不便，仍然以饱满的状态进行科学研究很是感动。她不顾身体的不适，仍然坚持招收博士和硕士研究生，继续参加各种社会活动和学术活动，继续关心和指导全国分析化学学科的发展，全国的分析化学年会和全国电分析化学学术会议几乎每次她都坚持参加。在科学研究上，她继续坚持着高标准、走创新之路，不断开拓着分析化学研究的新领域，还先后出版了《电分析化学导论》《极谱催化波》和《稀土农用与电分析化学》三部专著。她与高鸿先生一起主持了"八五"期间分析化学国家自然科学基金重大项目"生命科学中的电化学分析和分子光谱分析研究"。1997年12月，高小霞主持的这项重大项目结题验收，会议在北大西门外不远的一个宾馆召开。高小霞在会上还坚持自己做汇报，验收组对项目的完成给予了很高的评价。这个项目刚结束，高小霞又在计划着组织申请下一个重大项目。在吃饭的时候，她还跟学生谈起过对学术界的弄虚作假不正之风的看法，对此现象表示了极强烈的激愤，并以上海某大学的虚假事件为例，告诫学生们在科学研究上一定要实事求是，绝不能掺半点虚假。高小霞一直工作至1998年去世前夕。对于高小霞来说，享受生活始终要让位于工作，而工作给她的是艰辛付出所获得承认的满足，是精神层面十足的愉悦。她最终没能完成去北大听名师讲文学课的心愿，也来不及动笔写她计划好的英文小说"Four Sisters of Three Generations"（三代四姐妹）。

高小霞十分关怀学生，爱生如爱子。学生焦奎在对老师高小霞的回忆录中写道，他从做高小霞的研究生第一天起直到老师去世，无时无刻不受到老师的关心爱护。焦奎获得硕士学位后，被分配到离北大不远的中国农科院。农科院已经给他安排了住处，他还由农科院人事处的同志领去看过房间。但高小霞希望他留下来继续攻读博士学位，并且报到学校获得了批准。他很犹豫。那时他的爱人带着两个孩子在吉林省的一个林业局，大的孩子上二年级，小的孩子还没有上学，十分困难。早点工作家里困难会小一些。就在他犹豫不决的时候，高小霞耐心做他工作，希望眼光看得远一点，克服暂时困难。高小霞说："国家很需要高层次建设人才，所以才建立博士学位制度。作为第一批博士研究生，你已经取得资格，不要轻易放弃。"正是在高小霞的关怀下，他才得以完成学业。正在进行博士论文研究的紧张阶段，焦奎父亲来信说他的病又加重了。于是，他下决心把父亲接到北京来检查治疗。到了北京后，经检查为很重的胃溃疡，需要住院手

1996年徐光宪76岁生日，学生们看望高小霞和徐光宪时合影

术。他凑不够这笔费用。高小霞知道后，给了他不足部分的住院费，使他父亲顺利住院做了手术。出院后，高小霞和徐光宪还请他父亲吃饭。直到焦奎父亲去世时，他还念念不忘高小霞和徐光宪的好处。

高小霞多年来在分析化学的园地中深耕和开拓，同时循循善诱地引导学生进入分析化学的世界。她是传道、授业、解惑的师者，更是以人格和风骨感召后辈的先生。

四

筑梦燕园，院士伉俪比翼双飞

中国科学院院士、中国工程院院士，是国家在科学技术方面建立的最高学术称号，具有崇高的荣誉和学术上的权威性，是中华民族现今科学技术队伍的水平和声誉的代表，是中国科技人员中的卓然超群者，约占整个科技队伍的万分之一。而在这凤毛麟角的院士中，竟有十几对院士夫妇，

1946年4月18日，高小霞、徐光宪在上海国际饭店喜结连理

双双在科学技术领域比翼高飞，闪现出耀眼的光辉。相濡以沫半个多世纪的北京大学教授徐光宪、高小霞伉俪便是令人羡慕的两位。

徐光宪、高小霞同是浙江人，他们的故乡绍兴与萧山本相隔不远，后又同在上海交通大学读化学系，真是

天缘机巧，他们的住处又相隔不远。因为高小霞的文学才华和英语水平高，她讲的沙翁剧本和狄更斯的故事传神有趣，并能熟练地用英语背出其中的大致对白名句，徐光宪静心屏气地听而且听了还想听，常常告别时已是很晚，以至于有一次徐光宪要回家时，高小霞送他出门发现放在门口的自行车不翼而飞了，不知被哪位梁上君子顺手牵了羊，徐光宪只好步行回家。

他们在1946年通过国家留学生考试。在亲戚资助下，徐光宪于1947年用官价（仅为市价的十分之一）买外汇去美国留学。高小霞要等到一年后，徐光宪兼职哥伦比亚大学化学系助教时，才能前去攻读学位。1949年初，高小霞在纽约大学学习分析化学，但当时留学生已不能买外汇，而学费很贵，她不得不找点工作。由高小霞的导师皮克勒教授介绍她白天去康纳尔大学医学中心当分析员，晚上去纽约大学上课，半工半读和她结了不解之缘。每当晚上回来，徐光宪总等着她，鼓励她学习。这时，他们认识了唐敖庆等杰出同学，参加了由哥伦比亚大学中国同学会（唐敖庆是会长）、留美中国科学工作者协会（侯祥麟是会长）等组织发起的庆祝新中国国庆晚会，从《华侨日报》不断听到国内的好消息，常常有同学悄悄回国。唐敖庆回国后来信并介绍他们到北京大学任教。

1949年，高小霞和丈夫徐光宪在美国留学期间合影

1951年徐光宪先获博士学位，导师再三留他任讲师或到芝加哥大学做博士后，高小霞也可以不去工作，安心学习。当时进入抗美援朝时期，同为留学生的钱学森要回国，饱受阻挠。美国当局为阻止留学技术人才到新中国，已签署法案，让所有中国留学生加入美国国籍，不准回国。在等待美国参众两院通过法案时，高小霞决定放弃博士学位，和徐光宪一起借华侨回国探亲、仍返回美国之名获得签证，于1951年5月回到祖国，结束了她艰苦求学的旅程。他们回国后不到两个月，美国两院通过法案，已经不允许留学生回国了。直到1954年周恩来总理在日内瓦会议上和美国当局交涉，以遣返在抗美援朝中俘获的美军少将等军官为条件，才使得钱学森等留美学生重新获得回国的机会。

回国后，他们立即加入新中国的科技事业，陆续获得傲人的学术成就。徐光宪在量子化学、化学键理论、络合物化学、萃取化学、稀土串级萃取及其工业应用等方面取得丰硕而卓越的成就，曾获国家自然科学奖、何梁何利基金科学与技术进步奖、省部级奖多项，并获国家最高科学技术奖提名。在此同时，高小霞一直从事分析化学的教学与科研，她在仪器分析、电化学分析、极谱分析等方面成就卓著。她创建的络合吸附波研究法，具有简便、灵敏、快速、省钱等特点，适合我国国情，具有中国特色，推动了国内同行对极谱催化波的研究。她开创的稀土元素极谱分析法的灵敏度比国外同类工作提高三四个数量级，受到国际上的重视。

美国稀土学权威卡尔·哥斯奈德（Karl A. Gschneidner）教授和艾林（L. Eyring）教授特邀高小霞撰写"稀土的极谱催化波分析"专章，收入他们主编的大型工具书《稀土化学与物理手册》（*Handbook on the Physics and Chemistry of Rare Earth*）的第8卷，该手册已被国际稀土学界视为经典。

高小霞曾在中央研究院化学研究所做过吴征铠、梁树权教授的助手，受到了严格的实验训练，因此动手能力很强。早在1953年前后，高小霞曾用K式电位计自行组装极谱仪，不仅节省开支，而且灵敏度提高500倍。在几十年的教学科研中，她经常根据实验需要自己组装仪器设备。这一优势曾给徐光宪转换科研方向给予有力的帮助。徐先生曾回忆道："记得刘若庄教授（中国科学院院士）曾说佩服我能快速转变研究方向，但他不知道我得益于高小霞的启发和帮助。"

1986年，高小霞和徐光宪在沈园合影

徐光宪甚至认为："如果没有高小霞的帮助，我要从理论研究转向实验研究，恐怕很不容易。只靠量子化学的一些基础，很可能在北大站不住脚。"徐光宪谈起夫妇二人相互帮助、相互启发，经常晚上一起在化学南楼做双指示电极实验，到半夜才双双骑车穿过宁静而美丽的燕园回到中关园宿舍的美好日子，幸福之感溢于言表。

那时北大理学院在沙滩，他们暂住红楼。不久校方让他们去黄米胡同一小间屋子居住，屋子实在太小，放不下仅有的几箱书和衣物。当时的化学系主任孙承谔教授腾出他家一间大屋子，让徐光宪与高小霞住了进去。不久，曾昭抡和俞大纲教授把他们的一座精美小院房让给徐光宪与高小霞住。有了卧室、书房和客厅，他们十分高兴。他们的大女儿在那时诞生，还可再请个小保姆管理家务。院子不大，住着几家著名学者，如冯至、朱光潜、张景钺、芮沐等。庭院中央花坛种着一些花草，早晨、傍晚可以和芳邻相逢，谈上几句，很是愉快。在北京有了一个家，他们也就不再作南归之想了。

1952年院系调整，他们留在北大，但要迁居到海淀中关园新建的一大套平房中去。记得那时从动物园往北，马路两边少有人家。田野青青，一派郊区清静风光。中关园刚建起一排排平房，房前小院尚未种花栽树，甚至还没挂上门牌。高小霞一天夜归，竟找不到自己的住宅。不过很快，同事们都搬来，热闹起来了。高小霞家门外和大家一样也种起一道短篱笆，种起各色花草。其中有一树月季，春天竟开了一百多朵黄红色大花，引得路人驻足观赏。家里有了一个大客厅，邻居的中小学生常来看电视。一次国际乒乓球大赛，来了许多人，结束后，保姆收拾房间，不觉惊喜地叫起来："看！今天我们还捡了个男孩！"原来有邻居家的小男孩蜷缩在门旁呼呼睡着了。中关园有一条小溪，架一石桥分隔成沟东、沟西，高小霞家在沟东。溪中芳草、流水，春夏天还能听到蛙声。园内柳树渐成荫，她骑车出北门，经过一段砂石路和一家桃园，便来到新建的化学楼。初夏晚上，高小霞从实验室出来骑车回家，风飘飘吹衣，邻家篱笆架上蔷薇阵阵送香，各家灯火相映，徐光宪也尚在伏案工作，在宁静和安乐中享受着科学给他们带来的快乐。每逢佳节，他们总要去园里散散步，看看柳梢明月，听听邻家孩子欢声笑语。冬天大雪纷飞，火树银花。曾有一次，他们带着两个女儿在未名湖冰上溜着玩。在来北京前他们曾想过要学会滑冰，谁知一直很忙，这次是圆了一场冰上的梦。徐光宪与高小霞在中关园276号大平房度过了难忘的十几年。

　　随着国内风云变幻，住房紧缩，他们搬到了中关园69号。那是一套有四扇房门通向中间小客厅的平房。高小霞曾开玩笑说："可以在各房间转来转去，像小白耗子似的。"但在这里也只住了二三年，房子要一分为二，供两家住，于是他们又搬到中关村25楼二层去住。那里只有前、后两大间，旁边朝南两间，分别有两家邻居住着。他们只得使用上下铺。床下、桌上都堆满了书，非常拥挤，但邻居们非常照顾徐光宪与高小霞。友好热情的邻里关系，在人情世故方面没有太耗费他们的精力，他们开始争分夺秒地重新投入学术中。在中关村住了两三年后，他们又要搬到校西门外的蔚秀园。那里是一片新建楼房，设计精巧、秀丽，有水池、有山坡，树木茂盛，环境宜人，邻居们也是北大教授及其家属。房子变得宽敞了，但由于人口众多，还是略显狭小。屋前种花、屋后种竹，他们打算长住了。1976年至1977年，他们的大女儿和二女儿先后从云南和黑龙江回来，去工作或上学。那时他们一家七口，虽然很挤，但其乐融融。他们有时在小山坡石头上坐坐，有时到邻近的承泽园看牡丹，向南走，有荷塘美景，清风飘香。高小霞去化学楼要骑车横穿校园，从西到东，习以为常，温馨热闹的家和研究工作逐渐取代了"文化大革命"中的一切伤痕。

1978年，学校把他们调整到校内朗润园，四层楼一套宽敞的住房。朗润园在未名湖北面，有后湖与万泉河相通。后湖一池碧波，一边是几座楼房，一边是小山坡和几间竹篱小舍。垂杨柳围绕在湖旁，小山坡上有亭翼然，掩映在绿树丛中。楼间距离较大，两排高大杨树将它们隔开，树间有时可见鸟窝。楼下各家门前都有小花园。若在早上到湖边一站，空气清新，但见鱼跃湖中，一群群鸽子绕树飞翔。夏日傍晚，若在湖边长椅上小坐，可以看到夕阳余晖将山坡上小亭、绿树倒映在湖水中，轻轻荡漾，煞是迷人。更可喜的，若能遇上一两位名教授，聊上几句，很受教益。中文系陈贻焮教授是研究杜甫诗的专家，高小霞说过要跟他学作诗。一次他对徐光宪和高小霞说："有一外宾来访后，说北大真美，朗润园是Paradise（伊甸园）！"高小霞说不知道Paradise有多美，只愿在人世间，长住景色如画的朗润园。

人有旦夕祸福，1983年底，高小霞在图书馆摔伤骨折。出院后，行走不便，去化学楼要有人带着。孩子们多已出国，房子很宽敞。校方照顾又让他们从四楼搬到二楼，出入可以方便一些。当时化学楼已迁到校东门外的新大楼，高小霞买了一辆轮椅，偶尔去大楼开会或去实验室就让研究生推着轮椅，所幸她还能慢步上楼。她一直坚持工作到1997年7月最后一位

1987年，高小霞在家中工作

博士研究生毕业。高小霞认为最为难得的是徐光宪，他工作很忙，但他常常自告奋勇，推着轮椅，让高小霞到园内各处看看。季羡林教授在他楼前的湖中投下一些莲种，后来已长成一大片荷叶。当荷花盛开时，徐光宪与高小霞就去欣赏。季老带着他的两眼不同颜色的波斯猫总来和徐光宪与高小霞谈几句他种荷的得意杰作。中秋夜他们不在楼前，便到未名湖边去赏月。未名湖水格外清明，湖光塔影，使人流连忘返。

在几十年的教学中，高小霞、徐光宪带出数十名博士生、硕士生，本科生不计其数。在这些学生中，常有高小霞的博士生原来的硕士指导教师是徐光宪；也有高小霞的硕士生又投到徐光宪门下读博。因此他们有许多共同的学生。这些学生中有中国科学院院士、大学校长、学院院长、中国人民解放军的将军，更多的是在教学科研第一线的骨干中坚教授。由于高小霞和徐光宪教学科研成就斐然，双双在1980年成为中国科学院院士，成为人们美嘉的凤毛麟角的院士伉俪。

人 生 感 悟

科学家与诗人在一般人看来是很不同的两类人。科学家面对客观世界，面对自然存在经一次次的观察、测量、实验、计算做出准确的数量描述或绘出直观的测绘曲线，以揭示事物现象背后的本质。而诗人、艺术家则大都具有丰富奇妙的想象力，富于幻想，语出惊人，"白发三千丈"是诗人的语言，绝不会出自科学家之口。然而科学与艺术，科学家与诗人又有某些本质上的相同或相通。他们都热爱美和真，追求真、美和普遍性。

普遍性植根于自然，而对自然的探索则是人类创造性的最崇高的表现。事实上如一个硬币的两面，科学和艺术源于人类活动最高尚的部分，都追求着深刻性、普遍性、永恒和富有意义。

"文学才华实际上胜于化学"（徐光宪《往事如烟：记高小霞半工半读、半教半研的一生》）的高小霞在科学道路上跋涉，始于她上月宫漫游的幻想，而决心在艰苦的科学道路上攀登也与一段富有幻想和诗意的科学描述相关。她说："威廉·克鲁克斯（William Crookes）说：'这些元素（稀土）使我们的研究为难，使我们的思索受到挫折；它们时时萦绕在我们的睡梦中，并且在我们面前伸展开像一个不可知的海洋，带着嘲弄和神秘莫测地低声诉说着奇妙的启示和可能性。'这几句散文诗般的话语，一直激励着我们去从事稀土化学的研究。"她之所以能被这诗一般的语言所激励是源于她内在的共鸣。

高小霞的父亲高云塍是一位书法家，古文基础非常好，曾任中华书局编辑。中华书局用他写的楷书制成活字，供汉文楷书印刷厂使用。1938年，《云塍小楷》《云塍大楷》《云塍行楷》等先后在上海出版。中华书局印行的《高书小楷》《小楷格言》被高小霞珍藏至今。其中所录杜工部的《后出塞》、岳武穆的《满江红》、文天祥的《正气歌》等名贤格言中充满为国为民的浩然正气、壮志豪情和"国之本在家，家之本在身"的精到见解，无不对她产生深刻的影响。高小霞自小在父亲教导下熟读《唐诗三百首》《论语》《孟子》等中国优秀典籍，而且记忆力好，背得比哥哥姐姐们还快。其中高小霞印象最深的是"子曰：贤哉，回也！一箪食，一瓢饮，

在陋巷，人不堪其忧，回也不改其乐。贤哉，回也！"（《论语·雍也》）

高小霞是一位受中国传统文化和西方经典文化双重熏陶的"才女"。她从小是听着祖母讲的历史故事长大的。后来又受到父亲以及两位哥哥的影响，她背了很多诗词，对书法也颇为擅长。她熟读《水浒传》《三国演义》《红楼梦》。"常念的是李杜，敬佩的是稼轩。最爱的是东坡，不忘的是《沈园》。"高小霞在上海就读的工部局女中创建于1931年，是20世纪三四十年代上海最好的中学之一。据1934年入校的吴学昭介绍，工部局女中的英文教师多留学欧美，用英语上课，以原版小说、戏剧为教材，用文学名著丰富学生的语言感受。奥尔科特的《小妇人》，奥斯丁的《傲慢与偏见》，司各特的历史小说《艾凡赫》，狄更斯的《大卫·科波菲尔》《双城记》，莎士比亚的罗马史剧《尤里乌斯·凯撒》等，都是她们的英文教材。天资聪慧的高小霞受到这一氛围的影响，阅读了很多英文文学原著。文学也成为她上大学后连接她和同学徐光宪并最终令二人走入婚姻殿堂的重要媒介。据徐光宪回忆，高小霞经常给他讲莎士比亚的戏剧、狄更斯的小说，并且可以大段背诵原文。两个人也会用英文通信，互相倾诉友谊和爱情。

她的一生在简朴、平凡的生活中，追寻着科教强国之梦，从而达到乐而忘忧的境界。那些意境幽远、语言隽永、耐人寻味、千年传唱的唐诗宋词更伴随着她的一生，同时她又行施着"科学要为人类造福"的心愿。在她73岁高龄时曾用工整清秀的小楷连录苏东坡的《卜算子·别意》、黄庭坚的《清平乐·晚春》两首惜春词，她很是欣赏词中表达的春天的可爱和对春去的惋惜，以及幻想知道春的去处，唤回与春同住、永不失去等对美好事物的执着追求。但是宝贵的光阴是一去不复返的，因而应加倍珍惜。一幅"老牛自知夕阳晚，不用扬鞭自奋蹄"的自勉与冲刺场面如在眼前。她一生发表了5部专著、200篇论文，其中约80%是60岁以后发表的（专著4部、论文约170篇），这其中的近90篇（约50%）是她年逾古稀之后的成果。

对女学生的寄语

高小霞不赞成女性全职回归家庭，也不赞成女性在各种事业上都要与男性拼个高低。高小霞与同事多年从事教学工作，可以肯定地说男女学生在智力上并无差别，但必须照顾女学生的特点，发挥其优点。女性要走向社会，要学习，要工作，经济能够独立才有真正的平等和解放。高小霞想对女青年说几句心里话，不是人人都要去上大学，却必须自尊自爱；争取不同学习机会，不畏艰苦，不依赖他人；要有一定的文化、技能，努力工作，行行出状元。女孩子不要只顾打扮，贪图享受，学习要专心，不能把青春年华虚度，现在全世界还有许多在苦难中的姐妹们得不到学习和工作的机会。作为女性要有理想、有能力去迎接伟大的新时代。

燕园秋色，湖光塔影，为她们安排了良好的学习环境；宽敞明亮的教室，设备齐全的实验室，藏书丰富的图书馆，为她们提供了优越的学习条件。白发苍苍的老前辈，风华正茂的师长，帮助、指导她们踏上科学的征途……

眼前的这一切，触动了高小霞心头的万缕思绪。她们这样的年纪比她当年幸福得多。幸福不是坏事。但是，"人莫踬于山而踬于垤"。倘若不珍惜革命先辈流血牺牲争得的幸福，也许要走弯路。她很想和同学们说几句知心话。她铺开稿纸，把满怀深情诉诸笔端：

同学们，正因为你们年轻，你们热情奔放，充满着对未来的憧憬。但是，我们也应该看到，科学的道路并不平坦。要想把美好的理想变为现实，就特别需要一个"爱"和一个"韧"。

首先，要无限热爱我们的党，热爱伟大的祖国，热爱祖国的社会主义建设事业，并立志把自己的才华、知识和一切无私地献给她。一个人只有有了明确的生活目标，才有方向，有动力，才会一步一个脚印地踏踏实实地前进，少走或不走弯路，也只有这样，才能使自己的理想得以实现。

其次要满腔热忱地热爱自己的专业。无论何种专业，都有无穷无尽的知识。浩瀚无际的知识海洋，会令你为之倾倒，为她而终生不倦地探索。你要达到目的，就要有这样一种强烈的爱！

但是，在你的征途上，同样也会遇到曲折，碰到困难。那时你要不怕苦，坚韧不拔，刻苦努力，奋勇攀登科学高峰，要有一个不达目的誓不罢休的坚强信念。

在你的胸中，要永远跳动着一颗为人民服务、造福人类的火热的心……

（安琪初稿，萨日娜修订，宝锁审阅）

SHEN
TIANHUI

巾帼名言：对事业专注一些，对生活简单一些，人更能有所成就，更容易快乐。

沈天慧

中国大规模集成电路的研制者

人物简介

　　沈天慧（1923—2011），浙江嘉善人，我国著名的分析化学家、半导体化学家，1949年毕业于上海大同大学化工系。1957年至1959年赴苏联进修半导体材料，后在陕西航天部771研究所工作多年。20世纪80年代后期，沈天慧被调回上海，任上海交通大学教授，先后担任上海交通大学信息存储研究中心研究员、上海交通大学学术委员会委员、上海交通大学材料与化工研究院顾问、微纳米科学技术研究院研究员、微纳米加工技术重点实验室学术委员会主任，从事微机电系统研究。1980年，沈天慧当选为中国科学院学部委员（院士）。

　　沈天慧从事科研工作以来，曾获国家级奖励3项，省部级奖励4项，曾任航天部科技委员会委员、宇航学会第一届理事。她参加了包头稀土铁矿以及钼矿的分析工作，开展了用三氯氢硅法制备超纯硅的研究工作。1966年至1986年，她从事半导体材料及用于航天大规模集成电路的研制。1978年，她成功地用等平面N沟硅栅MOS工艺，研制出大规模集成电路数种，在当时处于国内领先地位。1987年，她被调入上海交通大学信息存储中心，又积极从事磁盘基片表面化学镀NI-P层、钕铁硼材料表面保护、硬磁盘表面润滑层及微机电系统研究。在她的主持下，1996年我国第一台直径2毫米的电磁型微马达诞生了。沈天慧及其团队发表了《电沉积纳米锌层的研究》《VLSI技术中的金属化工艺》《微机电系统中的材料和加工》《微马达转子电镀导磁层的研究》《镍钛合金形状记忆薄膜的化学刻蚀》《超大规模集成电路工艺技术》和《光化学气相淀积氮化硅的工艺及其应用研究》等多篇论文。沈天慧的研究为中国研制成功大规模集成电路奠定了基础，16位制的国产微机诞生也和她的研究成果密切相关。

一

艰难求学，辗转多地始终不言弃

沈天慧与居里夫人一样，她的求学之路也充满艰辛。沈天慧童年家境贫困，不过好在自幼聪颖好学。父亲沈质人是杭州广济医学院毕业的医生，20世纪20年代，在浙江嘉善县立医院任院长，后来自设诊所。沈天慧于1923年出生在嘉善，兄妹四人，她排行最小，童年在嘉善北门野茂弄度过，在那里读完小学升入县立中学。那一段时间，父亲中风两次，之后就数年卧床不起，不能工作，家庭经济日益紧张。幸好母亲也懂一点医道，一边尽力照顾父亲，一边还要靠行医的微薄收入支撑全家的生活，因此沈天慧从小就养成省吃俭用的习惯。

1937年抗日战争全面爆发后，沈天慧开始了颠沛流离的生活。那时她就读初中一年级，家在嘉善县城。嘉善邻近上海，沪杭线上人群纷纷逃难，她的父亲因患中风，行动不便，就离开嘉善到杭州与伯父同住。沈天慧的父母对子女的学业非常重视，设法让她在杭州某中学就读，但不到两个月时势吃紧，杭州也快成了前线。日机经常来"光顾"，家中的房屋就在日机轰炸下化为灰烬。从此，一家人无处栖身。无奈之下，母亲只能带着一家人转辗至金华外祖父家，虽然生活极不安定，但父母亲对子女的学业依然不放松，每到一个地方，第一件事就联系学校借读。最后杭州沦陷，金华也非久留之地，当时只有两条路可走，一是去上海孤岛，二是再向内地进发。路途艰难，沈天慧的父亲有病在身，不宜到处转移，还是去上海为上策。于是他们就绕道温州乘外商轮船到达上海。那时她的伯父已先去上海，她家四人就安置在伯父住所，两家十几口人挤住在两间居室。

1938年转到上海后，一家人在那里暂时得以安宁。但初来乍到，人生地不熟，沈天慧只得休学半年。后来，她在住处附近的大同中学附中插班读初三。但上海的教学课本与其他地方不一样，课程也不统一，特别是英语、数学几何沈天慧跟不上，学起来非常吃力。初三学几何下，沈天慧根本没有学过几何上，因此这门课对她来说有很大难度。于是她发奋图强，对英语、几何加倍努力，英语只有花时间死记硬背，清早一起来，就跑到晒台上去读英语，晚上去夜校补习几何。第一学期就跟上进度，第二学期沈天慧学习起来已完全没有困难了，加上勤奋，她初三下学期的成绩在初中部名列第一，学校发给奖学金，可补充升高中的学费。此后沈天慧每学期争取好成绩，得奖学金，以解下一学期的学费之难。

1941年珍珠港事件爆发，日本帝国主义极为嚣张，接管了上海租界，物价飞涨。高三那年，家中已无力提供生活费。为了高中毕业，沈天慧在业余时间受聘当家庭教师，对经济来源不无小补，就这样完成了高中的学业。高中毕业继续升学已不可能实现，沈天慧唯一的出路是找工作，自食其力。当时上海因受封锁，药品奇缺，新办的药厂如雨后春笋，招收练习生，边学边干。大批的高中生去应聘，沈天慧也进了一家药厂当练习生，在老师的指导下学会了药品的制备。一批进厂的练习生，都是入学无门的高中生。他们有共同的愿望，在工余时间组织学习班，学习化学知识，学习外文。沈天慧就这样在药厂工作了三年。

1945年局势大变，上海市场受到影响，药厂纷纷解散，沈天慧只好另谋出路，在一小学当教师。同年8月日本无条件投降，抗日战争以胜利告终，在沦陷区的人民所盼望的光明到来，又回到抗战前的安定生活。沈天慧因而萌生求学之念，即去大同大学联系要求继续升学，但私立学校学费贵，沈天慧进的又是化工系，实验费相当于学费，好在母校（大同大学附中）念及她是高才生，同意她入大同大学并给予奖学金，免交学费。虽然学费可以免交，但实验费仍不是沈天慧所能负担的。在学校老师们的帮助下，沈天慧半工半读，在学校兼文书职务（抄写学生档案），开始了大学生活。

一年后内战爆发，百姓生活又受到了严重影响。沈天慧既已争取到再上学的机会，无论如何不能因生活窘迫而再度失学，于是她利用业余时间当家庭教师。她为了解决生活问题，中午、晚上的时间都利用了，另外还要抓紧一切时间来自修。时间对于沈天慧来说是何等宝贵，她珍惜一分一秒，好不容易坚持到大学毕业，实现了她的夙愿。沈天慧的爱人汪师俊是她的大学同学，据他介绍，当时沈天慧既在学校兼文书职务，又去当家庭教师，而她的成绩在班里仍属佼佼者，她的秘密就在于充分利用时间。她就这样奋力拼搏，读完了大学的全部课程，她花在学习上的时间比别人少，而学习成绩年年全班第一，同学们都很佩服她。

随后，沈天慧于1949年从大同大学毕业后，进入中央研究院化学研究所，跟随梁树权教授开展研究工作，开启了她60多年的科研之旅。她从上海出发，在物产丰饶的东北深入厂矿解决应用问题，在秦岭脚下为祖国的航天事业默默奉献，曾前往白雪皑皑的苏联刻苦求学，最终又回到上海教书育人。她科研之旅的足迹遍布祖国东西南北，虽然她的研究方向几经变更，但不变

沈天慧和丈夫汪师俊的合影

的是她对科学研究严谨认真的态度，与她深耕该领域后做出的重要成就。沈天慧一生的研究工作可以大致分为四个部分：分析化学的基础研究和应用研究、半导体材料的研究、集成电路的研制、磁记录及微电机系统的研究。然而由于沈天慧的工作涉密较高，不论是家中还是中国航天科技集团771研究所等单位里都没有留存她的相关学术资料。21世纪初，国务院领导同志直接指导下的"老科学家学术成长资料采集工程"工作小组，在反复沟通确认后，最终遗憾地终止了沈天慧的采集工作。今天的我们虽然无法了解沈天慧的涉密工作，但仅就她个人的自述、其爱人的陈述与记者的访谈中，足以窥见沈天慧一生兢兢业业严谨认真的工作历程和伟大成就。

二

投身厂矿，论文写在祖国大地上

与新中国成立前女性求职备受歧视的境况不同，沈天慧毕业恰逢解放，百事俱兴，各行各业急需人才，男女公平竞争上岗。沈天慧得知中央研究院化学研究所招考助理员（即研究实习员），在学校系主任关实之老师推荐之下，前往面试并被顺利录取。化学所一年只招两三个人，沈天慧能从竞争中脱颖而出，足以看出她的优秀。自此，她跟随我国著名分析化学家、教育家梁树权院士，正式走上科研的道路。梁树权治学态度严谨，毫无保留地把知识经验分享、传授给年轻人。他不仅严格要求从查阅文献到实验操作、分析数据、撰写报告等各个环节的系统训练，对待论文也十分认真，逐字逐句推敲修改，对每一个标点符号也不放过。正是梁树权教授这样严谨的治学风格，深刻影响了沈天慧的学术生涯。她在研究所期间打下了扎实的学术基本功，熟练掌握了科研方法和实验方法，三年间共完成了《用二氯化锡及硫氰酸根定钼比色法研究》《硫酸钡定硫法（Ⅵ）钼酸根的影响》《硫酸钡定硫法（Ⅶ）钼离子及锌离子的影响地丹黄比色法测定镁》等三篇论文。沈天慧颇得梁树权教授的赞赏，于1952年被顺利提升为助理研究员。

同年，化学所响应国家"理论联系实际"的号召，迁往吉林长春，成立物理化学研究所。新中国成立初期的东北是国内重要的工业基地，极度缺乏科研人才，长春应用化学研究所的成立极大程度上弥补了东北地区的人才短缺。沈天慧也积极响应，跟随研究所一起前往长春。在这里，沈天慧的研究方向发生了第一次转变，从原本的分析化学转向与实际结合的应用问题，深入工矿企业，为他们解决问题，为钢铁工业、工程建设服务。沈天慧将自己所学应用在实际生产中，将论文写在了祖国大地上。

我国稀土资源丰富，稀土作为工业"黄金"，在军事、冶金、工业、农业等多个领域有着重要作用。梁树权结合国家需要，于1952年开始将稀土分析作为重点，开展系统的研究。沈天慧作为团队重要成员，对内蒙古包头白云鄂博的稀土铁矿进行分析，查明其中稀土的含量，作为考量该矿开采价值的标准。通过这项任务不仅为包头钢铁厂的设计提供了准确的数据，同时还促进了分析方法的研究。沈天慧在稀土铁矿全分析方法上做出了重要的贡献。为了更好地配合包头白云鄂博稀土铁矿的开发，沈天慧于1954年被调到中科院沈阳金属研究所，继续从

五六十岁时的沈天慧

事稀土铁矿的全分析方法研究。1978年，梁树权的研究集体以"包头白云鄂博矿稀土及稀有元素分析方法研究"获科学大会奖及中国科学院成果奖。白云鄂博至今仍被誉为"稀土之都"，截至2012年已探明稀土储量约1亿吨，是世界重要的稀土产地。因此，梁树权、沈天慧的工作尤为重要。

<h1 style="text-align:center">三</h1>

提纯粗硅，开辟半导体材料新路

1955年，沈天慧结束研究，被重新调回长春应用化学研究所，仍旧从事分析工作。1957年11月，毛泽东在莫斯科大学礼堂与中国留学生会面，说出了影响一代人的名言："世界是你们的，也是我们的，但是归根结底是你们的。你们青年人朝气蓬勃，正在兴旺时期，好像早晨八九点钟的太阳。希望寄托在你们身上。"当时坐在台下，11月的莫斯科虽然寒冷，但沈天慧的心却是热的。作为跨方向被派往苏联进修半导体硅和化合物半导体研制的化学分析工作者，沈天慧面对"硅"这一全新的方向，需要从头学起，一切都要推倒重来。她却从未退缩，始终保持着"早晨八九点钟太阳"的蓬勃朝气与热情，积极认真对待每一个问题。此外，沈天慧公派学习是出于1957年党中央制定的新中国第一个"12年科技规划"的需要，其中涉及半导体材料的制备，该规划将半导体技术列为国家四大紧急措施之一。

自20世纪40年代末世界上第一个晶体管诞生，以硅片为核心的大规模集成电路、超大规模集成电路发展迅速，50年代起，世界各国争相发展提升纯硅制备的技术。60年代初，对于半导体硅材料的制备，世界上只有少数几个国家能做到，而当时的新中国在这方面还是一片空白。为了填补这片空白，在集成电路等领域抢占先机，于1957年成立了一个研究小组，成员包含物理、冶金、化学等不同专业方向的学者，前往莫斯科苏联科学院冶金研究所学习。经过在苏联整整两年的刻苦学习，沈天慧对半导体纯硅材料的制取、用活化分析方法分析其中痕量杂质，以及化合物半导体锑化铝的研究都有了深刻理解，她终于掌握了半导体材料的研制技术，这项技术在当时属于世界尖端的科学技术。

学成归国后，沈天慧在长春应用化学研究所开始用三氯氢硅法研制高纯半导体材料硅，仅用几个月的时间就研制出了我国第一批用该法制成的半导体高纯硅，不仅为北京中国科学院半导体研究所研制硅器件提供了原材料，还为有色金属设计院提供大规模生产的设计数据资料，更自此揭开了中国人自己研制高纯硅的序幕。沈天慧采用的三氯氢硅法，是以2个"9"的粗硅作为原料，用化学方法使其形成易挥发的氯化物，而后经过分馏、吸附等手段将杂质分离出去，最后再用氢气将氯化物还原成硅，制备

研制半导体高纯硅时期的沈天慧

出的硅纯度可达6个"9"以上，足可用来做硅器件。

1963年召开全国半导体材料会议，沈天慧代表研制组在会上做了学术交流，报告了"用三氯氢硅法制取半导体的研究"。同年，沈天慧随中国科学院半导体考察团再次前往苏联考察半导体材料。可以说，1957年至1965年，沈天慧从原本的分析化学方向转向半导体材料的研究，从零开始，八年间成果丰硕，为我国半导体材料的制取做出了重要的贡献。

沈天慧的研究生涯始终充满着家国情怀，只要祖国有需要，组织有安排，沈天慧就能不怕困难、不畏艰险毅然转向，投入新的领域研究，并能迅速做出成果。1966年，中国科学院筹建宇航事业，其中涉及半导体硅材料和硅器件、微型计算机的研究。沈天慧先是于1966年被调往北京筹建中国科学院北京156工程处，后于1969年迁到陕西临潼建所（即后来的航天部771研究所，又名骊山微电子公司），在陕西一待就是17年，不论生活、工作条件有多么艰苦，沈天慧都咬牙坚持下来，开辟了玻璃半导体材料的研究领域。

"文化大革命"时期，沈天慧也曾受到冲击，直至"四人帮"倒台后，才得以彻底平反。即便身处逆境，沈天慧也始终没有放弃科研，依旧兢兢业业、埋头苦干，一直坚持从事半导体材料及硅集成电路的研究。她于1972年做出了"玻璃半导体记忆材料的研究"，在国内处于领先地位；1976年，研究出等平面硅工艺，为大规模集成电路打下基础，并向全国推广交流；1977年，在上述工艺基础上制出大规模1K动态存储器和4K唯读存储器16位微机的运算逻辑部件及16位微机（国产）的其他MOS配电路，为组装微机提供组件；1978年，成功地用等平面N沟硅栅MOS工艺，研制出大规模集成电路数种，在国内处于领先地位；1979年，"等平面n沟硅栅MOS器件工艺的研究"还获得了全国科学大会奖。

精益求精，制成大规模集成电路

20世纪70年代，大规模集成电路是国际上广泛关注的热点科技问题，为了祖国社会主义现代化建设的需要，沈天慧接受组织的安排，负责大规模集成电路工艺的研究。面对新的工作岗位、新的学科，她仍然保有满腔热血，与一批化学家投入新的研究工作中。沈天慧从事的工作大部分都是工程技术方面的，需要各方面各种技术人员的配套配合，协同工作中不分主角配角、高低贵贱，只有上下一心、团结一致才能做出成果，否则就会出现纰漏，任何一个环节的不细致、不认真都有可能导致最终实验结果的失败。

从导师梁树权处学习到的细致、认真的"严、细"精神贯穿了沈天慧的整个研究生涯。"严、细"精神不仅指她治学严谨，还指她严格、细致的科研作风。沈天慧对待自己的工作细致、严格，对待集成电路生产的每道工序都是一样的"严、细"标准。制作大规模集成电路有五六十道工序，每道工序都要认真、细致去对待，不允许有任何玷污。沈天慧不仅对所用的试剂、容器和工作环境制定标准，还确定了相关操作规程，并亲自示范操作，直到每个环节的工人们完全掌握才放心他们开始工作。此外，沈天慧不仅要求工人熟练掌握仪器操作，还要求他们提升理论。她每周为工人们开课讲授，力求他们知其然更知其所以然。只有理论实践的完全掌握，才能保证工作中准确无误的操作。正是在这样精益求精的工作模式下，她培养出一大批高素质的操作人员。

1975年，沈天慧所在的第七研究室承担了国产高档微机存储器1024

的研制任务，这块电路能否如期研制出来，关系到国产高档微机的研制进程。她是工艺线负责人，为了1024电路的早日成功，在管理上她着重抓两个方面：一是严格的净化纪律，二是严格的工艺纪律。

灰尘是集成电路制备中的天敌。在如同一颗绿豆般大小的硅片上，要容纳几万至几十万个晶体管或电路元件，如果有一粒尘土掉到电路上面，或者有一颗微小的杂质掺入里面，那么这块硅片就会成为废品。严格净化纪律主要体现在对室内尘埃颗粒的要求。按规定，净化室内的尘埃颗粒要小于千级，某些区域有更高的净化要求级别，这样才能保证大规模集成电路的精准生产。为了达到小于千级的尘埃颗粒要求，沈天慧制定了详细的卫生制度，如每天开始工作前半小时打扫卫生；每周大扫除一次，冲洗化学间擦墙壁；每月地板打蜡一次；每年清扫通风管道一次。还规定不穿好净化服、净化鞋、不戴好净化帽，不许入室。对于这些规定，沈天慧比其他人更加重视，严格遵守，只有自己先做到这些要求，她才会要求别人如法做到。她当时虽然已经年过半百，却依旧能和大家一起跪在地板上擦地，将裤腿挽起，光着脚冲洗化学间。沈天慧不仅要求严格，检查更加严格，她先要求每个人自行检查，然后她再检查大家的工作。她会用滤纸擦拭设备和地面，以检查大家打扫得是否干净。检查不合格的要再三返工，情况严重者甚至要受到严肃的批评。沈天慧在纪律要求上不讲情面，她情愿别人对她的抱怨多一点，也不愿因为净化不合格而让大家的心血成为废品。

在工艺纪律方面，沈天慧也有一套非常严格、准确无误的规定设计。工艺线上的每一个环节都要严格按照规定进行。沈天慧会事先亲自动手给大家做示范，事后对每道工序都按规定检查把关。为了加速片子的流程，沈天慧提出"要人等片子，不能片子等人"的号召，一天24小时全程跟班，片子流到哪里她就跟踪到哪里，废寝忘食也要让流片尽快完成。在她的带领下，流程从原来的一个月大幅度缩短到7天，不仅节约了时间，还减少了片子被污染的机会，成品率大幅度地上升。

沈天慧指导学生

可以说，大规模集成电路1024存储器的成功研制，离不开沈天慧严格的净化纪律和工艺纪律。在1024存储器研制成功后，国内同行高度关注，吸引了北京、上海、西安、山东、湖南等十几家半导体厂派代表前来771研究所七室参观学习，极大地推动了我国的微电子事业的发展。

沈天慧没有躺在1024存储器的成功研制的功劳簿上，而是向国际前沿制造技术积极学习。1980年，她随电子工业部代表团去美国硅谷考察大规模集成电路制造及设备。继大规模集成电路NMOS1024随机存储器之后，她又带领团队研制成多种大规模集成电路。N沟硅栅MOS工艺获1979年科学大会奖，1024随机存储器获1979年国防科工委二等奖，N沟硅栅MOS4096唯读存储器获1979年国防科工委三等奖，NMOS程序逻辑阵列（PGA）组件获1979年国防科工委三等奖，LS771型微型计算机获1985年国家技术进步三等奖，NMOS运算逻辑部件（ALU）获1988年国家技术进步三等奖。这一系列组件的研制以及一摞摞获奖证书，都彰显了沈天慧积极进取的工作态度。她在771研究所十几年的工作，不仅留下了事业上的成就，更留下她治学严谨和大胆管理的工作作风，还有在她带领下成长起来一支素质优秀的工艺队伍。

观察实验变化的沈天慧

五

老骥伏枥，甘愿化作春泥护新花

沈天慧在东北和西北的30多年间，服从国家的需要和组织的安排，辗转各地，足迹遍布祖国东西南北，在分析化学、半导体材料、集成电路等领域做出了重要贡献。沈天慧一直坚守在科研生产第一线工作，曾担任课题负责人、室主任、副总师、副所长、航天部科技委员会委员，荣获全国科技大会奖、航天部科技进步奖等荣誉，于1980年当选为中国科学院学部委员（院士）。

1987年，沈天慧被调回上海，任上海交通大学研究员，参与121工程，从事计算机外部件的研究工作。在交大教学科研的时光中，她带领团队在以下四个方面进行研究：① 磁盘基片表面Ni-P化学镀层的研究；② 钕铁硼材料表面化学镀；③ 硬磁盘表面润滑层的研究；④ 微电子机械系统的研究，并在这些方面取得了一系列重大研究成果。沈天慧及其团队从1987年起在国内外核心期刊上发表了多篇文章，如《电沉积纳米锌层的研究》《VLSI技术中的金属化工艺》《微机电系统中的材料和加工》《微马达转子电镀导磁层的研究》《镍钛合金形状记忆薄膜的化学刻蚀》等。在她的主持下，1996年我国第一台直径2毫米的电磁型微马达诞生了。

沈天慧不仅在科研方面颇有建树，在教导学生方面也颇有心得。不论学生还是工人，她都一视同仁，亲自指导。教导学生要重视理论与实践相结合，不能空有理论而不会实际应用。她从自己的研究经历中深深地感受到，化学是很多工程技术工作的基础，我国的一位著名的化学家曾经意味深长地说："分析化学就像一根拐棍，许多科研项目都离不开它。"除了做好化学基础研究外，沈天慧在从事工程技术工作中也认识到，一项工程的顺利完工需要全流程的所有员工相互配合，无论主角配角，工作都是一样重要，只有大家齐心协力、目标一致，才能做出成绩，切忌争名夺利。"搞科学必

指导学生操作仪器的沈天慧

须严谨，一丝不苟，实事求是，严防浮夸。"

科学不是为了个人荣誉，不是为了私利，而是为人类谋幸福。沈天慧经历了求学辛酸、探索之苦、收获之甜、平淡之乐。生活朴素、待人真切、拥有高尚品格的沈院士没有架子，对青少年特别疼爱。有个考取上海交通大学姓徐的贫困学生，到了大学后生活有些不习惯，写信给沈院士。沈院士亲笔给他复信，说："来信提到上大学后，一时适应不了学校生活，所以成绩不够理想，大学与中学的学习生活是不一样的，没有人管，主要靠自己，希望你早日适应大学生活，努力刻苦学习，争取好的成绩，为国家和你的父母争光！"该学生的妈妈得知沈院士对她儿子的关心，非常感激，带了些土特产想去看望她，被沈院士拒绝了。沈院士说："我们院士是有纪律的，不能收礼的！"

晚年的沈天慧住在上海闹市区一条安静的小街里。几户人家合住的老式洋房，客厅、卧室以及书房全由一间很大的房间兼任，从大西北搬回去的老式家具满满当当地盛放着他们夫妇俩的藏书。夕阳下，她在桌前阅读和写作的身姿让人敬仰，这是一种大家风范。她坐在藤椅上凝视小孙女的目光最为柔和，这是一种生活的恬淡。如果不是预先知道，你也许不会把她和让人肃然起敬的科学家、院士联系在一起，她更像是邻居家和蔼可亲的阿婆。

2011年1月2日，沈天慧因病在上海逝世，享年88岁。按照沈院士的遗愿，丧事从简，没有举行告别仪式。

在沈院士数十年的科学研究生涯中，她服从国家需要，三改专业，具有高度的奉献精神。她以一生的行动，实践着自己对党、对祖国诚挚的爱。她的科学精神和人格风范必将激励我们不断前行，赓续奋斗，为新时代中国特色社会主义事业做出更大贡献。沈天慧的一生践行了她自己的人生格言："对事业专注一些，对生活简单一些，人更能有所成就，更容易快乐。"

（王思琛、应成霞初稿，萨日娜修订，汪佳莹审阅）

XIA

PEISU

巾帼名言：持向往真理之心，走追求科学之路，
尽勤奋好学之力，担民族复兴之任。

夏培肃

中国计算机事业的奠基者之一

人物简介

　　夏培肃（1923—2014），出生于重庆，原籍四川江津。她是我国计算机研究领域的先驱，1991年当选为中国科学院院士。夏培肃自幼聪颖过人，数学成绩一直名列前茅，在重庆中央大学和交通大学电信研究所以优异成绩毕业后，通过留学考试前往英国爱丁堡大学电机系深造。留学的时光里，她一直心系祖国，学成归国后于清华大学任职。1952年，中国科学院数学研究所所长华罗庚提出要在中国研制电子计算机，年仅29岁的夏培肃被选入研究小组中。以此为转折，她将余生都奉献给了中国计算机事业。为了让更多人了解电子计算机，夏培肃于1955年着手编写计算机原理讲义。当时，计算机的一些基本术语和名词都是英文，她在编写计算机原理讲义时反复推敲，将英文专业术语意译为中文，沿用至今。不仅如此，1956年3月，夏培肃创办了中国第一个计算机原理讲习班，讲授电子计算机的基本原理。中国首台自行设计的通用电子数字计算机——107机，以及《计算机学报》、《计算机科学技术学报》、中国科学院计算技术研究所、中国科学技术大学计算机专业等成果的背后都有夏培肃夜以继日奋斗在科研一线的身影。2011年，中国计算机学会将首届终身成就奖颁给夏培肃，肯定了她为中国计算机事业做出的贡献。为了纪念她从事计算机事业50周年，首款龙芯处理器芯片被命名为"夏50"。夏培肃淡泊名利，敢为人先，她的高尚品格永远值得我们学习和追随。

志存高远，厚积薄发终有报国时

1923年，夏培肃出生在重庆一个重视教育、温馨和睦的家庭，天资聪颖的她自幼成绩优异，但无忧无虑的童年被袭来的炮火打断。1938年起，日本飞机时常轰炸重庆，百姓每天都生活在惴惴不安中。年轻的夏培肃经常能看到学校附近伤兵疗养所里的惨状，她暗暗下定决心要努力学习，建设祖国。1940年7月，夏培肃高中毕业考试成绩全班第一，数学考了100分。凭借着理科傲人的成绩，以及出于工业报国的理想，夏培肃选择了重庆中央大学工学院的电机系。中央大学电机系的女学生很少，当时人们对学理工科的女学生也存在很大的偏见。夏培肃在回忆去电机系报到的情景时形容道："系主任眉头一皱，说'又来了一个女的'，他认为女的不应该学工程。"

当时的学习环境比较艰苦，女生宿舍离上课教室较远，夏培肃上大课时经常找不到座位，只能在教室后面站着听课，老师讲课的内容听不清楚，黑板看不清楚，笔记也无法记。电机系最基础的一门课程是电工原理，听课的人很多。夏培肃由于

本科就读期间的夏培肃

经常没有座位，只能站着听课，学习受到很大影响。到考试时，她虽然及格了，但自觉没有吃透这门课，便下决心重学一遍电工原理。重学的那段时间里，她放弃了吃早饭，早早去教室抢座位。苦心人天不负，期末考试时，她取得了90多分的好成绩。正是因为有着严谨的学习态度和严格的自律精神，夏培肃在数理方面基础打得十分牢固，这为她将来从事相关研究做好了铺垫。

1945年，本科毕业时期的夏培肃

1943年，交通大学和交通部电信总局等单位合作，经教育部批准，创办了交通大学电信研究所，于1944年开始招收硕士研究生。1945年秋，夏培肃带上大学毕业证书、大学成绩单和吴大榕教授的推荐信，到九龙坡找到了交通大学电信研究所所长张钟俊教授。张教授看了夏培肃的成绩单和推荐信，马上决定录取她。交通大学电信研究所在1945年招收了8个研究生，夏培肃是唯一的女研究生。张教授开设的课程是电信网络，第一次考试时，夏培肃第一个交卷，并且得了满分，引起了张教授的重视。夏培肃当时对张量代数特别感兴趣，于是写了一篇《电路的张量分析》的报告交给张教授。张教授看后将不足之处一一指出，

1946年，夏培肃在交通大学留影

包括很多不容易发现的细节。这件事对夏培肃影响很深，在她之后的科研生涯里，她始终铭记：每一句话都要有根据，每一个结论都不能随便下，绝对不能想当然。

1946年夏，夏培肃通过了自费留学生考试。尽管当时家庭经济条件并不宽裕，夏培肃的父亲还是毅然变卖了部分家产，凑足她留学所需费用，支持她继续深造。出国前，夏培肃对她的妹妹夏培静说："现在你们搞革命，以后我们回来建设新中国。"

1947年8月，夏培肃还没有来得及完成硕士论文就离开了上海，先坐船到香港，然后再坐船到英国，开始了她在爱丁堡大学的博士生涯。夏培肃的博士论文包括两个部分：一部分是"非线性系统的一种图解法"，另一部分是"电子线路的变参数振荡"。电子管的特性曲线是一条弯曲的线。平常用电子管做放大器，只是用它的特性曲线的线性部分，如果用它的非线性部分，就会出现一些新的现象。夏培肃用非线性理论来分析这种情况，理论分析和实验结果是一致的。夏培肃的博士论文顺利通过，于1950年7月获得英国爱丁堡大学哲学博士学位。

在英国学习和生活期间，有两件事情让夏培肃毕生难忘。第一件事是英国的学术风气。夏培肃博士毕业后继续在爱丁堡大学当博士后，塞伊教授让她将博士论文的一部分——"非线性系统的一种图解法"送

1948年冬，夏培肃在英国爱丁堡大学读研究生期间留影

到 *Proceedings of the Institution of Electrical Engineers* 去发表。该刊物是英国电机工程学会的会刊,是当时国际电机界很有名的刊物。夏培肃想把塞伊教授的名字加上一起发表,但是塞伊教授不肯。他说,文章中的创新之处是夏培肃提出的,不能把他的名字加上。塞伊教授身上所体现的学术风范对夏培肃影响颇深。第二件事是关于当时的留学生所受到的种族歧视。夏培肃在当助教时,曾有人问她:"你的学生都是有色人种吧!"暗指有色人种不配当英国人的助教。还有一次,夏培肃翻阅了房东太太小女儿的地理教科书,上面讲中国的男人抽鸦片,女人缠小脚;讲中国人睡得早,是因为太穷,没有钱买油来点灯;中国人吃猪肉是因为没有足够的牧场放养牛羊等。她当时很生气,就拿那本书去找房东太太,说中国现在不是那种情况了,那本教科书太落后了。但房东太太坚持认为中国就是贫穷,就是落后。夏培肃亲身感受到了国家落后所蒙受的屈辱,这种屈辱是刻骨铭心的。她不愿中国被人看不起,这就更加坚定了她学成后一定要回来建设祖国的决心。

1950年,夏培肃获得博士学位后,开始和同在英国的丈夫杨立铭一起思考回国的问题。是马上回国,还是在国外继续工作一段时间,以获得更多的工作经验呢?夏培肃的一位老同学曾建议他们去美国工作一段时间,说:"第二次世界大战以后,美国急需理论方面的人才,如果去美国,可以找到待遇优厚的工作。"但这时他们看到了华罗庚教授在回国途中通过新华社向全世界播发的《致中国全体留美学生的公开信》,其中写道:"'梁园虽好,非久居之乡',归去来兮!……为了抉择真理,我们应当回去;为了国家民族,我们应当回去;为了为人民服务,我们也应当回去;就是为了个人出路,也应当早日回去,建立我们工作的基础,为我们伟大祖国的建设和发展而奋斗!"

华罗庚教授的话打动了夏培肃和杨立铭,他们决定尽快回国。1950年冬天,中国和英国还没有建交,没有官方来往,但是在民间组织的邀请下,有一个中国代表团到英国去访问。中国代表团团长是当时的卫生部部长李德全，代表团成员中有清华大学物理系教授周培源。周培源当时任清华大学校务委员会副主任。周培源去爱丁堡大学拜访玻恩时，玻恩把杨立铭介绍给他。1951年春天，周培源给杨立铭寄来一封正式信函，邀请杨立铭到清华大学物理系工作。夫妇二人在决定回国后，就着手相关的准备工作。1951年秋天，在杨立铭的工作告一段落后，两人乘船经香港回到日思夜想的祖国。

夏培肃和杨立铭回国后同在清华大学工作，夏培肃被安排到清华大学电机系的电讯网络研究室，被评为助理研究员。电讯网络研究室是中华人民共和国成立后由清华大学和邮电部电信科学研究所合办的研究机构，研究室的研究人员属于清华大学电机系，经费由邮电部电信科学研究所提供。电讯网络研究室主任是清华大学电机系闵乃大教授。夏培肃到电讯网络研究室的第一件工作是熟悉闵乃大教授给学生讲课的电信网络讲义。夏培肃在交通大学读研究生时，就从张钟俊教授那里学过电信网络，后来又学过不少深层数学知识。即使闵乃大教授的讲义比较难读懂，但夏培肃不仅可以完全理解，而且还发现了一个隐蔽的错误。她和闵乃大讨论发现的问题，开始时闵乃大不认为是错，他们两人在办公室的黑板上争论了几次，没有结果。后来夏培肃用复变函数的方法，一步一步地把结果推导出来，闵乃大才承认有错，并修改了讲义。夏培肃对工作一丝不苟的态度，使闵乃大对她刮目相看。夏培肃在电讯网络研究室工作了一年多，非常勤奋，完成了两个关于线性电路方面的研究项目，写了三份内部报告。1952年夏天，根据闵乃大的推荐，夏培肃被提升为副研究员。

二

脚踏实地，从无到有研制计算机

1945年，美国宾夕法尼亚大学成功研制了世界上第一台电子计算机ENIAC，使一个崭新的、非常有希望的科技领域展现在人们面前。以冯诺伊曼为代表的一些科学家在ENIAC的研制工作尚未完成时，就已着手设计新型的电子计算机——存储程序通用电子计算机。20世纪40年代中后期，我国有不少科学家和留学生在国外工作和学习，其中有一部分人听说过电子计算机，并对电子计算机产生了兴趣，著名数学家华罗庚教授就是其中之一。华罗庚在美国时，和冯诺伊曼在普林斯顿大学一起工作过，因为都是有名的数学家，他们经常在一起讨论相关学术问题。冯诺伊曼曾经让华罗庚参观他的实验室，华罗庚当时就意识到计算机研究很有前途，想回国后研制计算机。

华罗庚于1950年回国，1951年组建中国科学院数学研究所，并担任所长。1952年，数学研究所迁至清华大学南校门内的一幢新建的两层楼房里。新筹建的数学研究所除了开展纯粹数学、应用数学、数理逻辑、力学、理论物理等研究外，华罗庚还念念不忘要开展电子计算机的研制工作。华罗庚是数学家，不懂电子通信，但是他认为中国绝不能失去研究计算机的大好机会。他听说闵乃大数学基础好，又是搞电信网络的，就找到闵乃大商量做计算机的事情。闵乃大正在着手写电信网络方面的专著，他愿意去数学研究所继续研究电信网络，但是当时他已经40多岁，对于是否要改行去研究电子计算机颇为犹豫。夏培肃在英国时，曾经粗略看过一些电子计算机方面的资料，知道这是一个很有希望的学科。她一听到闵乃大说国内要开展电子计算机的研究工作十分高兴，她本来就喜欢数学，这是研究计算机的基础，过去七八年她在电路方面的知识和经验积累也能发挥重要作用，所以她认为自己搞计算机很合适。夏培肃马上就向闵乃大表示愿意去数学研究所从事电子计算机研究工作。闵乃大经过认真考虑，再加上夏培肃的劝说，也同意研究电子计算机。和华罗庚谈话后，三人合作开展电子计算机研制工作的事情就算定下来了。1952年秋天，闵乃大、夏培肃、王传英三个人开始研究电子计算机，组成了新中国最早从事计算机研究的三人小组。

当时，电子计算机在国内属于新鲜事物，有关电子计算机的资料很少，甚至找不到一本系统、完整地介绍电子计算机原理的书籍。他们三人最初的工作就是搜集和阅读电子计算机的资料，先弄明白电子计算机是怎么回事。他们就近从清华大学电机系图书馆的英文期刊中查找电子计算机方面的文章，当找到一些认为有参考价值的文章需要人手一份时，就一个字一个字地抄录，因为当时没有复印设备，也没有英文打字员。除了电子计算机的资料外，他们还钻研电子管脉冲电路的资料。

华罗庚对计算机的发展寄予了很大期望，他非常重视三人小组的工作，从经费到物资上尽力支持。闵乃大是计算机研究小组组长，数学研究所给他安排了一间单独的办公室，夏培肃和王传英在另一间办公室，所里又分配了两间平房给他们做实验室。他们三人在工作上略有分工：闵乃大管理全面工作，并重点钻研计算误差和布尔逻辑；夏培肃偏重研究计算机的逻辑设计，同时负责搜集资料；王传英偏重做脉冲电路实验和实验室建设。当时，数学研究所是第一次建立实验室，所内没有设立专门的器材管理部门和人员，研究小组需要的器材只能靠自己想办法。王传英经常背着小包到城里去购买无线电元件、电表、电线等器材。有时，夏培肃也出去联系购买器材，包括示波器等，她还委托在美国和英国的老同学帮忙买一些计算机方面的书籍。

当时，国内没有一个人明白电子计算机的工作原理。小组成员经过多方努力，陆续找来了一些有关计算机的资料，包括英国曼彻斯特大学最早的储存程序电脑和美国第一台数字计算机（M-1计算机，发明者是乔治·斯蒂比兹）的相关材料。闵乃大当时集中精力写专著，没有太多的时间看这些资料，夏培肃最先把M-1计算机的资料看明白，懂得了计算机的工作原理。除了分析消化电子计算机的资料外，他们还做了一些基本电路试验，并初步拟定了研制电子计算机的技术线路和发展电子计算机的轮廓设想。为了节省器材，他们准备设计和研制一台串行的存储程序的通用电子计算机，并使用示波管存储器。经过三人多次讨论，1953年3月，由闵乃大执笔，写出了一个开展电子计算机研究的初步设想和规划，上交给数学研究所的领导。

夏培肃在广泛阅读文献资料和研究计算机的同时，于1955年开始编写计算机原理讲义。计算机的一些基本术语和名词本来都是英文，夏培肃在编写计算机原理讲义时都意译为中文，并一直沿用至今。

夏培肃主编的中国科学技术大学第一套计算机原理教材

1956年1月，中央召开知识分子会议，会上发出了"向科学进军"的口号，全国掀起了一股向科学进军的洪流。当时在物理研究所，差不多每星期都有一次由所领导和高级科研人员参加的茶话会。在这个会上，大家无拘无束地讨论，钱三强所长总是利用这个场合向大家宣布一些重要的事情。在1956年3月的一次茶话会上，钱三强透露，中央提出了制定《1956—1967年科学技术发展远景规划》的任务，要集中一批科学家来拟订规划。他还特意告诉夏培肃，电子计算机已经引起中央的重视，这次也要加以规划。得知这个消息后，夏培肃非常激动。当时电子计算机还属于不成熟的新兴技术，能引起中央领导人的关注，被列入我国科学发展的远景计划，要归功于华罗庚、钱学森、钱三强等人的先见卓识，他们认识到电子数字计算机的重要性，从而向中央提出了建议。在安排规划时，计算机的规划应该由谁来主持呢？华罗庚是数学规划组的组长，计算机与数学有密切的关系，我国第一个计算机科研小组又是诞生在数学研究所，计算机的规划于是就被纳入华罗庚领导的数学规划组中。机遇总是光顾那些有准备的人，尽管夏培肃当时才30岁出头，幸运之神再次降临到了这位立志报国并有所准备的青年人身上。物理研究所写了一封推荐信，介绍夏培肃和吴几康参加计算技术的规划。他们带了那封推荐信，就去规划组所在地北京西郊宾馆报到。报到后，他们被安排在华罗庚领导的数学规划组中。

在规划期间，数学规划组举行了一系列报告会。夏培肃等人介绍了国际上的计算技术发展情况，并介绍了中国科学院计算机组的工作情况。由于规划组有不少数学家，他们过去对计算机不了解，因此夏培肃专门为他们做了报告，介绍电子计算机的发展情况和基本原理等。规划组得到了苏联电子计算机БЭСМ的六本资料和一本程序设计资料。夏培肃一边参加规划，一边组织人员将这些资料翻译成中文。

在回顾参与我国科学技术发展远景规划中的"计算技术的建立"的规

划过程时，夏培肃感到收获颇丰：自己的眼界开阔了，对计算机的战略意义有了进一步认识，明确了自己的奋斗目标，激励了自己的科研热情。

从1956年3月开始，夏培肃举办了一个计算机原理讲习班。参加这个讲习班的有数十人，除了物理研究所计算机小组和数学研究所计算数学小组的人员外，还有北京大学、清华大学的一些教师。讲习班讲授电子计算机的基本原理，包括二进制、布尔代数、逻辑电路、四则运算的算法，还讲授计算机各个部件的工作原理等。讲习班每星期讲一个上午，共讲了三个多月，大家都坚持了下来。

到1956年4月，计算机小组已取得了一些科研成果。由吴几康负责的示波管存储器经过三年的努力，已经试验成功，可以在一个示波管的屏幕上存储32×32个二进制位，在表演它的存储功能时，曾显示过"电子计算机"等汉字。这是我国试验成功的第一个电子计算机部件。三年多以来，夏培肃负责研制运算器，所需的基本逻辑电路已试验成功，并完成了运算器所执行的四则运算的算法，还进行了运算器和控制器的逻辑设计。物理研究所的这些成果后来被应用于夏培肃设计的107计算机中。

1956年6月14日，毛泽东主席、周恩来总理和朱德、邓小平、陈云、聂荣臻等中央领导同志在中南海接见参加制定国家"12年科技规划"工作的科学家们并和全体规划人员合影留念。多年来，夏培肃一直珍藏着那张照片。

夏培肃等人的最终成果集中在107计算机上。它于1960年开始运行，是我国第一台自行设计的通用电子数字计算机。107计算机是一台小型串行通用电子管数字计算机，采用冯诺伊曼体系结构，二进制。机器可执行16种操作，即接收、发送、接收反码、逻辑加、逻辑乘、移位、加法、溢出不停机的加法、减法、乘法、除法、无条件转移、条件转移、非零转移、打印、停机。机器主频为62.5千赫。107计算机占地60平方米，共有6个机柜，其中中央处理机2个、磁心存储器2个、电源2个。另外，还有作为输入和输出设备的五单位发报机1台，电传打印机1台和控制台1个。共使用电子管1 280根，功耗6千瓦（不包括通风）。平均每秒运算250次。

在107计算机加工以前，夏培肃让在实验室做毕业设计的学生们对机器所用的电阻和电容进行了严格筛选和测试，并制作了对电子管老化测试的设备。107计算机加工后，在调机以前，因为当时的人工焊接容易出现虚焊，于是夏培肃提出了一种单脉冲循环的检查方法，即产生一个单脉冲在需要测试的器件和焊点所形成的回路中运行，如果运行不间断，说明一切正常；如果运行停止，则说明回路中的器件或焊点有问题。这项检查是夏培肃亲自动手完成的。

在107计算机调试以前，夏培肃编制了计算机电路、插件、部件和全机联调的调试手册。规定了先做什么，后做什么，每一步都规定得清清楚楚。参加调试工作的学生按照手册的规定调试计算机。在调运算器时，一个学生用了两天时间就把除法以外的运算器调好了，但除法调不出来。为了找出除法调不出来的原因，夏培肃花了一个通宵，发现除法器中有一个信号没有和时钟脉冲对齐，这是她设计时的疏忽。经修改后，除法的问题就解决了。1960年4月，107计算机通过正式考试。考试时，它连续无差错地工作了20.5个小时，最后是人工停的机。根据美国公布的资料，冯诺伊曼设计的ENIAC于1951年研制成功，到1960年才达到每天超过20个小时的生产性运行，平均无差错工作时间为8个小时。107计算机的稳定工作时间比当时按照从苏联购买的图纸而加工的103计算机的无差错工作时间长几十倍。

1960年6月，全国第一次计算机学术交流会在上海举行，夏培肃在这次会议上做了关于107计算机的设计方案和研制经验的报告。107计算机计算的第一个题目是潮汐预报。开始时用机器语言手编程序，后改用代真码符号程序。中国科学技术大学的周行仁等教师为107计算机开发并设计了系统管理程序和应用服务程序100多个。中国科学技术大学的教师们以107计算机为基础编写了程序设计讲义，作为该校计算机专业、力学系、自动化系、地球物理系的教材。共有计算机专业的学生240人和外系学生360人自己编写程序在107计算机上算题。

107计算机除了为教学服务，还接受了一些外单位的计算任务，包括原子反应堆射线能量分布计算、原子核结构理论中的矩阵特征值向量计算、建筑工程中的震动曲线计算、核物理、力学、微波领域中的某些计算等。107计算机是我国高等学校第一台成功运转的计算机。它的成功研制具有非常重大的意义，不仅仅因为它是我国第一台自行研制的通用电子数字计算机，更重要的是它说明了中国人有能力研制自己的计算机。

夏培肃与中国科学技术大学参加研制107计算机的部分教师合影

三

诲人不倦，春风化雨桃李满天下

夏培肃对待科研一丝不苟，对待学生更是全心全意。她曾经说过："我要培养能攀登科学高峰、有创新能力的学生，因为中国的计算机要达到世界领先，一定要经过好多代人的努力，不是说一两个人就可以完成的，要一个集体，一个人梯。就是让年轻人站在我们的肩上一层一层往上搭，人梯才能通天。即使我自己不能达到世界最高的顶峰，可是我希望我的学生能够，我给他们做人梯，让他们踩着我过去。"

"12年科技规划"把一批新的学科门类介绍到了中国，为了更好地落实规划所确定的重点项目，急需培养大批尖端和新兴学科的新生力量。1958年初，北京地区一些研究所的科学家（包括钱学森、华罗庚等人）提出以中国科学院的科研力量为基础，采取"全院办校，所系结合"的方针，创办一所新型的社会主义大学。当年5月，中国科学院副院长张劲夫代表科学院向中央提出申请，刘少奇、周恩来、陈云、邓小平等中央领导人都表示赞成。随后，当时的中国科学院院长郭沫若、教育部副部长黄松龄以及竺可桢、吴有训、严济慈、钱学森、杜润生、郁文、赵守攻、于光远等人组成大学筹备委员会，开始创办学校的筹备工作，学校名称定为"中国科学技术大学"。

应用数学和计算技术系在中国科学技术大学成立初期的排名为第十一系，简称十一系。十一系首任主任是中国科学院数学研究所所长华罗庚。夏培肃被聘为中国科学技术大学计算机教研室首任兼职主任时年仅36岁。

夏培肃应该算是最年轻的教研室主任。她得知消息后，既激动又倍感责任重大。她尤其兴奋的是，日后有了和她仰慕的华罗庚教授再一次紧密合作的机会！她能在专家、大师云集的中国科学技术大学出任计算机这门新兴学科的教研室主任，在当时是一件很难得的事情。这归结于她与华罗庚教授的良好合作关系，以及当时夏培肃的科研水平和教学水平在国内屈指可数，尤其是她在中国计算机人才培养开创期赢得的良好口碑。就这样，这位负责连续举办多届计算机训练班的年轻科学家身上，又添了一个白手起家创办中国科学技术大学计算技术专业的重担。

夏培肃具有数学、物理、电磁场理论和电子工程等多领域的深厚功底，又深入钻研了计算机的工作原理，着手开展了设计电子计算机的实践。作为导师，她完全符合郭沫若校长要求科研工作者做到的基础课一定要越厚越好（即知识面越宽越好）、专业课一定要越尖越好（即专业知识一定要专而精）的"斧头理论"。夏培肃在讲解计算机原理时，深入浅出，能真正做到用很短的时间就把学生的疑惑讲明白。因此，训练班的学员和中科大的学生都爱听她的课。

当时，中国科学技术大学校址在玉泉路，夏培肃住在其爱人杨立铭教授分配到的北大中关园家属宿舍，她负责的计算技术研究所计算机训练班当时也在中关村。在20世纪五六十年代，玉泉路和中关村两地交通很不方便，其间没有公交车，往返只能乘坐中国科学技术大学的班车，那是定时接送中关村兼职老师的。在这样的条件下，夏培肃开始白手创建中国科学技术大学计算机教研室。她每天有做不完的事情，不得不加班加点工作到深夜。有时，她只能在办公室支张床，晚上就住在学校里，周末才有时间回家与丈夫和孩子团聚。夏培肃为中国科学技术大学计算机专业的创建、师资培养、科研、教学等工作付出了很大心血。她在专业发展、学科规划、课程设置、教学计划、教材编写、实验室建设、107计算机研制等方面都亲自参与和具体指导。她在兼职期间还主讲计算机原理和指导高年级学生的课程实验、科研实习和毕业设计。在中国科学技术大学发展史上，夏培肃被公认为学校计算机学科专业的创始人和奠基人。

夏培肃晚年在回忆自己担任中国科学技术大学计算机教研室主任的那些日日夜夜时说，她一想到系主任华罗庚的敬业精神，对计算机教学的关心；副主任姜清海的照顾全局、勤奋工作和对知识分子的关爱；教研室里一群青年人奋发工作，充满了"团结、紧张、严肃、活泼"的朝气和活力，尽管当时物质条件很差，工作十分繁忙，困难也很多，平时回不了家，她还是认为这是她人生经历中最难忘、最美好的一段时光。

在计算机教研室初创期，教研室的卿致远发现，除了夏培肃主任外，这个教研室的人和其他系或教研室的人相比特点突出：第一，计算机教研室里全是年轻人，年龄没有超过30岁的，绝大多数人都是单身。钟津立老师算是老大，当时也只有28岁。第二，计算机教研室人员"四无"——无专门的行政人员，从主任、书记到资料室管理员、器材仓库管理员等都是兼职的；无讲师以上职称的人，只有助教和实验员（1963年，钟津立成为教研室的第一个讲师）；无硕士、博士，也没有"海归"（焦桐礼是计算机教研室的第一个"海归"，留学苏联，1962年学成回国）；无学"计算机专业"毕业的人（当时除了"海归"，都是从学数学、力学、电机、机械、电子等专业改行或计算技术研究所计算

夏培肃正在指导1958级首届计算机专业的学生邵祖英和杨贡华做实验

机训练班毕业的）。在计算机教研室工作的人员有三种身份：一是编制在中科大的"计算机教研室人员"；二是来自计算技术研究所的兼职老师；三是多个高校来中科大进修的人员。从教研室的人员组成不难想象，作为新兴学科教研室主任的夏培肃的工作之繁忙和艰辛。

夏培肃从1963年开始培养硕士研究生，韩承德是她的第一个硕士生。1984年，夏培肃被国务院学位委员会批准为博士研究生导师，开始培养博士研究生。在她培养的研究生中，有3人获中国科学院院长奖学金特别奖（当时每年只有10名获奖者），2人获全国优秀博士学位论文奖，3人获中国青年科技奖。夏培肃认为，培养研究生主要是为国家培养人才，而不是为了协助导师完成科研任务。夏培肃坚信，计算机事业要发展，没有新生力量绝对是不行的，而为计算机事业培养人才则是她应尽的责任。

夏培肃根据研究生的能力和兴趣，引导他们从事科研工作。她是一个严格的老师，不但在业务方面对研究生严格要求，更重要的是以身作则，要求研究生有良好的科学道德。另外，她还从研究生的角度出发，关心他们在生活和发展前途等方面的问题。在教学方面，夏培肃耗费了大量心血，为计算机事业培养了大批人才。

1978年，夏培肃收了一个名叫林琦的研究生。林琦的动手能力很强，自己在家里能组装收音机，还自学了高中的课程。他在延安插队时，白天劳动，晚上自学高等数学和物理，后来被招入工厂，学习了一些工程方面的课程，以及计算机和程序设计的简单原理。1977年国家恢复高考，林琦考取西安交通大学。1978年国家恢复研究生制度，林琦报考了中国科学院计算技术研究所夏培肃的研究生。报考研究生需要有单位的推荐信，林琦的推荐信里说他学习非常刻苦，到了废寝忘食的地步，让领导和同事们都很感动，这个介绍引起了夏培肃的注意。林琦参加研究生初试的成绩不怎么出色，但复试时考了70多分，名列第二。在最后的面试阶段，夏培肃觉得他思路非常清晰，决定录取林琦为自己的研究生。

被研究生录取之后，正赶上出国留学生考试，当时林琦不到30岁，有资格应考，他勉强通过了留学生考试。去哪里留学呢？夏培肃考虑到林琦没有拿到大学毕业文凭，不能到美国去，因为在美国大学念研究生一定要有大学毕业文凭；到英国去念研究生更加可行一些。由于韩承德在英国曼彻斯特大学进修过，所以夏培肃和韩承德两人同时写推荐信给曼彻斯特大学的教授，推荐林琦去当研究生，这样林琦就被录取了。为了加强林琦的专业基础，在他去英国学习前，夏培肃专门给他补课。她向韩承德了解曼彻斯特大学里有些什么样的计算机，就让林琦学习那些计算机的资料，帮助他提前适应英国的学习环境。当了解到该大学有美国CDC公司的大型计算机后，因为夏培肃和当时河北涿县的石油部物探局有合作关系，他们那里也有CDC公司的计算机，于是她安排林琦到物探局去实习。林琦也确实很刻苦，春节大家都回家了，他还在机房值班。他父亲从宁夏来北京，只见上一面就走了。

英国的硕士有两种，一种是论文硕士，一种是课程硕士。林琦到英国去学习，可以在两种方案中选择一个。因为课程硕士要上很多课，而林琦的英文和专业基础不过硬，有可能听不懂课，考不出好成绩。考虑到林琦的实际情况，夏培肃建议他读论文硕士。林琦于1979年去英国，他非常努力，1981年获得了论文硕士学位，1983年获得了曼彻斯特大学博士学位。林琦学成回国后，加入夏培肃的课题组。夏培肃根据他的想法，安排他负责GF10/13最大时间差流水线模型机的研制工作。夏培肃为大家讲授高速电路的信号传输问题时，林琦听得非常认真，记录得非常仔细。在研制GF10/13最大时间差流水线模型机过程中，他深入计算技术研究所实验工厂的焊接车间，和工人们一起干活，他用级延迟为2纳秒的MECL 10K器件做到了102兆赫的工作频率，其中基于级延迟为0.7纳秒的F100K ECL器件的乘法器可以工作到180兆赫，这些指标都远远高于国内外在相同技术条件下实现的系统。因为这项成果，林琦获得了首届中国青年科技奖。《人民日报》还为他做了专题报道，介绍他从初中毕业一直到获得英国博士学位的成长经历和他完成的高速流水线计算机的科研成果，并称之为"林琦速度"。

胡伟武也是夏培肃花了很多精力培养出来的优秀研究生。他的博士论文重点研究了并行计算机共享存储系统中的序关系和正确性问题。胡伟武的博士论文初稿交给夏培肃之后，来来回回修改了80多次，历时8个月。一个看来很明显的结论，夏培肃却要他给出严格的数学证明。应该说，是夏培肃手把手地教他如何做科研工作。一些非常小的细节，包括标点符号，她都不放过，可见她对教学和工作的严谨态度。

胡伟武在计算技术研究所读博士的时候，参加了夏培肃和冯康负责的国家自然科学基金重大项目"并行计算机及并行算法"的研究工作，成功设计了基于最大时间差流水线原理的8位乘法器。后来这个重大项目获得了中国科学院科技进步奖二等奖。按照规定，这个项目只有9个人可以获奖，由于参与的单位和人员比较多，胡伟武加入课题组的时间又比较晚，他在成果完成人中的排名是第十位。夏培肃是项目负责人，理应排在第一位，但在成果报奖的时候，她觉得工作主要是年轻人做的，应该给他们更多的获奖机会，就把自己的名字从报奖名单中去掉了，这样胡伟武的名字就上升到第九位，得到了奖励。这个二等奖对于一个研究生来说是非常珍贵的。夏培肃还鼓励胡伟武要立志为中国的计算机事业做贡献。胡伟武毕业时，计算技术研究所收入很低，博士毕业生一个月的工资才几百元人民币，比在外企工作的同学低得多，当时胡伟武的很多同学不是出国就是到外企工作。但是，夏培肃和学生谈得最多的还是要为国家服务。她对胡伟武说，不能只考虑一时的工资高低，要立志于为我国计算机早日赶超世界先进水平做贡献。

正是在夏培肃的鼓励下，不少学生提高了对国家计算机事业的责任感。胡伟武后来一直坚持做龙芯CPU，和夏培肃的教导有着分不开的关系。2002年，胡伟武团队设计完成了我国第一款通用CPU芯片——龙芯1号，他在龙芯1号的每个硅片上都刻上"夏50"的字样，以纪念恩师回国从事计算机事业50周年。2013年，胡伟武团队设计完成了龙芯1C芯片，又在该芯片的每个硅片上都刻上"XPS90"的字样，以纪念恩师90岁寿辰。

2001年3月，夏培肃的学生胡伟武主动请缨组建CPU设计队伍

夏培肃培养研究生有一个基本原则：研究生入学以后，不是一上来就分配他参加自己的课题，而是先问他自己有什么想法。如果研究生自己有想法，夏培肃就尽量满足他的要求，让他自己去创新；假如研究生自己没有想法，才给他分配任务。夏培肃曾经有一个叫余力的研究生，就有自己的想法。他在研究生院听课，对人工智能非常感兴趣。可是夏培肃的课题组不研究人工智能，她就将他推荐给中国科学院自动化研究所搞人工智能的一位老师，进行联合培养。后来，余力用人工智能的原理来研究印制电路板的自动布线问题时，夏培肃还为他讲解了印制电路板的布线规则和电

路，余力用人工智能的方法完成了一小块印制电路板的自动布线，也就完成了他的硕士论文。

周知予是夏培肃亲自指导的最后一位博士研究生，她曾在文章中写道：

　　我读博士的时候夏先生已经是70多岁的老人了，可是她对我的学业却非常关心。记得那时夏先生指导我写论文，反反复复修改了许多次，每句话，甚至是每个标点符号，她都会用红笔做上标记，和我讨论，让我修改。记得那段时间夏先生身体不是太好，每天都到计算技术研究所的医务室输液，我们就在医务室见面，她会把稿子带上，把需要修改的地方详细地给我讲清楚。然后我改好稿子后，她再审阅一遍。最后这篇论文终于在《计算机学报》上发表了，夏先生坚持把我放在第一作者上，但是实际上这篇论文的创新思想却是她提出来的。记得那时，我的一位师兄经常说起夏先生给他们讲课是多么细

指导博士生的夏培肃院士

心、认真，从最小的晶体管讲起，到复杂的大规模电路，可以让听众完全理解。那时，我总是很羡慕他们，感叹自己怎么没早生几年，这样就可以听到夏先生讲课了。但是我现在回想起来，却很感激在那样的时间和情况下遇到夏先生，正是她指导我做论文的过程，让我学习到她身上治学严谨的态度，以及提携后辈的作风。这对于我来说是非常宝贵的财富，让我在后来的工作中受益匪浅。

夏先生对我的生活也很关心，不管是结婚还是生小孩，我都让她操心不少。记得我刚生完小孩，夏先生专门让她儿子开车送她到我家里来看望我，还给我送了很多母婴用品。那是冬天，刚下过大雪，路很湿滑，我们家离夏先生家很远，开车要将近一个小时。夏先生腿脚已不是很灵便了，她儿子搀扶着她走。这样的年纪，这样的天气，夏先生来看我的小孩，真是让我的感激无法表达。每年我带孩子去看她老人家时，她都非常开心，会给小孩准备礼物，和小孩一起玩，一起照相。有一次孩子生病住院了，她也是非常担心，几番打电话问我情况。后来孩子病好了，她才放下心来。

就是这样一位令人尊敬的老师，不求名利，却人格高尚。正因为如此，夏先生获得了很多荣誉。然而对她来说，学生们能取得成绩是她最大的快乐。很惭愧，我没有做出什么成绩让老师开心，倒是让老师经常操心。

如果夏培肃的研究生有论文被在国外召开的国际会议接受，她总是想办法给他们筹集出国费用，让他们到国外去开阔眼界，同时在国际学术舞台上亮相。夏培肃的研究生经常在国际会议和期刊上发表论文，但她从来不允许学生在文章上随便署她的名字。按理说，即使是在国外，学生在论文上把导师的名字署在后头，甚至署在前头，都是比较常见的。但是夏培肃从来不这样，除非在这篇论文中有她实质性的工作。在这方面她非常求实，这种实事求是的品格对学生的影响非常大。

夏培肃的课题组每周都有一次讨论班，有时请外单位的人来讲，有时她本人讲，或团队里的人讲。在自然科学基金重大项目的研究过程中，鉴于课题组内新人较多，大部分年轻人都没有设计和实现高速电路的经验，她决定尽快把这批年轻人培养出来。于是，年近70岁的她利用课题组每周一次讨论班的半天时间，在计算技术研究所南楼615的大办公室里，用一块黑板和一支粉笔，亲自给大家讲授高速计算机电路设计课程。听课的都是自己不同阶段的学生，有毕业的，有在读的，人数也就十来个，但夏培肃的备课和讲授仍然非常认真，用词、板书也简练精准。大家不禁联想到20世纪50年代夏老师在计算机训练班上授课的情景，自己能跟那些计算机界的前辈一样聆听夏老师的讲课，都兴奋异常。不过，即使这些听课的年轻人大都是著名高校的高才生，夏老师讲的内容却是他们从来没有接触过的。课程从大学一年级普通物理里提到过的麦克斯韦电磁场方程组讲起，深入剖析了传输线理论、特性阻抗的概念、全局特性阻抗匹配的重要性、阻抗失配对信号波形的影响、串扰的形成与避免方法、流水线电路的设计方法、锁存器比六门触发器的优越性、最大时间差流水线的原理，等等，使大家受益匪浅。这些概念或思想都是夏培肃在几十年的科研和工程实践中总结提炼出来的，在当时的教科书里没有系统的介绍。夏培肃在培养研究生的过程中，自己也学习了很多与研究生的论文相关的资料，她认为培养研究生的过程，也是教学相长的过程。

夏培肃对她的研究生充满热情，她希望青出于蓝而胜于蓝。她深知中国的计算机要进入世界先进行列，不是自己这一代人所能完成的，她希望她的学生或学生的学生能够做到。她认为中国人要攀登世界科学顶峰，需要形成人梯，那些具有攀登愿望的人，才可以成为人梯的一部分。她愿意为后来人铺路，让后人踩在她的肩上爬上去。使她感到欣慰的是，计算技术研究所研制的高性能计算机曾三次进入世界超级计算机五百强的前十名，其中一次为五百强的第二名，而国防科学技术大学研制的高性能计算机曾多次斩获世界超级计算机五百强的第一名，这些成果都使她很高兴。然而高性能计算机的应用还不够令人满意，包括计算技术在内的交叉学科的发展还很不够，这些都使她在不断思索。

为了激励学生更好地学习，夏培肃在计算技术研究所设立了"夏培肃奖学金"，她用自己工资的一部分每年资助两名品学兼优、生活较困难的研究生完成学业。

四

坚韧不拔，铿锵玫瑰必不可摧折

从1964年开始，中国科学院计算技术研究所分期分批地组织员工参加河南信阳地区的"四清"工作队，一般为期一年，个别人员因工作需要只参加半年。"四清"运动是中央下达的社会主义教育运动，在农村的"四清"是清账目、清仓库、清工分和清财物。夏培肃去的是河南省信阳专区罗山县前张家湾，前张家湾本来就是一个穷队，那年又刚好歉收，没有收到多少稻子，稻草倒长得茂盛，生产队生活十分艰苦。

"四清"工作队有严格的规定，去农村要依靠贫下中农，要和农民同吃、同住、同劳动；另外，不能私下给农民任何财物。夏培肃刚去农村时，看见农民都光着脚在地里劳动，因为"四清"工作队有规定要和农民同劳动，因此她就脱了鞋袜，把裤脚卷到膝盖下面，到地里去和农民一起劳动。"四清"工作队员在农村是吃派饭，在一家吃一天饭交四角钱。夏培肃他们为了了解生产队各家的情况，都分别到每一家去吃饭。农民们都欢迎他们去吃饭，因为管一人吃一天饭就可收入4角钱，相当于20个工分。他们去农民家吃饭时，农民都把最好的东西拿出来招待他们。他们很少吃到米饭，夏培肃吃过的最好的菜就是盐水泡的蒜头。为了使家庭困难的人家增加一点收入，夏培肃经常去他们家吃饭。每天早上蒸一大锅白薯，夏培肃午饭和晚饭就吃早上剩下来的冷白薯，这样，一日三餐都吃蒸白薯。

不仅吃得不好，卫生条件也差，用的水要到比较远的地方去挑。夏培肃等人每人每天只用一小盆水，早上用来洗脸，洗完脸后，水不倒掉，晚上再用来洗脚。夏培肃在农村住了半年，没有洗过一次澡。

通过"同吃、同住、同劳动"，夏培肃与农民们相处得很好，农民们把她当成自己的亲人，她也受到"四清"工作队领导的表扬。夏培肃在农村的半年，亲身体验了农民的淳朴、他们生活的艰苦，以及农村的落后面貌，这使她的心灵受到极大的震撼。当时中国的人口八成以上都在农村，他们为全国人民提供粮食，他们生产的农产品出口，为国家换取外汇，而他们自己却是如此穷困！参加完"四清"工作后，夏培肃下决心要将自己更好地奉献给国家，更好地为人民服务，于是她向组织递交了入党申请书。

1970年，北京大学的军管组安排杨立铭去"五七干校"，夏培肃和大儿子杨跃年也同去，小儿子杨跃民留在北京上全托。当时的口号是："在农村扎根一辈子"。北京大学的"五七干校"在江西鲤鱼洲，是在鄱阳湖边围湖造田而开出的一片虽然肥沃但有血吸虫的荒地。北京大学去了很多人，按部队的班、排、连编制，每个连队主要由一两个系的教师、干部和他们的家属组成，连长、排长和班长都是北京大学的人。所有的人，不管老弱病残都要参加力所能及的劳动。例如，七八十岁的老教授就安排他整天剥蒜瓣，供全连食用；肝炎病人就安排他养鸡；双脚残疾不能正常走路的人就安排他整天坐在小凳子上给全连队的人补鞋。去"五七干校"的人在荒地上垦荒，盖起了所需要的草房，开垦了耕地，安装了自来水管，自己发电、种水稻、种蔬菜、养牛、养猪、养鸡等，还办起了小学，使家属中的学龄儿童可以上学。带家属的人可以分到一间草房，算是有了家，单身的人都住集体宿舍。

夏培肃去的连队是由物理系和无线电系组成的连队，全连队有100多人。她前后参加了三项劳动。

第一项是水稻的种植。她参与了稻种的发芽、育苗、插秧、挠秧、收割等水稻种植的全过程。在育苗前，要先准备好非常肥沃的田土。这肥沃的田土是如何准备的呢？就是将大粪倒在烂泥里，然后夏培肃他们就赤脚到田里，用脚将大粪和烂泥踩匀。夏培肃他们在田里劳动，中午不回去吃饭，有人把中午饭挑到田边，大家在田里的水中洗洗手，就拿着馒头吃。喝水时，在田边有一桶烧开过的水，水里有一把舀水的瓢，所有的人都用同一把瓢喝水。在种植水稻过程中，夏培肃感到最苦的是挠秧，那是在田里用双手的手指尖去将稻苗嫩根附近的土挖松，因为手指尖是软的，不会使稻苗的嫩根受到损伤，土挠松以后，稻苗的根才能很好地生长，夏培肃挠秧把手指尖都磨破了，疼痛难忍。鲤鱼洲的地势低洼，夏天很热，土地肥沃，适合种双季稻。在夏天最热的时候，抢种抢收，当时气温高达40摄氏度，夏培肃在地里劳动，几乎晕倒。这时她从内心深刻体会到："谁知盘中餐，粒粒皆辛苦。"

夏培肃参加的第二项劳动是在冬季养牛。她一人饲养了7头牛，冬天养牛不需要放牧、割草，只在牛圈里喂干草就行了。夏培肃每天把牛圈打扫得干干净净，让牛舒舒服服地过冬。当然，在养牛的空闲时间里，还要干一些杂活，如挑土、背砖等。

夏培肃参加的第三项劳动是在厨房里当小工，淘米、洗菜、切菜等。厨房要供给全连100多人的吃喝，工作量非常大，夏培肃每天天未亮时，就要赶到厨房，准备早饭。厨房里有干不完的活，没有休息的时间。厨房里满地都是水，水深到脚背，所以只能赤脚在厨房里干活，皮肤极易发炎溃烂。

军代表还安排"五七干校"的人进行了一次拉练,每人自带干粮和饮用水,一天快步行军130里。"五七干校"缺医少药,有的小孩有病,没有药治疗,死在了鲤鱼洲,还有的人得了血吸虫病。夏培肃因为长时间赤脚泡在凉水里,得了风湿病。她的儿子杨跃年因发高烧,没有药治疗,回北京后转为慢性病,在家休学了一年。

1966年,"文化大革命"开始,北京大学贴了很多大字报,后来中国科学院在中关村球场上针对科学院领导张劲夫等也铺天盖地地贴了很多大字报,夏培肃他们天天去看大字报,感到形势越来越紧张。接着,计算技术研究所也动起来了,研究所领导都成了走资派,所内贴了很多大字报。1967年5月,军管组进驻计算技术研究所,阎沛霖等领导受到批斗,夏培肃等人当时虽然尚未被批斗,但是已经靠边站了。在"文化大革命"中,计算技术研究所的科研工作一直没有停止过。尽管身处逆境,丝毫没有削弱夏培肃对科研工作的努力,在这期间,她完成了三件主要的科研工作。

首先是717计算机的插件测试设备。当时计算技术研究所正在为我国第一颗人造地球卫星"东方红一号"研制两台717计算机。它们是卫星的地面测控计算机,主要用来控制数传、天文望远镜、多普勒仪等十来台测控设备,测算卫星运行轨道,并发出遥控指令等。周恩来总理指示:此项工程必须做到"万无一失"。因此,对717计算机的可靠性和稳定性要求极高。因为,当卫星正常运转后,每天会有几次进入测控计算机视野范围内的机会,需要立即执行任务,不允许有任何差错。当时,计算技术研究所在军管小组的领导下,"抓革命、促生产"搞得热火朝天,夏培肃被安排为717计算机研制一个设备,用来检查计算机插件上的虚焊和元器件是否正常工作,以保证插件稳定可靠。夏培肃仔细了解了717计算机的各种插件上的电路,巧妙地设计了一个插件测试设备。这个设备包含一个可以强烈震动的震动台、一个小机架和一台示波器。每一种正确的插件处于工作状态时，在示波器上可以观察到一个独特的、比较复杂的波形。测试插件时，将处于工作状态的插件放在震动台上，使之持续震动，如果所产生的波形和标准波形一致，则该插件没有故障；如果和标准波形不一致，则从不一致处可以直接看出插件上的故障所在之处。

夏培肃一个人设计了测试设备的全部图纸，由计算技术研究所的工厂加工。由于夏培肃的精心设计，测试设备完全达到了任务的要求。一台717计算机的插件一个人两天就全部测试完了，大大加快了717计算机的调试进度。由于任务紧，第一台717计算机未调试成功就直接运到基地继续调试。经过长途跋涉，调试时，发现机器不稳定，没有办法，就把夏培肃研制的插件测试设备运到了现场，对插件进行全面测试后，发现插件中用的一种晶体二极管质量有问题。于是，重新换了一批二极管，机器就稳定了。两台717计算机中的一台安装在中国的最西部基地，另一台安装在南方测控中心。在1970年4月24日执行第一颗人造卫星"东方红一号"发射任务时，以及发射后的长期测控中，两台717计算机都做到了"万无一失"，作为幕后英雄的夏培肃做出了可贵的贡献。插件测试设备完成后，夏培肃准备写一份技术报告，说明设备的工作原理，但"造反派"不同意她写，于是，她偷偷地写了一份几十页长的报告，还包括全部图纸，交到档案室去。后来她的全部科研档案都被"造反派"烧掉了，该插件测试设备的技术资料也就失传了。

当时，各个研究室开始批斗反动学术权威。夏培肃在各个方面都严于律己，所在研究室的人员对她批斗不起来，后来从别的研究室来了一批"造反派"，成立了夏培肃专案组，贴了很多关于她的大字报，给她戴了多顶帽子。当时，对被认为有问题的人，要多次抄家和组织批斗，最后再关到牛棚里去，夏培肃也不例外。计算技术研究所被关到牛棚里去的有研究所领导、全所的高级研究人员和"现行反革命分子"。牛棚设在计算技术研究所北楼的西部。夏培肃的专案组成员基本上都是"造反派"的,他们对她百般折磨,"造反派"把夏培肃在牛棚里关了半年,没有查出任何问题,就又把她从牛棚里放出来,让她打扫厕所,给办公楼的楼道拖地,到研究所工厂的印制板车间打杂,到研究室给其他科研人员当下手。

在军管小组的领导下,计算技术研究所计划研制一台每秒运算2 000万次的大型计算机,命名为1025计算机,它的时钟频率比过去计算技术研究所研制的计算机要高很多。为了摸清高速计算机的技术问题,所里先做了一台模型机。模型机加工出来后,开始给插件板加电,结果发现信号全没有了。夏培肃知道后,认为这是因为多层印制板的地线层全部镀铜,而信号线层和地线层之间的绝缘层很薄,所形成的电容很大,所以信号消失了。基于坚实的电路基础和对线性电路、非线性电路和传输线的知识积累,又参考了一些资料,夏培肃对高速计算机中的信号传输问题(包括传输速度、反射、串扰、负载分布等)和组装技术的各个环节进行了深入的研究。

当时,夏培肃已靠边站,对科研工作没有发言权,但她提出可以给大家讲一讲信号传输问题。1025计算机插件的负责人唐裕亮冒着风险,安排她给1025计算机的全体科研人员做了一次报告。夏培肃在报告中提出,计算机内的信号若要无畸变传输,需要全机信号传输系统的特性阻抗匹配。大家以前对这个没有概念,觉得很新鲜,于是又让夏培肃做了一系列报告,包括传输反射、传输速度、负载分布、线间串扰、电源噪声等问题,以及传输线、印制板、接插件、负载等应该如何设计和安排等。另外,还让夏培肃介绍了时域反射测试仪,如何从电路始端的电压波形看出传输系统的特性阻抗变化的全貌等。

由于夏培肃解决了所里的技术难题,军管组免除她打扫厕所等杂活,还允许她参加一些科研工作。即使是遇到了千难万险,夏培肃对"文化大革命"的态度仍是豁达的,她认为自己受的那点冲击算不了什么。但使她最痛心的是她20多年来积累的全部计算机资料，上面记载着她的全部心血，包括十几本很厚的保密本，在档案室保存的全部内部研究报告、设计资料和图纸等，都被烧光了。

通过自己独立的研究工作，夏培肃归纳出了高速计算机中信号传输的四项设计原则：① 全机信号传输系统特性阻抗匹配；② 多层印制板采用分布式地网；③ 传输线不分支；④ 传输线上的负载要均匀分布，而且负载之间要有适当距离。这样，信号传输时，波形的畸变就可控制在容许范围之内。她的这些设计原则，陆续被所内外的一些大型高速计算机所采用。"文化大革命"以后，夏培肃设计的计算机全都遵循了这个设计原则，因此不仅调机时间短，而且工作很稳定。这说明：研制高速计算机没有深厚的电路基础是不行的。

人 生 感 悟

人类从数数和计算开始，认识了数学，而后对实施计算的方法和工具开始了永无止境的追求与探索。夏培肃认为其个人事业能够取得成功主要依托以下几点。

首先是要能够抓住机遇，将个人的命运与祖国的需要紧密相连。20世纪40年代，电子计算机的出现，大大满足了科学技术、国防军事，以及社会众多领域的计算需求，成为新技术革命的一支主力。夏培肃自幼在数学领域颇具天赋，她并不执着于将才华变现，而是在动荡的社会中及时抓住了机会，在祖国最需要的时候毅然投身计算机领域。她认为，秉持先祖国而后自己的人生理念，不仅充分发挥了自己的专业特长，研制出了我国第一台自行设计的小型通用电子数字计算机，还被给予了在祖国大地上广泛地传播计算机科学技术的平台，这才使她成为我国计算机事业的重要奠基人之一。中国计算机科学技术历经60年的发展，夏培肃一直都倾力于她所热爱的科研与教育，她对中国计算机事业的贡献为人称道，她的为人处世形成特有的人格魅力，令人敬佩。

其次，科学探索是艰辛和曲折的，没有顽强的毅力和开放求知的精神是很难成功的。回想起计算机研发小组刚组建时的困难时光，国内没有人懂计算机，夏培肃自己也是摸着石头过河，她将托同学和朋友从国外买回的英文计算机书籍进行了广泛的阅读。在科研小组的三名成员中，夏培肃负责资料收集工作，凭借良好的英文水平，她最先读懂了讲述计算机工作原埋的材料，然后马上和另外两名同事交流沟通，并着手进行一些基本的电路实验。同时，夏培肃积极地推动科研小组的发展，她知道吴几康动手能力强，但是因为学历问题没有受到重用，就找领导帮助促成他来到计算机科研小组，她还推荐其他她认识的相关领域的人才加入研究工作，使得科研小组的实力不断扩大。凭着对数学和电路的浓厚兴趣和知识积累，夏培肃从了解计算机的工作原理开始，到设计基本电路实验，再到计算机部分功能设计，她逐渐能够把握计算机的体系结构，这离她做中国自己的计算机的目标又近了一步。

再次，自主创新是科学家的必由之路。她认为，作为中国科学院的研究所，不能去搞仿制，事实上，她一辈子都反对仿制，认为自主创新才有希望。她说："我们和美国的差距是很大的，中国的计算机技术必须坚持走自主创新而不是跟踪仿制的道路，才有可能迎头赶上。"20世纪80年代末，夏培肃提出发展高性能计算机是国家的需求，同时中国的计算机需要自己设计的芯片，不能永远受制于人。她培养的研究生中有许多人把高性能计算和自主芯片的研制当成研究方向，取得了很大进展。夏培肃的科学生涯中一直在强调自主创新在科研工作中的重要性，坚持做中国自己的计算机。她是这样说的，也是这样做的。放眼全球，信息化对经济、政治、社会等各领域的渗透、融合趋势越来越明显，成为推动经济社会转型、实现可持续发展、提升一个国家综合竞争力的强大动力。中国的发展之路，既面临重大机遇，又面临严峻挑战。国家高度关注信息化建设，并及时采取一系列重大举措，确立了以信息化带动四个现代化的发展思路。计算机是信息化的核心技术，这对从事计算机事业的夏培肃来说，无疑是幸运的，她终于迎来了科技报国、施展才华的大好时机。

1988年，夏培肃在参加亚太地区计算机教育会议时发言

夏培肃在研究工作中考虑得最多的是如何提高中国计算机的运算速度。她负责研制的150-AP数组处理机最高运算速度达到每秒1 400万次，高于美国当时对我国禁运的同类产品的运算速度，使石油勘探中的地震资料处理速度比单独使用150机提高十倍以上。150-AP研制成功后，夏培肃又念念不忘要使中国的计算机赶超世界先进水平，开始对一些新出现的可能实用的技术进行研究。她提出我国要发展功能分布式计算机系统，将一台计算机的不同功能分散到多台计算机上同时计算，从而提高系统的效

率。这个设计思想，即使对21世纪初期的计算机系统设计，仍然具有重要的指导意义。在这个方向的研究上，夏培肃主持了GF10高速系统的研制，包括三个档次的功能分布式阵列机系统。由她的学生韩承德负责的功能分布式计算机GF-20微机系统获得了中国科学院科技成果一等奖，是世界上第一台汉字操作系统的计算机。创新是夏培肃一生的追求，她对一些新出现的可能性总要进行研究，以确定是否有发展前景；对自己的一些新想法更是日夜思考，如果有可能，则尽力使之实现。

最后，现代的科学研究不能闭门造车，而要在讨论中集思广益。从刚开始研制计算机开始，夏培肃就乐于把自己刚弄懂的知识与他人分享。她在物理研究所开办讲座，讲授计算机原理，使得更多的人开始知道计算机。夏培肃对我国计算机新生力量的培养，是对国家计算机事业的重大贡献。夏培肃作为中国计算机事业的开创者，她从不会因为自己曾经做出过重要成果而停止进取，她永远想到的是国家的计算机事业，以及后续人才的成长。在她的身上，充满了科学的求真精神、协作精神，以及开放精神。夏培肃在计算机科学技术领域的贡献，也绝非可以用获过几项大奖、承担过几项重大课题、担任过几个重要头衔来表述。

夏培肃认为："不义而富且贵，于我如浮云。"在她并未在意自己一定要当选院士时，王大珩和师昌绪两位学部委员主动找到她，了解到她的成就，主动推荐她竞选院士。即便当选院士之后，夏培肃也并不认为自己比别人高明，她对自己不是非常了解和有把握的事情，从不轻易发表意见。她认为要做好学问，一定要先做好人。夏培肃认识到中国科学院院士是国家设立的科学技术方面的最高学术称号，是一种荣誉。作为院士，一定要维护院士的声誉，要坚守科学道德，要更加努力工作，促进计算机事业的创新和发展。

纵观夏培肃的一生，她热爱科学，努力奋斗，工作严谨，培育新人，赢得了业界尊敬的同时，她的学术思想也得以很好地传承；她性情恬淡，与世无争，虽人生随社会跌宕起伏，却能始终坚持做她最热爱的科研工作，并开拓计算机科学传播的道路，成为无数计算机学子入门的引路人。

追求真理，此心光明。夏培肃为中国计算技术的创建和发展奉献了一生，历史也永远地记住了这位优秀的女科学家。

寄语女生："四要四不要"

"云山苍苍，江水泱泱；先生之风，山高水长。"夏培肃虽为女性，且生于战火连天的动荡年代，但她从来没有因为性别问题而放弃自己的追求和梦想。

夏培肃曾经对后辈的女性科技工作者提出"四要四不要"的勉励。其中的"四要"是：第一要有理想；第二要勤奋执着，不管遇到什么困难，都不害怕，也不怕失败；第三要诚信，不要搞虚假的一套，一定要遵守科学道德；第四要有自知之明，应该了解自己的情况。"四不要"是：第一不要自卑，不要觉得自己不行；第二不要自负，不要太骄傲，即使有能力也要谦虚；第三不要刻意去追求名利；第四也要关注自己的个人生活，不要错过结婚和生育的年龄。

一位女性要实现工业报国的理想，不论在国内还是国外都是一个难题，特别是在男女平等观念没有深入人心前。过人的数学天赋，加上自幼处于有着良好学习氛围的家庭环境，使夏培肃打下了扎实的数学基础，后续的教育经历使她形成了良好的中文和英语阅读能力。夏培肃就读的高中和大学都是当时的全国重点院校，强手如云，但是夏培肃一直非常刻苦，保持着优异的成绩，数学永远名列前茅。

学生周知予在对导师夏培肃的回忆录中写道："在生活中，夏先生总是保持着勤俭的作风。我的印象中，她一直住在北京大学校园的一座老宿舍楼里。家里没有太多装饰，在很多书籍中，专门开辟出一块地方摆放着夏先生的学生从世界各地给她寄来的贺卡。有一年冬天，宿舍楼的供暖不是太好，家里非常冷。可是她并没有什么怨言，也没放在心上。我去她家时，她兴致勃勃地给我看刚收到的贺卡。夏先生和杨立铭先生相濡以沫，在北大这个家里度过了许多岁月。他们家的客厅里摆放了许多书，每晚看完《新闻联播》后，夏先生和杨先生就开始读书。这样简单而清净的生活，使他们在各自的领域里都取得了非凡的成就。在杨先生去世后，我曾去看望过夏先生，她很坚强，告诉我已经把杨先生的专业书刊都捐给北京大学了，她在我们面前没有表现出失去亲人的痛苦，但我却能感到她对杨先生深深的怀念。"

面对困难，逃避不是办法，从身边的小事做起，一步一个脚印，持之以恒，女性科研工作者一定能展现自己最美的光彩！

（梁铭心初稿，萨日娜修订，董煜宇审阅）

XU
XIAOBAI

巾帼名言：科学研究来不得半点虚假，科研的成就必须建立在长期艰苦地在一个方向上的坚持不懈的努力。

徐晓白

中国环境化学事业的领航人

人物简介

　　徐晓白（1927—2014），江苏苏州人，环境化学家、无机化学家。1938年进入南洋模范中学女子部就读，1944年高中毕业后考入交通大学化学系，1948年毕业后任职于上海中央研究院化学所。1952年到中国科学院长春应用化学所工作，主要从事卤磷酸钙日光灯荧光材料、土壤硅化加固等工作。1955年起在中国科学院化学研究所工作，跟随国家战略部署和需要，先后从事盐湖化学、熔盐体系、稀土元素化合物、原子能化学等方面的工作。1975年以后，致力于多环芳烃及其衍生物分析化学、发展环境有机毒物的痕量分析、环境行为与生态毒理研究。1980年至1982年在美国加州大学伯克利分校做访问学者，从事柴油机排出颗粒物分离鉴定研究。1986年担任中国科学院生态环境研究中心研究员、博士生导师。20世纪80年代末，她组织由中国科学院生态研究中心等单位共同承担的"有毒有机物环境化学行为和生态毒理"重要课题。1992年开始，从事"典型化学污染物在环境迁移转化及降解的化学过程研究"，对硝基芳烃、有机锡等物在氯化过程中产生的有机氯化物和二噁英的生成、迁移、转化及降解等行为过程和机理进行研究。1995年当选为中国科学院院士。1999年被聘任命为持久性有机污染物国家技术协调组成员。曾获中国科学院自然科学奖一等奖、国家自然科学奖二等奖等奖项。

求学之路，严于律己铸就追梦人生

1927年，江苏吴县一家望族内，伴随着嘤嘤啼哭声，一个女婴呱呱坠地，她就是徐晓白。徐晓白的父亲徐祖蕃是民国时期航海界鼎鼎大名的船长，学贯中西，为早年航海教育事业做了许多贡献。徐晓白的母亲夏佩玉出身名门，具有一定的文化水平。徐家是典型的书香门第，优秀的家庭氛围和良好的家风，浸润着年少的徐晓白。徐晓白在家中排行第二，上面有一个姐姐徐家和，下有妹妹徐千里和弟弟徐民苏。

徐晓白的名字来自柳宗元的诗《早梅》中的一句话："朔风飘夜香，繁霜滋晓白。"在凛冽的寒风中，梅花不畏寒霜与困难。同样，徐晓白在面对未来的"寒霜"时，恰如她名字所蕴含的那首诗一样，拥有着梅花般的毅力，无惧风雨，走过人生的一次又一次低谷。

9岁以前，徐晓白都在吴县生活与学习，当时她的家位于学士街。该街是一条南北走向的街道，在苏州城内非常有名气，徐晓白的孩童时光都在这秀美的水乡环境中度过。徐祖蕃的工作非常忙碌，并不常住在吴县。而徐晓白不到4岁就被送到升平幼稚园，6岁进入苏州升平小学学习。到1936年，为了使孩子们接受更好的教育，且与在上海工作的徐父团聚，徐母带领着孩子们离开故乡，徐晓白因此随父母定居上海。

1938年，徐晓白进入上海的南洋模范中学女子部就读，是女子部招

20世纪40年代徐晓白与家人合影。前排左起：夏佩玉、徐祖蕃，后排左起：徐千里、徐晓白、徐民苏

收的第一届学生。南洋模范中学名师荟萃，例如上海交通大学的另一位中国科学院院士吴文俊曾在南洋模范中学授课。教育水平高，加上校风良好，民间有"一只脚进南模，半个身子入交大"之说法。回忆起当初考进南模的情形，徐晓白深感自己的幸运。原来，徐晓白在苏州就读的小学教学质量难以与上海的学校相匹敌，因此徐晓白是以倒数第二名的成绩被南模录取的。但浸润于注重子女读书教育的家庭氛围，徐晓白在南模求学期间成绩非常优异，从升入南模时的倒数第二名逐渐成了尖子生，几乎门门功课都在班级里数一数二。她将所有心思投入学习之中，劲头十足，很少关心社会上的事件。得益于南模优质的英语教育资源，徐晓白在中学期间打下了很好的英语基础，她的英语发音标准，能说能写且十分流利。后来她在工作中和外国人能够流利交流，让许多人误认为她曾经在国外学习生活过很长一段时间。徐晓白为了学好英语，将英语融入了生活中的方方面面，用英语写日记、记笔记，就连她在公园游玩和同学们的合影照片，也都用英文标注。南模很重视学生的身体素质教育，开设了体育课，学校组织的篮球队在上海小有名气。在这样的氛围下，徐晓白尤其热爱篮球与排

青年时期的徐晓白

球，同时她还参加南模的话剧表演，业余生活十分丰富。南模的校训要求同学们要"勤、俭、敬、训"，反对奢侈浪费，强调简朴的作风。受此影响，徐晓白自中学开始，大部分时间都留着一头短发，显得十分干练、精神。就这样，徐晓白在南模度过了六年快乐的时光，毕业之时，恰逢日寇入侵上海，日本人想要拉拢徐祖蕃为伪政权服务，而徐父有着强烈的民族情感，坚决不愿对日本人卑躬屈膝，并且毫无避讳地指责日本人侵略的暴行。因此，徐父丢掉了工作赋闲在家，家里突然失去了经济来源。经济的窘迫令徐家无法支付孩子的求学费用，希望女儿放弃上大学。徐晓白仍怀抱继续求学的渴望，为了升学又不想让父母为难，她更加努力学习，在1944年以第二名的出色成绩考入上海交通大学理学院化学系，获得了申报馆提供的贷学金，解决了学费的困难。

徐晓白选择交大，一方面是因为交通大学学费较其他大学相比更加低廉，另一方面她也不愿远赴外地求学，加之南模的毕业生一向有报考交通大学的传统。而对于化学专业的选择，既是出于个人兴趣也有切合就业的考虑。民国时期，化学既是实用之学，亦是国家发展急需的专业。当时战争所要求的药品供给，人民生活的各种日化品，以及矿物资源的加工与开采，都离不开化学。研究单位需要大批的化学研究者，企业也急需大量的化学相关人才，因此该专业的毕业生较容易能够找到工作。

受战争影响，交大的办学条件虽然不如抗战前，但学校对学生的成绩与专业要求仍然很高。理学院的化学系注重实际应用和基础理论的结合，注重学科的实用性，鼓励学生拓宽知识面，全面发展。徐晓白非常珍惜来之不易的大学时光，对待功课十分刻苦。此时的她憧憬着未来能和居里夫人一样，在科学上闯出一番事业。在交大竞争激烈的环境中，为了得到高分，她坚持不懈，付出了比别人多几倍的时间用于学习。她做事具有高度的执行力，绝不拖延，每天给自己定下学习计划和目标，不完成目标不会休息。有一回，她与同学们一起做物理实验，实验难度很大，当完成时早已天黑，大家都非常疲惫，打算第二天再写实验报告。但徐晓白坚持今日事今日毕，熬夜工作，当报告写完之时已晨曦微露，她又接着上课，做实验。在校期间，除了一门功课由于任课老师给分最高是80分外，徐晓白的其他所有功课均为80分以上的成绩，是名副其实的优等生。成绩优异的她多次得到学校颁发的奖学金，得到该奖学金的条件是成绩位于年级前三名。在课余时间，徐晓白兼任中学生的家教，得以补贴一部分生活费用。学习之外，徐晓白依旧延续着在南模的运动喜好，擅长排球与篮球。她还加入学校的合唱团，常常在交通大学的各项演出活动中一展风采。

二

良师启蒙，初踏物化领域蜕变成长

1948年，徐晓白从交通大学毕业。在就业前，徐晓白有两个选择，其一是去中央研究院化学研究所工作，其二是留校任助教。徐晓白认为："留校教书总是搞老一套，教授教课等于每年放一遍留声机，自己不能提高，科研则是搞新东西，自己可以从中学习提高，也利于将来到美国留学。"因此，1948年8月，徐晓白进入中央研究院化学研究所工作。

初到化学所，徐晓白就如一阵清新的风吹入所里，她打扮时尚，英气勃勃，说话与做事爽利，与众不同的性格让很多人都注意到了这个特别的姑娘，大家对她都有着亲切的好感。入所后，徐晓白跟随分析化学家梁树权学习无机化学分析方法，她开始研究金属杂质对元素测定的影响，以及合成一种有机酸沉淀剂的工作。一段时间后，经过梁树权的指导与训练，她能够独立地设定实验方案，养成了良好的实验习惯，她的实验台总是一丝不苟，整洁干净。并且，她也非常重视实验记录，整理得很细致。不同于在交大的学习，研究所的环境更加宽松和自由，她可随着经验丰富的高级研究人员学习，在每周一次的学术报告会上，徐晓白学习到了很多最新的化学研究理论、学术前沿与进展，学术积累在与同仁的交流中逐渐获得提高。

1949年，受上海时局影响，化学所的研究人员为了保护化学所财产安全防止被特务破坏，经历了一系列斗争。徐晓白作为中央研究院的留任人员，与其他职工和家属自发组织参与护院工作。为了应对突发情况，她还与医学所的同事请教学习止血、急救等措施。好在有惊无险，最终中央研究院化学所的多数器材与仪器都保存良好，实验室也未遭破坏。

中华人民共和国成立以后，中国科学院组建了新的单位，徐晓白所在的化学所在原来分析化学等部分基础上，合并了北平研究院分出的研究力量，新成立了物理化学研究所，她在新所任助理研究员。对于新所的成立，她满怀热情，对未来有着无限憧憬，认为新所的建立与旧所的改造正是结合了伟大的经济建设任务，也是中国化学研究事业大发展的开始。

徐晓白在新所从原来的分析化学研究转换到了物理化学研究。她跟随著名无机化学与物理化学家、分子光谱研究的先驱者柳大纲学习。柳大纲是对徐晓白影响最深的一位老师。其实柳大纲和徐晓白渊源颇深，早在徐

徐晓白在老师的指导下做实验

晓白参加工作之初，所长吴学周就想过将徐晓白安排到柳大纲小组工作，但考虑到柳大纲远在美国进修，徐晓白又刚参与工作，因而可以先在分析化学方面做研究。徐晓白自己对物理化学更有兴趣，因此也在一直寻找机会，恰逢柳大纲的助手前往党校学习一段时间，徐晓白抓住机缘努力争取一番，最终得以调到柳大纲的光谱组工作，进行紫外吸收光谱的研究。在柳大纲的指导下，她进一步夯实了分析实验的基本功夫。但是，由于转变了原有的研究方向，徐晓白的上手有些困难，但经过柳大纲的耐心指导和徐晓白的兴趣与努力，没多久她已能独立开展采谱、计算等环节的工作。柳大纲最器重的两位年轻人，一位是徐晓白，另一位是留苏归来的胡克源。柳大纲在指导两位学生时，非常宽容细心，倾囊相授，所布置的任务明确，当学生遇到困难时，他也耐心指点迷津。徐晓白多年后回忆道，自己的良好的实验习惯是从柳大纲处学来的，"正是在先生耐心教诲下，我们学会了在研究工作中遵守正常程序"。在这样的环境中学习，徐晓白对自己、助手、同事以及学生，都严格要求遵守实验室的规程，对仪器的摆放与使用都要精细严谨。以至于多年后，徐晓白的同事彭美生回忆道，如果仪器使用完毕没有擦干净被发现，要挨批评。徐晓白跟随柳大纲工作学习的时间颇长，师徒之间情同父女。柳大纲欣赏徐晓白的天赋与勤奋，而徐晓白非常尊敬这位良师、恩师，徐、柳两家人日常来往很频繁，有时柳大纲出差在外，也会写信给徐晓白，除了提及行程与工作安排，还会分享旅途中的所见所闻。

1952年的冬天，为了参加中国科学院应用化学研究所的建设，徐晓白告别了父母与亲朋好友，从繁华的大上海辗转搬至冰天雪地的长春。原来，长春解放后，在伪满大陆科学院基础上重建了东北工业研究所，研究所建设中最大的困难是科技人才的严重缺乏。因此，中国科学院为了东北地区科技发展的需要，组织了一批队伍来到东北进行考察，决定成立中国科学院东北分院，并将上海地区的科研力量搬到东北，而徐晓白所在的物理化学研究所不可避免地需要搬迁。听到这个决定，所里很多研究人员都不愿意背井离乡，而徐晓白则较早地接受这一现实，帮助当时的所长吴学周给大家做思想工作。徐晓白有着超前的学习意识，在搬迁前她就敏锐意识到学习俄文的重要之处，她深知学习俄文既是响应国家号召，也是实际工作的需要。并且，她非常擅长语言学习，已经利用业余时间把俄语学到一定程度，因而搬到长春以后，她不需要参加研究所开办的俄语速成班。

长春的气候让徐晓白一开始不太适应，由于缺乏应对零下温度的经验，加上保暖措施不足，徐晓白患上了关节炎，每到季节变化便会引发疼痛，而这些徐晓白都咬牙坚持了过来。随着时间流逝，徐晓白慢慢适应了东北的气候，她仍然是最刻苦的那个人，寒冷的天气没有浇灭徐晓白心中对科研热情的一团火，总是"抓得很紧，睡得最晚"。自1953年起，她主要参加柳大纲负责的新型荧光材料研制的任务，这是物理化学研究所搬到长春后的一个重大项目。早在搬迁前，徐晓白跟着柳大纲去南京灯泡厂调研，积累了一定的资料。随后，柳大纲组建起一个研制小组，徐晓白因为出色的能力被柳大纲委派协助其开展工作，实际上相当于组长。她工作非常负责、热心，遇到原料或工具不足的情况，她便四处张罗联系寻找。她还仔细抓紧每位组员的工作情况，给组员配备工作日记本，嘱咐他们都要记录好工作情况以及新发现与新想法。下班后，徐晓白便一一收集起日记本，利用休息时间细细阅读，并做一些记录与整理，考虑进一步的工作方向与改进方案。到第二天，再将日记本归还于众人。

前期的准备工作很重要，1953年4月至5月，徐晓白和同事们查阅了大量文献，由于徐晓白英语和俄语都学得不错，就负责翻译文献供大家参考。正式工作开展后，徐晓白和另外两位女研究员负责该项课题的关键——制备荧光材料。该课题的难点在于荧光材料的干法焙烧程序非常复杂，徐晓白等人简化操作还开发了另一种湿法焙烧方法。为了焙烧充分，除了用机器研磨材料，还需要手工研磨，这非常考验耐心与恒心。同样，在工作之初，徐晓白也遇到过很多挫折，由于采取的是传统煅烧方法，一次试验耗时过长，且重复性很差。经过反复摸索，徐晓白想出利用管式高温炉代替传统高温炉的方法，来控制反应时间，由此，焙烧实验的时间由原来的五六个小时缩短至一二十分钟，重复性极佳。采用这样的方法，小组在几个月内完成了百余次的实验。时间紧任务重，徐晓白常常以实验室为家，夜以继日展开工作，实在顶不住就趴在实验桌上睡一会儿，醒来又继续工作。就这样，经过研制小组不懈努力，在1953年底提出了制备性能良好的荧光料的工艺方法，在国内最先研制成功卤磷酸钙日光灯荧光料。研制成功后，徐晓白又和同事到南京灯泡厂，将全套技术资料移交灯泡厂，该厂采用小组制备的荧光料制作日光灯，取得了不错的效果。不久后，南京灯泡厂的工作人员按照徐晓白的方法对制备成本进行了估算，荧光料的成本是原先的1/7，价格是进口的1/4到1/5，取得了极大的突破。这种卤磷酸钙新型日光灯荧光材料技术很快在全国得到了推广，在国内引起了不小的轰动，促进了国内照明事业的发展。在荧光材料研制成功后，徐晓白马不停蹄地随着柳大纲投入另一项工程的工作中。

电动土壤加固工程是国家布置的另一个重点任务。1955年，既是任务需要，也是筹建化学所的机缘，徐晓白正式离开了长春，去了北京。她先花了一段时间学习土壤加固技术的操作方法与原理，然后前去唐山做相关实验。然而，这项技术的推广效果并不算好，主要原因是耗电量太大。但总体而言，这项工程具有探索价值，为了这项工程所开发的电渗和压力等方法在现在的岩土工程中依然使用。

响应国家，数度转换方向创造奇迹

从1955年开始，徐晓白留在了北京，参与中国科学院化学研究所的筹备和建设工作。化学研究所初期在组织架构上分为无机化学、分析化学、有机化学与高分子聚合物化学四个部门。徐晓白依旧跟随柳大纲所在的无机化学组开展工作，成为无机化学组的骨干力量。在柳大纲的建议下，她着手盐湖化学研究，于1956年担任"盐湖资源调查与综合利用"研究项目小组副组长一职，通过对茶卡盐湖的湖水进行分析，提出合理的开发与利用方案。考虑到徐晓白是女同志，柳大纲没有带领徐晓白到盐湖进行采集工作，而是让她主要负责对盐湖采集队所采集到的样品做分析测定工作。她研究茶卡盐湖湖水在25℃的等温结晶路线，对结晶过程的认识为考察队在后来察尔汗盐滩发现天然光卤石起到了很重要的作用。除了对茶卡盐湖的研究，她在这个时间内还对盐湖化学做了许多总结工作，从物理化学分析的角度阐述了盐湖的分类方法和分类的意义。在一段时间的卤水分析工作之后，1957年起，由于苏联专家来华开展工作，她在苏联专家帮助开展工作的背景下转向了熔盐体系的研究工作。熔盐指的是盐类熔化而形成的熔体，比如硝酸盐、碱土金属的卤化物等熔融体。特别是由于之前已经有了不错的俄语基础，她常担任翻译的角色，接待苏联来的专家，陪同参观。其中苏联专家鲁日娜娅作为化学顾问在中国待了半年的时间，其间她大部分时间在化学所开展工作，徐晓白协助她展开研究，兼任她的翻译。工作之余，两人的私交甚好，鲁日娜娅特别喜欢这位大方、年轻的姑娘，她们在《化学学报》上联合署名发表文章《氯化锂-氯化钾-氯化锶体系》。

但在这段时间里，徐晓白遭遇了生活中的许多挫折。上海解放之后，徐晓白就对新社会的到来满心期待，切身觉得新时代与过去截然不同，愿意参与各项思想改造运动。自1951年底开始，徐晓白希望能够加入共青团，还向组织真实地汇报了自己的成长历程与思想变化。但由于其家庭成

徐晓白研究小组部分成员合影

分（其父曾经担任过国民政府官员）和一些历史原因（事实证明清白，并无问题），她的入团申请未获得批准。在刚参加工作的十年内，遇到政治活动之时，徐晓白需要不断复述自己的"历史"，一直到"文化大革命"结束，她才彻底获得平反与解脱。徐晓白也积极向党组织靠拢，得到组织的认可一直是她的心愿。在1956年之时，国家就开始动员留学人员归国，为国家建设做出贡献。徐晓白主动给她身在美国留学的堂哥、学长与同学们写信，希望他们能回国参与国家建设，这件事可反映徐晓白的一片报国之心。同样，徐晓白和胡克源因为同在柳大纲的门下而交往渐密，遂生情愫，成了男女朋友，但他们的结婚报告亦因为徐晓白在政治上"悬而未决"的问题，爱情长跑许久后才得到批准。1957年是发生很多伤心事的一年，她因为反右派斗争被严重扩大化而受到波及，弟弟妹妹先后被错划为"右派分子"，又遭遇父亲自杀等一系列变故，一连串的事情给徐晓白造成了不小的打击。但她并未被悲痛打倒，深知无从辩解的她决心通过实际行动来洗刷"污点"，她更以思想上的追求进步和忘我工作，希望党组织能够真心接纳她。也是在那一时期，她一改青年时代靓丽的外表，开始打扮得越发朴素，从外到内地全面改造自己，全身心投入化学所组织的各类劳动改造之中。1959年，她荣获全国三八红旗手称号，并出席了全国群英会，这是让徐晓白倍感珍惜的荣耀。

1958年以后，徐晓白转向了稀土元素化合物的研究之中。我国虽然有着非常丰富的稀土资源，但在中华人民共和国成立之前一直未得到较好的开发与利用。因此，稀土资源的利用研究是中国科学院化学所的一项重要任务。转变方向并不是徐晓白主动请缨，当时她还在进行着熔盐体系的工作，所里让她进行稀土的研究，她毫不犹豫地接受了组织的安排，投入新的工作之中。自1958年到1966年，她主要参与稀土化合物的制备与性质的研究，这些工作取得了较为不错的成果。徐晓白小组主要负责制备新型阴极发射材料六硼化镧，该材料应用性强，是国家急需的重要材料。在制备过程之中，徐晓白小组探索了六硼化镧于各种腐蚀性介质以及高温液体、气体中的稳定性和特殊条件下的耐变性。特别是为了探索高温下的稳定性，徐晓白小组进行了一系列异常困难的实验，不仅对镧进行了研究，还以相似的办法检验了其他稀土元素。其实这项研究在进行时，人员流动很频繁，但在徐晓白主持下，仍跨越了一道又一道坎，成功制备六硼化镧。在制成六硼化镧之后，又对其性质做了详细研究，在论文《新型阴极材料六硼化镧简介》中，徐晓白详细介绍了六硼化镧的物理与化学性质等内容，并具有前瞻性地断言该材料将在未来得到广泛应用。果不其然，六硼化镧阴极材料取得了巨大的成功，在全国有20余家单位前来索要材料。到1965年，徐晓白小组无偿将它的制备和试验方法推广到上海泰山耐火材料厂。由于在全国最早开展了关于稀土硼化物和硫化物的研究，并且该研究广泛而深入，取得了很好的效果。1978年，徐晓白所主持的工作获得了中科院所颁发的重大科技成果奖，表明对徐晓白小组从事的关于稀土化合物工作的肯定。

　　同时，在稀土化合物的研究之余，徐晓白还参加了化学所开展的原子能化学的相关工作。在20世纪五六十年代，我国的原子能发展和我国在国际社会中能够独立自主的需求相关，是国防问题的重中之重。当她接到从四氟化铀到六氟化铀的中间氟化物合成研究工作（"46号"任务）这项新任务之时，正值稀土工作小有成果，徐晓白犹豫了一下，但她认为做原子能任务重要，组织上分配应该接受，且这也是领导对自己的信任。因此，即使需要随着国家的任务而不断转换自己的研究方向，徐晓白没有推辞，毅然接受，这是她将国家建设放在首位的表现。工作一开始，徐晓白查阅了大量的资料了解金属反应的情况，通过详细的阅读与分析，她发现许多文献中提到"金属系统"是反应的关键，但其不容易建立，而且操作复杂，不好控制。因此她主张采用更容易控制的高真空玻璃系统做实验，成功分离出了三种中间氟化物作为X-射线衍射对照的标准样品。除了"46号"任务，徐晓白还参与了"493"任务，即关于核燃料处理问题的研究。

徐晓白在这项工作之中参与了铀铝分离和一些组织方面的工作。比如，在铀铝分离方法中最开始采用搅拌床工艺，就是将所有材料放置于反应器中加热和搅拌，但是由于氯化氢和铝之间反应特别剧烈，极易造成安全事故。经徐晓白再三考虑之后，采用了流化床的方案。该方案提出之初受到了一些质疑与批判，但徐晓白依旧不为所动，坚持自己的主张。由于她的建议未得到采纳，有次在溶解铝棒之时，反应过于剧烈，导致猛烈喷出，情况危险。在得到事故的教训之后，徐晓白的主张得到接纳，因为用流态化的方式可以调节气流的浓度以及速度，从而降低实验的危险性。多年之后，徐晓白在回忆流化床时也欣慰地提及后来成功的流程，实验都是在流化床进行的。然而到1968年以后，由于"文化大革命"，徐晓白经历了一段长时间的创伤岁月，遭受了不公正的对待。她暂离研究岗位，停止了"493"任务方面的工作。令她欣慰的是"流化床氟化物挥发法处理铀、铝合金元件"的研究获得了1978年中国科学院重大科技成果奖。

当时的研究工作都在北京怀柔地区的化学所二部进行，工作人员都住在北京的远郊，生活条件、交通情况、对外联系都十分不便，徐晓白和同事们要过半个月才能回一次家与家人团聚。而且，实验也有放射性的危险，稍不注意，就会酿成事故。但在这种条件下，徐晓白和其他同事们都毫无怨言，依旧忘我工作。徐晓白在短短十余年时间内数次转变了研究方向，她的每次转向都是基于国家的战略部署和需要，特别是稀土化合物的相关研究，取得了非常具有实用性的成果，为后来的研究者奠定了坚实的基础。但遗憾的是，她未能在这些方向上进行深耕，直到"文化大革命"之后的岁月，她迎来了属于自己的研究方向的更大突破。

环境化学，结出累累硕果造福人民

1975年，徐晓白在新成立的中科院环境化学研究所工作，而她的研究方向发生了很大的转变，从一二十年前从事的无机化学、稀土材料和核燃料方面转到有机污染物分析等环境化学方面。在当时，由于起步较晚，环境化学是一门新兴的学科。在中科院环境化学研究所成立后不久，徐晓白就开始翻译《固体量子化学》一书，为了这本书能够"洋为中用"，徐晓白花费了很多时间和精力，常常因为一个概念或一个专业术语请教他人或翻阅查找书籍。更令人赞叹的是，她的翻译工作是她在一天繁忙工作后利用休息时间完成的，整部书近15万字。这本书的出版，标志着徐晓白告别了她前30年关于无机化学、物理化学方面的工作，正式开启了环境有机污染物研究的大门。

20世纪80年代以后，她在环境化学研究所有机室担任主任一职。其实一开始，徐晓白对于行政工作并不感兴趣，但由于"文化大革命"之后的人才断层，徐晓白又有丰富的经验等原因，被研究所三顾茅庐之后才终于答应出山。一切从零开始谈何容易，此时的徐晓白已经人到中年，面对全新的研究领域，面对有机室主任的指挥棒，面对风波过后的一切，她收拾心情，重新踏上新的征途。

关于有机室的建设工作，徐晓白一方面征求同事们的意见，另一方面也表明了自己的想法。她认为，要首先以有机分析为主，治理先放一边。进而，要分析与检测环境中的有机物，为控制环境污染和未来的治理工作提供科学依据。根据这个方针，徐晓白建议所里购买了一系列设备，完善了实验室设施，并对研究室未来发展方向进行了描绘并落实，做到心中有数。她发现当时研究室的人员存在各自为政的现象，缺乏凝聚力。因此她希望研究室能够拧成一股绳，组成一盘棋，通力合作。她明确了各课题组的科研计划和研究方向，并协调了各组之间的科研合作。此举转变了原来的散漫情况，有机室的研究得以高效、蓬勃地开展起来。她作为有机室主任一职也受到了广泛的好评。在确定了每个课题组研究方向之后，她还在实验室建立了完整且规范的制度规章，并细化落实到每个人的职权范围、工作方法和成果申报制度等方面，避免了有机室开展工作的混乱状况，使得研究室能够正规化、规范化。比如研究室的器材，她也安排人员专门管理，成果申报时，她也会严格审核，确保无误。徐晓白非常重视人才，她想方设法为研究室的青年人员提供出国深造学习的机会，既帮忙联系老师，也会为他们写推荐信。在业余时间，她还会组织年轻人学习英语，以提高他们的口语水平。

1980年，53岁的徐晓白获得为期两年出国学习进修的机会。去美国深造一直是徐晓白埋在心底的梦想，没想到一朝终于得偿所愿。她将要进

20世纪80年代徐晓白在加州大学伯克利分校的实验室

修的加州大学伯克利分校是美国顶尖的大学之一，该校环境化学学科拥有当时非常强大的设备和师资资源。但在出发前，她的心中还是有些顾虑，她也在《入党志愿书》中非常坦诚地提及自己的困难。她认为自己年龄不小，精力和思维也不如以前，加上专业不对口，一切从头学起，没有把握一定能够做出成果。但是机会来之不易，更要好好珍惜。也正是在出国前的这一年，她光荣地加入了中国共产党，这更坚定了她出国学习，归国做出一番事业的决心。

徐晓白简单收拾行装，登上飞往美国的旅程。在美国期间，徐晓白主要从事柴油机排出颗粒物分离检定方面的研究，主要研究对象是多环芳烃和硝基多环芳烃。它们是致癌物，广泛存在于环境之中，对环境产生了极大污染，对人类自身有很大的危害。徐晓白成功地从柴油机尾气颗粒物中分离出了硝基多环芳烃，并建立了分离方法。除了大量采取分离、提纯和鉴别的技术之外，徐晓白还用Ames试验（鼠伤寒沙门菌回复突变试验）用于筛查柴油机排放颗粒物里面的致癌物，Ames试验可以极大地提高筛选各类致突变和致癌物质的效率。然而在一开始，徐晓白的工作没有取得理想中的进展。这令她的合作教授魏德峰颇有微词，但徐晓白留美的费用是由中国方面资助，他也没有多言。徐晓白一直坚定相信自己从事的研究是有价值的，一定能出成果。她忍受了异样的眼光与不解的声音，坚持了自己的方法与观点。不久之后，她终于提取了一系列致突变和致癌物，一鸣惊人。

到1981年，徐晓白首次报道了她从柴油机颗粒物中检测出的强致癌物2-硝基芴，随后又报道了50余种硝基多环芳烃和含氧硝基多环芳烃等直接致突变物。此项研究是柴油机排放颗粒物环境风险研究的一项重要突破，成为美国政府对于柴油机化问题决策的重要依据，同时亦对其他国家的环境污染控制具有重要的参考作用。在美国期间，徐晓白发表了多篇论文，其中有两篇被学术界公认为是极具创造性的论文，均刊发于权威科技期刊上，分别为《柴油机尾气颗粒物中2-硝基芴的检定》和《柴油机尾气颗粒物中硝基多环芳烃的分离与检定》。这两篇文章署名为徐晓白和美国实验室的同事，文章经发表后被国内外学者争相引用达百余次，令学术界没想到的是，徐晓白这样一位中国女性学者竟有如此敏锐的学术洞察力和如此出色的研究能力。徐晓白也十分珍惜两年的进修时光，她将所有的精力都投入了学术研究之中。和在中国一样，她常常工作到深夜，披星戴月回到租住的房子中，边走边回忆和琢磨当天的实验数据。在加州大学伯克利分校两年多的学习生涯中，徐晓白收获了非常高的赞誉与评价，她忘我投入的科研精神和高超的水平赢得了所有人的尊重。在她即将返回祖国时，她所在的实验室特意给环境化学研究所写了一封信，高度赞扬了徐晓白的工作成果和她的人格魅力。

多年后回看在美国的那段时光，徐晓白认为影响是非常深远的，美国之行大大开阔了她的视野。当时国内的工业化程度比较低，环境污染的问题尚未广泛凸显出来，人们关注最多的是一些如农药之类的有机污染物。但去美国之后，徐晓白才感觉到环境中竟还有多种需要关注的污染物，比如多环芳烃、多氯联苯等。她感到在国内开展有机污染物研究的迫切性，因此返回北京之后，徐晓白继续进行着多环芳烃检测方面的工作。1984年，她在《环境化学》中发表的文章是对她近几年工作的总结。她提到国外的研究已经证明柴油机排出的颗粒物、木材的锅炉等处和某些复印用的增色剂的炭黑都有致突变性。她系统地阐述了大气和其他污染源颗粒物中的硝基多环芳烃的分析方法、代谢机理等，为未来国内环境化学学科的研究指明了新的方向。

在已有的研究基础之上，徐晓白又带领着研究团队讨论在北京大气中检测致癌物的可能性。小组花费了一年的时间对比了不同地区大气颗粒物的致突变活性的情况，并对致突变物的化合物类型做了详细分析。徐晓白的研究具有高度的现实意义。随着全球工业化的发展，对环境带来的危害成了科学家们和政府所急需关注的重要议题。大气污染到一定程度将会破坏生态系统，影响人类的生存和发展。因此，在这样一个基础之上，徐晓白领导的关于京津空气污染物变化的相关研究，是我们国家部署"六五"攻关的关键课题。尽管在国际上对于大气颗粒物对致癌性的研究已有十数年的积累，但在国内仍然是比较空白的研究领域。1984年，徐晓白研究团队首次在北京检测出大气中含有致癌物硝基多环芳烃。他们采用了气相色谱–质谱联用和高效液相色谱方法分别对北京地区少数地点的大气飘尘进行检测。为了探究污染物中的情况，徐晓白还设计了许多方式对样品进行检测，为我国环保部门提供了环境监测和治理的重要依据。徐晓白和美国加州大学的实验室合作，探索如何用新的方法来检测大气飘尘中硫和氮的状态。为了采集样品的多样性，无论是北京市区交通密集、人流量大的中心区域，还是偏远的郊区，都有她走访采集的身影。

由于煤的燃烧不可避免地带来了一系列大气污染，徐晓白小组调研了工厂中煤燃烧产生的多环芳烃的情况，通过广泛地调研，她认为燃煤的锅炉是煤烟型大气污染之中多环芳烃的主要来源之一。在很长一段时间里，徐晓白带着研究室队员到各大工厂采样。有一次课题小组到焦化厂调查，采样人员需要爬到焦炉上取燃烧后释放的煤灰，即使小组有年轻人，但徐晓白依然不放心，亲自爬到高高的焦炉上采样。如此一整天，上下往复数次，汗水打湿了徐晓白的衣服，但她依旧专心工作。这一幕被很多人看在眼里，令人印象深刻。

徐晓白带领的小组用了近十年的时间，在大气颗粒物、城市水源等处都检测出硝基多环芳烃。其中的城市水源多环芳烃检测工作起步于20世纪90年代，属于徐晓白小组领导的国家自然科学基金项目。他们通过还原衍生化高分辨气相色谱结合双柱，在城市地表水中检测出8种硝基多环芳烃。该项研究结果对环境保护部门制定相关政策和水生态环境的保护发挥了重要作用。并且，徐晓白小组所探究出来的对锅炉烟道气中多环芳烃检测的方法快速、实用且准确，可在高空和野外等工作条件使用，对于大气污染物的测定方面取得了突破。

二噁英，是一种持久性有机污染物，是徐晓白研究的另一个重要课题。在20世纪80年代末到90年代初，她通过一系列的研究，率先引进了检测二噁英类化合物的方法。众所周知，六六六是一种杀虫剂，其成分之一六氯环乙烷对人和畜都具有很大的危害性，在20世纪60年代末被禁用，而我国农业所需的农药都需要大量的三氯苯生产。徐晓白团队发现了当时在中国采用六六六热解生产三氯苯的工艺所产生的二噁英类化合物带来环境污染的重大问题。徐晓白和同事蒋可发表了快速鉴定二噁英类化合物的文章，引起了国内生态学家和环境化学家的高度重视。在已经做了一番深入研究后，徐晓白认为，我们国家务必重视二噁英污染所带来的危害，因此到1999年7月16日，徐晓白和她的博士研究生郑明辉联名给国家环境保护总局写了一封信，在信中强调了二噁英对于环境的危害性，建立两三个各具特色的国家级二噁英实验室应该为当务之急。这封信有理有据，反映了徐晓白高度的社会责任感。很快，徐晓白和郑明辉的建议得到了当时的国家环境保护总局的回复，并在加强对二噁英的检测和管理问题中提出了一系列的建议。

到20世纪80年代，徐晓白团队还开展了有机污染物痕量和超痕量分析技术的研究。她建立了复杂环境样品之中痕量和超痕量的有机污染物的一系列分析方法，为我国早发现和解决持久性有机污染物的问题提供了可靠的技术保证。同时，她和团队还引进了国外一系列有机污染物检测的方法，结合了我国的情况进行一番改造，最终这种方法成为我国第一批有机污染物的环境检测国家标准。其中比较有代表性的是考察多氯联苯污染的调研分析。在改革开放的时代浪潮之下，多地出现了非常严重的化学品污染问题，尤以多氯联苯污染问题最为突出。徐晓白也注意到多氯联苯的污染需要关注，因此她带领学生前往污染较为严重的浙江温州、台州地区进

1984年，徐晓白和同事们参观清洁固体燃料的设备

行深入考察。徐晓白亲自前往被污染地区进行采样，对该地的水源、土壤、大气的情况进行了检测。早在1985年，这些地区就发生过多氯联苯污染事件，在1989年这种情况持续加重，在土壤、河道，甚至是饮用水和农产品中都有了程度不同的污染，对环境造成了极大的破坏。

通过调研，他们发现该地的污染是由于居民在经营废旧电器的拆卸过程中，多氯联苯流入环境造成的，徐晓白敏锐地意识到该地的电子垃圾拆解产业所带来的污染物还会持续造成影响。有鉴于此，徐晓白的团队持续进一步调研，总结出原始粗放的拆解方式是造成多氯联苯污染的关键原因。随着徐晓白团队更多的调研和研究成果的公布，科学界也逐渐注意到电子垃圾的污染对人类的身体健康带来的风险问题。到1999年，徐晓白亲自主持了温州、台州地区有关多氯联苯污染状况和与之相关疾病的调研，确认多氯联苯的污染的危害是多方面的。它对一个地区的水圈、生物圈都有不同程度的影响，特别是会对人类的健康造成危害，尤其对新生儿的生长带来不良的影响。徐晓白对这样的情况深感痛心，她觉得一定要加紧调查，尽快提出解决方案，并强烈呼吁相关部门把多氯联苯的监测纳入日常检测项目之中。此后，她的团队建立了一系列针对该问题的解决方案，对我国有毒化学品的处理效果与评价产生了重要的影响。针对温州、台州地区的调研路径与方法后来还被应用于山西等地区电子垃圾拆解地的调查，为制定解决和治理污染提供了有效的方案，在学术界引起了较好的反响。她的学生们继承老师的衣钵，仍旧开展了与之相关的研究项目，为环境部门制定排污政策提供了重要依据。徐晓白的调查思路从来都不是只着眼于单一的环境介质，而是将环境看成一个整体进行综合性调查，遵循着"水—土—气—生物"的方向，希冀通过考察污染物对水圈、岩石圈、大气圈的影响，继而解释环境行为对生物、对人健康的影响。作为一名科学家，一名环境化学家，徐晓白对国家与社会有着极强的责任心，她清楚地看到环境污染已经威胁着人类的生存，解决环境问题应刻不容缓。

1988年，她继续带领团队，运用环境毒理学的方法对有机污染物进行分析，承担了"有毒有机物环境化学行为和生态毒理"的重要课题。关于这项课题，中科院的生态环境研究所、上海昆虫研究所、南京土壤研究所等4家单位主要参与，北京林业大学生物中心等单位从旁协助，这是她第一次组织多学科的合作研究。环境毒理学是一门交叉学科，主要任务为研究环境污染物质可能发生的生物效应，为制定环境卫生标准提供科学依据。徐晓白敏锐地发现该研究方向具有广阔的前景，她也安排学生加入该研究中来。比如她带的博士杜克久研究环境有机污染物雌激素生物效应。另一位学生秦占芬以非洲爪蟾模型为中心，详细地分析这种动物在环境污染的影响下，在数量、性别分化方面的变化情况。在进行了大量的实验之后，秦占芬与徐晓白多次合作撰写论文，该方面的研究也取得了学术界的诸多关注。徐晓白具有远见地关注了化学污染物对生态学和毒理学的影响。可以说，她走在了环境化学和生态学交叉研究的前沿，她与她的团队

1990年10月，徐晓白研究小组成员合影

所做的研究，加深了学术界对于污染物的生态毒理及与人体健康相互关系的认识。

1992年开始，徐晓白从事"典型化学污染物在环境迁移转化及降解的化学过程研究"。为了完成这一课题，徐晓白带着中科院生态环境研究中心的62名成员，利用4年多的时间，对硝基芳烃、有机锡等物在氯化过程中产生的有机氯化物和二噁英的生成、迁移、转化及降解等行为过程和机理进行研究。1994年，徐晓白又一次到美国访问，调研国外对环境污染治理的办法。她先后抵达纽约、旧金山等地，参观了这些地区的试验所，学到了很多前沿的研究方法，收获颇丰。同时，她也感到自己的研究具有高度的现实意义和价值，写信给有关部门，希望能够继续得到资金资助。1996年，徐晓白的团队较好地完成了预期的目标，分析了化学污染物对我国造成的影响，并提出了生态调控的对策。该项目是国内关于污染物与环境化学、生态学综合研究的重大成果。

五

荣膺院士，巾帼豪杰彰显女性力量

实际上，徐晓白直到1982年才得以晋升为研究员。在参评研究员之时，她的两位前辈老师，为她感到无比骄傲，给予了徐晓白很高的评价。吴学周说："徐晓白同志具有较广阔而扎实的理论知识和实验技术基础；分析问题、解决问题的能力；坚持做工作，做到精益求精的毅力。"柳大纲更是由衷地称赞这位昔日优秀的女学生"既注意学术上的系统性，也考虑到在应用上的重大性"。在他看来，徐晓白是"一位正直有道德修养的科学工作者，理论联系实际的思想是内在的。"

到1991年，徐晓白已经取得了较为丰硕的成果，获得了一系列荣誉与奖项，她第一次参加了学部委员的评选。推荐她成为院士候选人的有多年前她进入化学所的第一位老师梁树权。即使梁树权和徐晓白的研究方向不再相同，但他仍对这位昔日的好学生表达高度的认可，对其科研能力赞赏有加。他认为徐晓白的研究方向虽然因国家的战略安排更换多次，但她基础扎实，兢兢业业，在不同领域都取得了卓越的成就，具备了成为一名学部委员的资格。可惜的是，第一次参评徐晓白落选了，但她并未放弃和气馁，她深知自己可能从事环境化学的时间还不算太长，需要有更多的成果，还可以再做出一番事业。到1993年以后，徐晓白仍旧奋斗在科研的第一线，竭尽全力，把自己领悟到的想法付诸实践。在两年内连续发表了30多篇的文章，获得了业内的一致好评。她的付出有目共睹，1995年，当她再一次整理自己多年的资料，参评中国科学院院士时，徐晓白曾经的同事沈天慧为她写下了情真意切的推荐信：

> 徐教授的理论基础及试验技术扎实，重视理论联系实际，急国家之所急，几次更换研究方向，但在多领域中均做出显著成绩。四十多年来兢兢业业，工作细致，坚持在研究第一线，亲自参加实验并参与组织领导有毒有害有机物的研究，完成了国家多项任务，发表论文一百多篇，上百次为国内外文章引用，积极参加国内外学术交流，在国内外有一定知名度。综合徐教授的研究方向及取得的成果，对环境化学方面的贡献巨大，本人郑重推荐她为中国科学院院士候选人。

好事多磨，前后参评了3次的徐晓白，到1995年，终于如愿以偿，获得了中国科学院院士这项殊荣，成为当年59名院士中的一员，也是为数不多的女院士之一，得到了国内学术界的最高认可。在她当选院士之后，同事们都热烈祝贺她获得这份殊荣，她内心也很快慰，但表现得非常平静，笑着对祝贺的同事说："我不用退休了，可以继续工作了！"

当选为院士之后，徐晓白并没有松懈下来，她仍然奋战在工作第一线，对化学污染物的问题十分关注。在1996年的院士大会上，她就提到化学品已经充斥在我们生活的方方面面，虽然产生了巨大的效益，但有毒的化学品会造成严重的污染事故和巨大的生命与财产损失。她呼吁不可以走"先污染，后治理"的老路，提出应建立自己的研究体系，促进有关控制法令管理体系的建立和健全，以及正确实施，并建立环境保护人人有责的思想和新风尚，吸取和发展各种现代化科技知识，减少污染，为可持续发展做出贡献。

2001年5月23日，国际通过了《斯德哥尔摩公约》，该公约要求对12种持有性有机污染物如DDT等进行控制，在全球范围内达到消灭的目的。徐晓白深知污染物会造成生态的失衡问题，因此她把时间花在为中国加入和履行《斯德哥尔摩公约》提供科学依据之上。2004年，她根据多年的研究成果和中国有机污染物所造成的生态影响的现状，组织业内的专家学者，联名写信给政府，呼吁应该重视对有机污染物的管理工作，呼吁我国尽早加入《斯德哥尔摩公约》。2004年8月13日，中国向联合国交存了批准、接受、核准和加入书。同年11月11日，该公约正式对我国生效，标志着我国开始全面履行《斯德哥尔摩公约》赋予的各项义务。徐晓白不止一次在媒体和公开场合呼吁社会需要重视环境污染问题，告诫人们要减少使用化学品，共同筑造我们的美好家园。

环境化学作为一门新兴的学科，在20世纪80年代，从事环境化学研究的学者并不多，徐晓白作为一名导师总是亲力亲为指导学生。在20多年的时光中，她培养了博士20余人，硕士10余人，博士后4人。她非常关心学生们的课业与生活，学生们做实验，她会手把手指导教学，当学生写出具有创造性的学术论文，她十分高兴。她关心每一位学生的未来，帮忙设计就业方向。这些学生们如今大多成长为环境化学领域的知名专家学者，提到老师，他们无一不带有着深深的感激与怀念。现任清华大学环境化学学院教授的余刚，是徐晓白1989年的博士生，他仍然记得第一次见到徐老师的场景："当时看到她就觉得，这个人就像自己的妈妈一样，不像是一名大科学家，给人的感觉特别亲切！"在专业上，徐晓白对学生们的要求非常严格，她会为学生指定专业书，并要求同学们填写由她设计的《研究进展报告》，将每月的所学所得填写进表格里，以了解同学们的学习程度。她将学生看作自己的孩子，不仅关心学生的学术进展，也留意他们的日常生活。学生秦占芬记得，在读博士后期间，她想请假生育，但又担心因为自己的情况耽误研究团队的进度。于是她向老师吐露了自己的烦恼和担忧，徐晓白得知后完全没有批评学生，反而亲切地鼓励秦占芬不要有顾虑，年纪大了应该生孩子就去生，不用担心影响工作，多次叮嘱学生一定要注意身体健康。她的关怀让学生真切地感受到母亲般的温暖。

2006年5月，徐晓白八十华诞时和学生们的合影

　　徐晓白强烈的社会责任感让她积极参与社会工作，在千禧之年，她发起和参与成立了中国化学会环境化学专业委员会，环境化学学科得到快速进步与发展。直到病倒前，她仍然孜孜不倦，四处开会和考察，很少休息。在徐晓白和胡克源的女儿胡永洁看来，徐晓白太喜欢工作了，工作几乎是生命的全部，有时自己半夜起来，发现母亲书房里的灯还在亮着。她将自己的青春都奉献给了她所热爱的化学事业，抓紧一分一秒，忘我工作。因而朋友时常劝告她要注意休息，但她毫不在意。在去台湾访问期间，徐晓白被诊断出患有脑梗，她不得不放下手头的工作，入院治疗。待病情好转之后，她又马不停蹄出差考察，从未有过退休、停歇的想法。到2003年，76岁高龄的徐晓白依然坚持奋斗在科研前线，往返于上海和北京，参与二噁英污染的调查工作。

　　为了把握国际上最新研究趋势，让世界了解到中国环境化学的研究情况，徐晓白积极参与各项学术会议和学术活动。在1982年以后，她曾经三次以访问教授的身份去加州大学交流研究领域的新发展与新动态，对国内的工作有很多新的启发与补益。1998年至2002年，徐晓白参加的各类国内外学术活动就高达十余次。同时她还担任多个国际组织的成员，如国际科联环境问题委员会的中国区顾问，联合国环境署全球基金委第三届科技咨询组委员等。在和国际友人的交往中，得到了同行们的赞赏与尊重。她从不计较个人得失，把自己的一生都奉献给了工作。获得了一系列的荣誉，但对待这些荣誉和肯定，她很少谈及个人，而是更加强调集体的荣誉，每次获得科研奖项，她多会思索团队中有贡献的人，并在奖项中体现同事们的功劳。到2006年，徐晓白的项目获得国家自然科学奖二等奖，但该奖只能申报5个人的名字，徐晓白认为这是所有成员的集体工作，因此中科院生态环境研究中心特意给项目组每一位成员颁发了所里制作的证书，令团队成员们都深受感动。

由于终日处于一种忙碌、紧张的状态，加上徐晓白坚持夜间工作，不太注意自己的身体与休息。常年的奔波加上年纪的增加，身体渐渐不复从前。2007年，徐晓白在回家的电梯里不慎摔倒骨折，之后又查出患有阿尔茨海默病。生病这件事令生性乐观、刚毅的徐晓白受到了很大的打击，她不得不逐渐放下工作，接受治疗。胡克源与徐晓白伉俪情深，为了心爱的老伴能够尽快康复，他将业余时间用来陪伴妻子，照料妻子的日常起居。徐晓白在患病期间，仍旧心系工作，惦记着学生们。然而，徐晓白的身体逐渐恶化，于2014年3月27日在北京溘然长逝，享年87岁。那朵无惧寒霜的梅花谢了，但她为祖国奉献一生的精神和高尚的人格，长久地留在人们心中，鼓舞着一代代学子全力以赴，为祖国的建设事业继续奋斗！

人 生 感 悟

徐晓白几乎没有在公开场合提及自己的生活与工作，也很少接受采访。但我们能够从徐晓白的相关传记和两次公开采访中，勾勒出徐晓白如何看待家庭、生活与工作，了解她在面对逆境时的态度，和与化学结缘一生的感悟。

在徐晓白的科研生活中，她一直都为自己能够遇到良师感到幸运。梁树权虽然指导徐晓白的时间并不长，但在徐晓白看来，梁树权在徐晓白科研之路起步时教会她如何树立科研道德，影响了徐晓白的一生。她不仅严格要求自己，更是将优良传统传授给了自己的学生。徐晓白认为对她影响最大的老师是柳大纲，"柳先生是个学识渊博、思路开阔的人"。"不管在做学问上，还是做人方面，他都是值得我学习的。工作上，我很多时候都会征求他的意见。"在徐晓白和丈夫胡克源的眼中，柳大纲"严而不苟，态度和蔼可亲"。他为人非常和气，几乎听不到他对年轻人的批评。因此，多年后徐晓白和胡克源不禁感慨："他正是通过与学生的交谈和考察来了解学生的基础、思维方式与工作能力，并在安排工作时因材而异，发挥特长。他鼓励学生提出自己的工作思路，对我们的微小进步都感到高兴，对我们的错误从未加以斥责。"也正是在柳大纲先生的教诲下，徐晓白学会了在研究工作中如何遵守正常程序，柳大纲也把这位出色的女弟子当成工作中的得力助手。徐晓白评价柳大纲老师对她的影响是无形的，"但却是深入心田、渗入行动的。他的大公无私，他的平易近人，他与人合作中的质朴坦诚，永远是我们后来者的楷模"。其实，和徐晓白一样，柳大纲为了全局也需要对自己的科研工作进行调整。据徐晓白回忆，"他对重大的科研方向却以极其坚韧的毅力，用细水长流的方式，循序渐进，促其最终实现"。可以说，徐晓白非常钦佩恩师柳大纲的全局观，柳大纲强调"科学研究首先要从国家和社会的需要出发，然后兼顾科学本身的发展，回过头来用更高超的科学技术为国家和社会更好地服务"。深受柳大纲的影响，徐晓白对待科研方向的转变，以国家为重，以大局为重，从不计较个人得失。

的确，作为一名新中国的知识分子，在特殊的时代环境下，她没有以兴趣和爱好作为科研的主导，而是跟从国家的战略需要部署自己的工作。20世纪50年代，新型荧光材料的成功研制，开了一个好头，但她很快便随着柳大纲转向了土壤加固的工作。在察哈尔盐湖化学与熔盐的相关研究，她也取得了不错的成绩。60年代以后，她的工作又转为稀土化合物的制备，同时还承担了研究原子能化学的任务。1975年，面临工作单位的重新选择和安排，她原本希望去上海进行无机材料的研究，但她还是遵循组织的安排在新成立的中国科学院环境化学研究所工作，直接从无机材料的合成制备转向了有机污染物的分析。此时她已人到中年，对于徐晓白的身心都是巨大的考验。她从头开始，在环境分析方法、有机污染物研究、生态毒理研究方面都取得卓越成就。客观地说，频繁的转向限制了徐晓白在一个领域取得更深入的成果。但这些变动并不是她"见异思迁"，主动选择的结果，

1956年，徐晓白（第二排右二）与中国科学院化学所同事

而是研究所的需要，是国家的需要。在化学界也有许多人惋惜徐晓白数次的工作变动，认为她如果专心在一个研究领域，会走得更远。例如，徐晓白的老师柳大纲也曾为她惋惜："若干年来，由于客观上变化很多，许多有重大意义的课题未能系统坚持下去，是很可惜的。"不过，徐晓白每一次换向后都能够做出开创性成果，学术界是有目共睹的。徐晓白用实际行动证明了"干一行，爱一行"。她对化学爱得深沉，工作几乎就是她生命的全部。

对于徐晓白来说，能够工作，持续工作就是最大的快乐。在徐晓白的学术生涯之中，发表论文高达260多篇，其中SCI论文大约50篇，主持出版3部专著。这在学界同僚眼中已经属于高产，而且，徐晓白的科研产出能够兼顾数量与质量的统一，在两方面都达到双赢。她所主持的项目曾获得中国科学院重大成果奖、国家自然科学奖二等奖、中国科学院自然科学奖一等奖等荣誉，只有为科研付出十分艰辛的努力才能换来如此累累硕果。她的锻炼方式就是每天上下班都走楼梯，而在有限的休闲时间里，她依然把工作看成她的消遣，生活的中心也几乎是工作。曾经有人问她当选院士的感受，她说："我非常珍惜这个荣誉和它带给我额外的十年工作时间。"对于申请院士的原因，她说道："我如果没有工作我都不知干什么。当时申请院士时也是考虑院士没有工作年龄限制。如果按退休年龄退休，我就没有工作了，我不能接受那样的事实。"在生活中，徐晓白非常朴实，对于她来说，能吃得饱，穿得暖足矣。有记者曾问她如何看待物质享受，她答道："跟我们所里的年轻人比，我们觉得不错了。我们有房子，他们很多人连房子都没有。"在学生眼中，学术就是徐晓白的全部追求，她的心思从不在吃穿上。她的老同事也感慨她吃饭十分随便，不注意自己的健康，一心埋头工作。

徐晓白科研的一生充分体现了对祖国鞠躬尽瘁的忠诚，当她看到解放军解放了上海，她认为："不但使化学研究所的工作人员紧张和怅惘的心情安定了下来；而且顺利地将20多年来辛苦经营的一切图书仪器交给了人民。这给新中国的科学事业和化学研究所的发展开辟了光辉的道路。"

在20世纪50年代，徐晓白因为政治运动受到了不小的冲击，一度情绪悲观失望，但1956年在学习了周恩来总理《关于知识分子问题的报告》后，她感到给了她很大的鼓舞力量。她的心中重新燃起希望的火种。

即使在1957年遭受到了重大的家庭变故，她仍然全力以赴，在土壤加固工程、盐湖的研究方面取得了不小的突破，面对国家重大的任务，比如荧光灯材料的研制、核燃料处理等工作，她均取得较大的成果。在工作中，限于时代背景等原因，碰到的大大小小的困难不计其数。在回忆关于稀土化合物研究的工作时，徐晓白感慨道："稀土化合物的研究，最初试验条件十分困难，主要利用兄弟所的设备进行工作。我们花了极大的精力建立了高温实验室，开展了有关工作。到'文化大革命'前，基本上建立了高温合成、物理及化学性质研究的整套设备、技术和实验方法，可惜后来被一扫而光，实验室全被拆散，对本人来说是一个极大的打击。"但徐晓白深切地明白，科研工作"有成功、有失败、有弯路、有顺利"。她始终以国家利益至上，顾大局，始终坚守着中国人的尊严。一腔热爱祖国的心让徐晓白在磨难中提升自己的人生观与精神品质，即使是在后来的"文化大革命"中，她因为"历史问题"遭受不公正的待遇，个人科研工作多受干扰，她都咬牙坚持过来，心中就抱着这样的念头：既然没有机会做研究，那就争取多劳动，在劳动中改造自己。徐晓白始终实事求是，坚持原则与立场，经过30余年的考察，她光荣地加入中国共产党，从一个爱国知识分子升华为共产主义战士。面对工作与生活中的困境，她始终保持着坚毅的态度，认为"这一性格的形成首先要感谢中学时期学校的训练和培养"。

在生活中，徐晓白是一位谦逊又低调的人。2007年是徐晓白的八十大寿，国家环保总局、中国科学院生态环境研究中心等业界学者在友谊宾馆为她举行八十华诞的宴会，但她真心感觉过意不去，一直不敢面对。后来在同事和家人的劝说下，徐晓白想到这是对研究所所做工作的肯定，才欣然同意。在外面调研之时，年轻人考虑到徐晓白的年纪，想要多加照顾她，但都被徐晓白拒绝，因为她怕麻烦别人。晚年的徐晓白衣着打扮始终非常朴素，有一次在和国外公司的合作谈判中，外国代表看到这位略显寒酸的老太太，表现出了轻视。但徐晓白一开口，流利的英语和广博的知识面一下子征服了在场的所有人。徐晓白就是这样朴实的人，她靠强大的人格魅力得到同行的赞许和学生的敬重。

作为一名环境化学家，徐晓白有着强烈的社会责任感和使命感，她一次又一次呼吁社会应该关注化学污染问题。1998年，面对记者的采访，她说："呼吁全社会都来重视化学污染问题，比介绍我更重要。"而当时我国的环境状况的确不容乐观，我国的固体废弃物达到数十吨，污染造成的损失高达百亿元，有110条河流遭到污染，且污染形势日趋严重，环境问题频发。她亦直言不讳地指出："现在有的发达国家将自己有污染的东西输送到我们国家来生产。我们有些进口的东西，是人家淘汰下来的会产生污染的设备。一些外国企业在我国建的工厂，是在本国不允许建的。这不能不引起我们的警觉和反对，不能让中国成为洋垃圾、禁用品的倾销地。面对化学品充斥的世界，我们并不是无所作为的。我们可以做的事情很多，关键是要提高认识，并且真正落实在具体行动上。"

落实到行动上！这是徐晓白在强烈的爱国心驱使下发出的热切呼吁与期盼。

人 生 感 悟

作为一位女科学家，良好的家庭氛围是徐晓白成长的第一步。在徐晓白的记忆之中，父亲从未放松过对子女的教育，也更没有因为徐晓白是女生就放弃对她的培养，"父母从小教育我们要好好念书"，这样的教育是潜移默化、深远持久的。中学时期她把学习看得非常重要，有着极强的好胜心，她形容自己当时"如果考个第二名心中就会闷闷不乐"。南模的学习生活增强了徐晓白自立、自强的品质。根据和徐晓白上同一所中学和大学的好朋友朱桐回忆，年轻时的她最崇拜居里夫人，她非常佩服居里夫人作为一名女性，投身科学的精神，取得了很高的成就。抗战胜利之后，美国电影《居里夫人》于国内上映，徐晓白特别喜欢这部电影，看了好多遍。她以居里夫人作为偶像和榜样，经过不懈地耕耘，她和居里夫人一样，也成为一名非凡卓越的女科学家。

作为一名女院士，在徐晓白身上，我们看到的是执着、厚德和坚强的"她"力量。其实，她的求学之路非常艰辛，高中毕业后，即使学习成绩优秀，但囿于家庭经济窘迫，父母曾提出让她放弃升学，找一份工作。但她顶住了压力，自立自强，以申请奖学金和课余时间担任家教的勤工俭学方式渡过了难关。家庭环境并没有让她甘于把自己埋没，相反，培养了她顽强又不服输的性格。在她日后对化学方面的科研中，这样不服输的性格或许也在一定程度上促就了她的成功。巾帼不让须眉，她不但是研究所的骨干，更是老师们的得力干将。在1975年后，她义无反顾地挑起建设有机室的担子，培养出一批又一批优秀的科研人员。1995年，她荣膺中科院院士，即使到今日，女院士的比例依旧不高。作为一名女性，要得到学术界的认可，除了摆脱性别束缚之外，还要付出超乎常人的努力，才能摘取科学界至高荣誉。即使在一定程度上她一直被时代的洪流裹挟着向前走，从无机化学到有机化学，从稀土化合物研究到环境污染探讨，她的人生一直在跨越中前进。就如她名字的由来，诗句"朔风飘夜香，繁霜滋晓白"一样，徐晓白就像一枝无惧朔风和繁霜的梅花，昂首怒放，生机盎然！

（范程琳初稿，萨日娜修订，董煜宇审阅）

HU
HESHENG

巾帼名言：专心致志，刻苦钻研，持之以恒，不受干扰。

胡和生

中国第一位女数学院士

人物简介

　　胡和生，祖籍南京，1928年6月出生于上海的书画世家，师从数学大师苏步青，是中国著名数学家，也是中国数学界第一位当选的女院士。2003年当选为第三世界科学院（现为发展中国家科学院）院士，第七、第八、第九届全国政协委员。目前中国科学院数学物理学部共有155位院士，其中女院士共5位，而数学方向的只有胡和生和王小云2位女院士。胡和生主要研究微分几何和数学物理方向，与谷超豪等人合作完成的"经典规范场理论研究"获1982年国家自然科学奖三等奖。除了累累的数学硕果，胡和生在学科建设和教学方面也有重要贡献，为中国数学培养出多位学者，推动了我国微分几何事业的发展。

　　胡和生的学术成就主要集中在几何方面，苏步青曾评价为："我毕生效力的微分几何方向长期以来依靠她来主持，她是我的接班人。"胡和生的学术成果可以简单地分为三个阶段：第一阶段为20世纪50—60年代对经典微分几何的全方位研究。在导师苏步青的指导下，对超曲面的变形理论和常曲率空间的特征有深入研究，发展和改进了著名数学家嘉当（Elie Joseph Cartan）等人的研究成果。在黎曼空间运动群方面，经过7年的深入研究，最终开创性地给出了确定黎曼空间运动群空隙性的一般方法，解决了这一被讨论了60多年的重要问题。第二阶段在70年代，开始关注规范场论，开展微分几何在数学物理中的研究。这一领域的研究始于1974年杨振宁的访问，双方合作完成规范场有关的数学问题研究，写出了一系列合作论文。胡和生在有质量规范场的研究中，第一个发现了经典规范场在质量m→0时的不连续现象。对杨-米尔斯（Yang-Mills）场解的存在性与不存在性问题，团块现象，以及球对称规范势的完全决定等问题，都取得非常重要的研究成果。第三阶段为80年代至今对孤立子和可积系统的研究。在调和映照及非线性 σ-模型的研究中，发展了孤立子的几何理论，建立了曲面、调和映照与某些孤立子型方程三者之间的有机联系。此外，还建立起射影空间的拉普拉斯（Laplace）序列和二维Toda方程两者的联系，得出求解方法并证明了复射影空间中Laplace序列为调和序列的充要条件。从1945年进入交通大学数学系之后的70多年间，胡和生共发表了近百篇学术论文，在微分几何、数学物理等方面做出了重要的成果，时刻学习吸收新鲜的理论成果，走在数学研究的前沿第一线。

一

幼年求学，继承家训女子当自强

　　胡和生的祖父胡郯卿是近代知名画家，号龙江居士、醉墨轩主，与吴昌硕、王一亭、程瑶笙并称为"海上四大名家"。胡郯卿画艺娴熟，山水人物花鸟走兽无所不能，其中最善画虎，他与书画大家吴昌硕交好，吴常常主动在胡郯卿的画上题跋。胡郯卿不仅擅长书画，还有着强烈的爱国情怀。1911年12月他联合上海部分书画家、书画鉴赏家，以"讨论书画，保存国粹"为宗旨，发起"清漪馆书画会"。胡和生后来回忆道："祖父家中珍藏的古画及本人珍品被日寇抢劫一空，差一点丢了性命。祖父在南京享有盛名，为了躲避日伪对他的拉拢与迫害，他逃到了上海和我们住在一起，隐居起来，不再对外作画。当时有些日本人和汉奸要父亲为他们作画，父亲拒绝了，并停止出售作品。"祖父与父亲的爱国行为在年幼的胡和生心里留下了深深的烙印，种下了爱国的种子。

　　胡和生的父亲胡伯翔是家中长子，子承父业，他所作绘画格调高雅富有新意，得到吴昌硕的指点后画技更为精湛，后来还与徐悲鸿成为莫逆之交。

　　胡伯翔不仅继承了传统绘画，更将西方与中国绘画相结合、将高雅与大众审美相融汇，还具有极强的商业经营运作能力，正是他这样海纳百川的包容，和每一件事要做就要做好的精神，深深影响了胡和生，使她从小便德智美育全面发展，可以自由选择、追寻自己喜欢的专业。回忆起父亲，胡和生说："父亲时常教育我们要爱国，要学好本事，有一技之长立足社会，要有奋斗自强的精神，不断进步，取得成功。"

在良好的家庭教育与氛围之下，胡和生自小不仅培养了深厚的美学素养，更锻炼了坚韧的品格，奋斗自强，不断进步。胡和生小学曾在南京崇文小学就读，在学校里各门功课成绩优异，老师纷纷称赞她的聪敏好学。初中时，胡和生考入历史悠久、在当时十分著名的清心女中（即今天的上海市第八中学）。清心女中的前身是美国基督教长老会传教士范约翰（J. M. Farnbham）及其夫人范玛利于1861年在上海创办的清心书院。在这里，胡和生不仅打下了牢固的学术基础，数学、英语学得极好，而且音乐、美术等艺术修养课程活动颇多，获得了扎实全面的基础。那时学校里时常举办大小楷作文比赛，注重培养学生的美学修养。胡和生从小嗓音亮丽，歌声优美，"有同学说，胡和生如果学声乐，将来也会大有成就的"。胡和生一直保持着对音乐的热爱，读研期间，胡和生参加过浙大合唱团，有一个"beautiful voice"的外号。

清心女中的前身具有教会背景，英语水平很高。这对于在小学很少学英语的胡和生而言，一开始是有很大差距，不好适应的，直到初中二年级后，在胡和生自己的努力下，随着老师对胡和生的进步加以鼓励，对她的英语作文给予好评，重新树立了她对英语学习的信心，才逐渐适应起来。在清心女中的学习为胡和生打下了扎实的英语基础，不仅发音标准，即便在往后几十年中，胡和生虽然长期不讲英语，但在改革开放后接待外宾或去国外访问时，仍能流利地用英语交流对谈。胡和生的英语水平常让人误以为她是从国外留学回来的。

胡和生小时候由于营养不足，本就瘦弱的身体变得更加体弱多病。那时胡和生一家住在上海市南昌路上，学校在陆家浜路上，快步行走也要半个小时才能走到学校。尽管身体瘦弱，她却依旧坚持每天快步行走上下学，不论是夏季雷雨天或台风天后马路上的积水几乎达到膝盖，还是冬天冷得手脚生了严重溃烂的冻疮，这些都不能影响胡和生求学的脚步，她蹚着水、忍着痛，在艰苦的条件下完成学业，从不缺课。正如胡和生所说，"艰难条件更锻炼了我的意志"，如果在这些困难面前低头，只一味追求生活的安逸与享乐，那么后面的成就就无从谈起。正是经过这些困难的磨炼，胡和生才正式走上了学术之路，才有意志、有能力去迎接生活的挑战。

胡和生在清心中学就读之时，正处于中华民族危亡之际，上海已经处于日本侵略者的包围之中，俨然成了一座孤岛，岌岌可危。淞沪会战后，上海沦陷，日本侵略者直接统治了上海市中心地带，胡和生家对面的法国总会（即今天的科学会堂）被日军占领，她回忆那段时光，家里"白天黑夜都拉着窗帘，生怕被日军看到我们家里有好几个女孩子"。从家前往学校的路上也会经常遇到戒严，无法通行，这时她只能自己备好炒米粉，防止断粮。学校里的爱国气氛也很浓厚，在胡和生读初中一年级时，学校组织学生每天捐献一分钱，用来慰劳抗日战士和救助难民。在这样的生活中，胡和生认识到国家不富强，就会受到欺辱，人民也会遭殃，她下定决心，长大后一定要为国出力，为国效劳，这也成为她努力学习的动力。同时，胡和生也很快就接受了"科学救国"的思想，立志努力读书，报效祖国。

二

青春岁月，投身数学得苏师真传

在清心中学学习时，胡和生从老师那里不仅学会了数学的知识，更学习到了数学的思维与方法，这深深地调动起了胡和生的兴趣，通过扎实的数学训练，胡和生下定决心以后从事数学研究。因此，在中学毕业后，胡

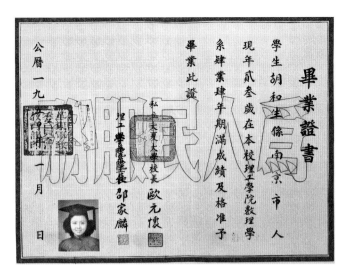

胡和生大夏大学毕业证书

和生坚定地选择了数学方向，先后在交通大学数学系和大夏大学数理系学习，获得了学士学位。大学毕业后，胡和生又投考研究生。在北大和浙大的录取书中，由于身体原因，加上父母担心她无法适应北方气候，胡和生选择了浙大，拜在几何学大家苏步青门下，开启了几何学的学习研究。1951年，她成为中国科学院的研究实习员。在1950年报考研究生时，胡和生写了一篇自传——《我为什么喜欢数学？》，用流畅的文句、清晰的思路、严明的逻辑表达了自己对于数学的热爱。苏步青教授在看完后也连声称赞胡和生"理科的学生有如此文采，难得"。

胡和生本科阶段的学习，基础知识扎实、牢靠。1945年至1948年，胡和生在交通大学学习，她对基础知识学习深入，在徐汇校区科学馆（当时称为"哲生馆"，是当时理学院的教学和实验楼）楼内时常能看到胡和生学习的身影。胡和生在交通大学求学期间，也曾得到数学大家吴文俊院士的诸多教诲。1948年秋，胡和生转学到大夏大学学习，当时的系名为"数理系"，学生需要同时学习数学和物理的课程，虽然胡和生自己更偏向数学的学习，但也学习了解了一些其他大学数学系学生不常有的物理课程，如电磁学、光学等课。这为胡和生日后研究数学物理等领域的问题打下了坚实的基础。

如果说在交通大学和大夏大学完成本科学业的胡和生是刚刚踏上了数学之路，那么在苏步青教授的指导下，胡和生逐渐找到了研究的方向，在研究微分几何的路上疾驰前行，越过了一重重障碍，取得了一系列重要的突破。

1950年，胡和生面对浙江大学和北京大学的两份录取通知书，以及一份同济大学数理系的助教聘书，需要进行人生的重要选择。这三份邀请足以体现胡和生的优秀。在进行选择时，身体原因成为必须考虑的重要原因，在大学学习期间，胡和生曾患肺结核，虽然大部分肺部病灶已经钙化，但还有部分纤维化病灶。北大首先在报纸上公开录取名单，但胡和生在北大驻上海招生站的体检结果并不理想，招生人员说要到北大再次体检才能确定合格与否。而在浙江大学的体检中，虽然 X 光透视肺部仍然发现了同样的问题，但医生依然通过了她的体检。除了身体原因外，胡和生选择浙江大学的一个重要原因是她一向对几何比较感兴趣，而且在报考前也听黄正中老师说过，浙江大学的苏步青教授在几何学方面成就颇深。这在胡和生的心里留下了深刻的印象，因而选择了跟随苏步青继续学习。即便手中还有当时人们都认为很好的同济大学数理系的助教聘书，胡和生也更希望去浙江大学继续深造，趁着年轻多学习一些知识。经过了这样一番选择，胡和生最终在1950年9月来到浙江大学，成为苏步青教授的研究生。每每回想起自己的求学生涯，胡和生都觉得自己能跟随苏步青教授学习十分幸运，"苏先生的指导与教育使我终身受益，影响我的整个人生"。

"苏先生是有名的严师。"这是当时人们对苏步青教授的一致评价，后来胡和生将自己在苏步青老师的指导下走上科研之路的经历写成文时，也用了《严师的风范》的标题。据胡和生回忆，当时和她同年考上苏步青教授研究生的还有一对来自广西大学的孪生姐妹。然而同期的姐妹二人因不能适应苏步青的教学训练，只读了一学期就离开了浙大。

1991年，胡和生与苏步青、谷超豪合影

在研究生的学习阶段，导师苏步青要求学生们大量阅读国内外各大数学刊物上最新发表的论文，阅读后要做读书报告，在讨论班上还要详细讲述，导师时常还会提一些问题，挑报告中的一些毛病。上述的种种要求对于刚刚完成本科学业，在数学之路上将将入门的研究生新生而言，标准是很高的。即便是成绩优异，英语良好的胡和生，一开始也颇有些吃力。面对篇幅多达上百页，俄语、法语等各种语言都有的论文，在那个没有复印机的时期，胡和生单单将论文抄写下来就需要花费很多时间和精力，更何况这些论文大多是关于高维欧式空间的子流形方面，特别是关于超曲面的变形理论，还需要反复进行数学推理，多次阅读体会其中深意，方能将论文读懂。面对多种语言的挑战，胡和生硬着头皮复习德文、自学俄文，凭借着字典阅读文献，一步步推导弄懂文章中的证明内容和推理难点。提起那时的学习经历，胡和生说："在这样的重压下，我感到只有硬拼。我体力差，白天工作之后，到晚上就没有力气了，只好先睡觉，到半夜里再起来接着读。凭着数学的推理和反复体会，把论文读懂，也从中享受了读书的苦与乐，对数学的兴趣进一步增强了。"有一次胡和生为了准备第二天早上的报告熬夜很晚，一直到下半夜实在支撑不住，伏在案上睡着，错过了翌日早晨八点的讨论班。教室里的苏步青教授左等右等不见学生，便匆忙来到学生宿舍寻找胡和生，咚咚的敲门声惊醒了桌案上的胡和生。然而原本怒气冲冲的苏步青在看到桌上那一摞论文和讲稿后，怒气全消，深知胡和生为了这次汇报做了充分的准备，便要胡和生马上随他到课堂去做报告。正是在这一时期，胡和生为了完成巨大的学习工作量，她不得不抓紧时间加倍努力，她专门为自己制订了16字座右铭："专心致志，刻苦钻研，持之以恒，不受干扰"，天天要看一遍，避免因为其他干扰影响学习进度。

胡和生在学术上的刻苦钻研、持之以恒，令她的研究生学习生活平稳顺遂，屡屡获得优异的成绩。胡和生进校便听说苏步青教授对学生的教学管理十分严格，每周会组织一次讨论班，同学依次分享近期阅读的国外最新研究文献。因此在她刚进校被要求做读书报告时，胡和生做了充分的准备，按照导师的要求，在准确无误地表达所读文章的推理推导等内容的基础上，抓住文章中心思想，简要地叙述出作者的思路逻辑。将阅读材料——意大利数学家列维-奇维塔（Tullio Levi-Civita）的《绝对微分学》（*Absolute Differential Calculus*）反复阅读，加上本科期间积累下的阅读英文参考书经验，在讨论班上翔实仔细地做了报告，面对导师苏步青的提问，都能一一流畅作答，被导师称赞"讲得很好"。在一年级的三个学生中，胡和生是唯一一位每周都会进行汇报的学生。日后的每一次报告，胡和生都精心准备，反复思考体会，认真做好每一次阅读与分享。苏步青在讨论班上要求严格，对表现不佳的学生予以批评，对于学生回答不上当堂提出的问题时，轻微者以批评训斥为主，俗称"挂黑板"，严重者当即停止报告，令其下次重新准备好后再汇报。导师苏步青那极其响亮威严的质问声也吓得胡和生心脏怦怦地跳，对待自己的报告越发认真，不敢怠慢。然而胡和生凭借着自己的勤奋努力，从未受到导师的严重批评，从这样高强度的训练中，胡和生逐渐掌握阅读数学专著文献的方法，领会到怎样才算真正读懂、读透一篇论文，享受着学习数学的苦与乐，就这样渡过了读书关、读论文关。同时，这些文献阅读的积累也让胡和生对微分几何的前沿研究有所了解，不仅增强了对几何学的研究兴趣，更从卷帙浩繁的资料中找到了自己的研究方向。

胡和生的第一篇论文《共轭的仿射联络的扩充》发表于1953年第3卷第4期的《数学学报》上。这篇论文缘起于苏步青的课堂讲授，当听到导师讲到诺尔琴的仿射联络空间时详细地介绍了诺尔琴引进的一对共仿射联络，胡和生立刻提出疑问：为什么只有一对联络呢？是否可以引进多个共轭的仿射联络呢？有了问题，胡和生便着手解决这些问题，她提出了多重共轭的仿射联络的概念，并给出了几个定理，对共轭的仿射联络进行扩充，写成了她人生中的第一篇论文。苏步青虽然不会给学生提出一个具体的问题让他们去做，却能在教学中启发和督促学生进行研究。在仔细看过胡和生的这篇论文后，苏步青只进行了一些文字修改，便把它推荐到《数学学报》发表。后来诺尔琴为这篇论文在苏联评论性杂志上写了较详细的评价，加以肯定。正如陈建功教授知道胡和生发表第一篇文章后鼓励她的那样，"你有了第一篇，就会有第二篇、第三篇……"胡和生在第一篇文章后较快地得出关于仿射联络空间的一些成果，写成两篇论文《德沙格定理在射影空间超曲面论上的推广》（发表于1955年《复旦学报》第1期）和《特殊的仿射联络空间》（发表于1955年《数学学报》第5卷第3期）。胡和生在数学研究中如鱼得水，一篇接着一篇的成果不断出现。

胡和生在跟随苏步青学习期间，不仅受到了严格的学术训练，也得到了老师的亲切关怀。刚上学两个月，胡和生就得了疟疾，高烧超过40摄氏度。苏步青特地到宿舍看望，要她好好休息、养病，不要急于看书。胡和生的师母，苏步青的夫人苏松本也把胡和生等学生当作自己的子女来看待，在生活上给予多方面关照帮助。当知道胡和生工作忙且不善于整理家中杂物时，师母亲自到胡和生家中帮她整理。研究生的生活津贴较少，苏步青想将她聘为助教，提高待遇，然而助教的工作繁忙，相应地读书时间有所减少，为了有充足的时间做研究，再加上家里有一些补贴，胡和生还是决定不做助教。

三

数海畅游，基础应用两者均兼顾

1951年的暑假，经由苏步青的联系举荐，胡和生成为中国科学院的一名研究实习员。在学生身份之上又多了一重身份，与中国科学院数学研究所建立了正式的联系。成为实习员后，苏步青对胡和生的要求更进一步，为她量身制订每一年度的研究计划，并要求胡和生每季度都要写季度工作报告，并寄到北京给他。这种写季度报告的方式，不仅充实了胡和生的知识库，更有效地帮助胡和生克服了惰性，增强了她的责任感。在紧锣密鼓的学习中，胡和生凭借着优秀的成果于1956年被评为中国科学院数学研究所的先进工作者。这是数学所的第一次评奖活动，当时的所长华罗庚教授对此很重视，亲自写信给胡和生表示祝贺和鼓励。1952年，胡和生仅用两年时间完成研究生学业顺利毕业。同年，由于院系调整，胡和生跟随苏步青来到复旦大学，后成为苏步青在复旦建设微分几何的主要助手，长期担任复旦大学数学研究所微分几何研究室主任，开启了在复旦大学长达数十年的研究工作生涯。

在这一阶段，胡和生在微分几何中取得了一系列的研究成果。如胡和生对高维欧氏空间与常曲率空间中超曲面的变形理论、常曲率流形的结构等问题进行深入研究，发表了10多篇论文，这些工作改进了著名几何学家嘉当（Henri Cartan）、托马斯（T. Y. Thomas）和苏联通讯院士亚年科（Nikolai Nikolaevich Yanenko）的研究成果。这一工作十分重要，陈省身教授在美国的《数学评论》中重点介绍了胡和生的工作。苏步青、陈建功、华罗庚、陈省身等数学大家的指导与鼓励，也让胡和生的信心越来越足，下定决心要在数学研究的道路上继续奋斗，向着更高的目标迈步前进。

正当胡和生干劲十足之时，随着1957年反右派斗争的开始，1958年后，数学界开始弥漫着一股否定与批判基础研究的"左"倾思潮。当时复旦大学数学系的陈建功教授与胡和生都是被批判的对象，觉得他们的研究"理论脱离实际"，针对个人则扣上了"英才教育"的帽子。面对这些批评，胡和生坚信自己选定的从事基础数学研究和教学的视野是正确的，基础研究是国家所需要的。虽然遭到批判的胡和生依然会感到委屈，但在压力面前胡和生并不轻易灰心，面对困难不退缩，用更加积极、更加进取的态度来对待科研。胡和生铆足力气，"说我理论脱离实际，我就努力去学习实际知识，学习了弹性力学、量子力学及广义相对论等方面的知识"。通过下工厂，在解决实际问题的过程中，胡和生不仅得到了锻炼，更做出了成绩。她和原子能系的几位教师合作开展了群论和核谱的研究，将理论与实际相结合。同时，胡和生也未放松对理论知识的学习研究，在这段时间里，她学习了齐性空间几何学和群表示论，完成了黎曼空间运动群空隙性的研究。空隙性问题由意大利著名数学家富比尼（Guido Fubini）在1903年首次提出。他首先发现了黎曼流形运动群的参数数目有空隙，这一问题引起了当时数学界的重视，空隙性问题也成为当时几何方面的一个热门课题。20世纪40年代至60年代，王宪钟、矢野健太郎、弗伦斯努（Gheorghe Vrănceanu）和泰勒曼（Kostake Teleman）、叶戈罗夫（Egorov）、若桑秀清等人都对这一问题进行深入研究，虽有些许进展但都并不理想。他们确定了第一、第二空隙，但第二空隙是在空间维数大于248时才能得到证明。

胡和生从1959到1966年用了7年时间研究齐性空间微分几何理论，得到了确定所有空隙的一般方法，同时也确定了有关的黎曼度量，彻底解决了这个持续60多年的重要问题。胡和生通过深入钻研探讨迷向群与运动群之间的关系，并对正交群及其子群加以研究，确定了正交群的最大不可约子群的维数，经过复杂的论证和计算，方才得到确定所有空隙的一般方法。对于这一成果，苏步青在会上称赞说："这是别开生面的工作，远远超越了前人。"由于这一问题在日本十分热门，当时许多日本的几何学家也在研究，因而对胡和生的工作印象深刻，即便在10多年后，著名美籍日本几何学家小林教授来华参加国际会议时，与胡和生一见面就提起这项工作，高度赞扬这一研究成果。这一段经历使胡和生深深感到，把困难与挫折视为机遇对待，是走向成功之路的重要条件。"在困难和挫折面前，一定要坚强自信，一定要继续艰苦奋斗，发扬拼搏精神，只有这样，才能不会被困难所压倒，才能把自己的工作推向新的高度。"

然而遗憾的是，"文化大革命"打断了胡和生的研究，当时正处在教学科研黄金时期的她只能被迫走下讲台接受批判和劳动改造，进一步迈向高峰的征途被堵死了。即便面对这样的困境，胡和生也并未失去信心，她坚信"科学的春天终究会来临"。

四

跨界钻研，角逐真理共庆艳阳天

胡和生研究生涯中的一个重要转折点发生在1974年。当时杨振宁访问上海，提议与复旦大学教师合作成立一个科研小组，开展与规范场有关

2005年5月15日，胡和生、谷超豪夫妇与杨振宁、翁帆夫妇

的数学问题的研究。在这个科研小组中谷超豪担任组长，胡和生作为成员之一，小组里的成员都是数学与物理方面的精英。当时，杨振宁提出了一个"洛仑兹规范"的存在性问题，胡和生和谷超豪当天就解决了这个问题。合作达成的几天后，胡和生和谷超豪就对规范场的数学结构问题做出了两项成果：一是最早证明了杨-米尔斯方程的初始问题的局部解的存在性；二是弄清了无源规范场和爱因斯坦引力论的某些联系和区别。此后，研究小组陆续做出了更多的成果，双方合作卓有成效，发表了一系列重要论文，取得了国际公认的丰硕成果，胡和生在其中也做出了实质性的贡献。

　　此时"文化大革命"已经结束，胡和生也迎来了自己数学生涯的第二个春天。全国上下改革开放，胡和生顺应着时代的变革，快马加鞭，用自己的努力追回过去的年华时光。改革开放打开国门，学者们扩展至国际视野，开始形成国际交流的环境，胡和生努力拼搏，追赶世界潮流。她关于规范场方面的系列研究工作，其中有相当一部分是走在当时国际前列的，如她在有质量规范场引力场中规范场的静态解和规范场的团块现象等方面创造性的研究成果，为国际学术界所瞩目。1979年去美国访问时，胡和生关于有质量规范场的研究很快引起人们的重视，胡和生深入探讨了静态解的存在性问题，并发现质量m=0和m≠0两种情况的重大差异，因而发现了质量m→0时的不连续性。她的这一发现十分重要，美国著名物理学家斯坦利·德塞尔（Stanley Deser）在他本人发表的论文和给杨振宁的信中高度赞扬这项成果的价值，并称"是胡第一个给出了经典场论中质量m→0时不连续性的显式事例"。1979年的这次访美研究，也是胡和生第一次来到美国，原本想和丈夫谷超豪到处看看，体验一次愉快的旅行，然而科研工作时间紧任务重，因而胡和生压下游玩的想法，与丈夫整日坚守在研究室里推理演算，仅用3个月就做出了重要成果。

最新的成果和国际的赞誉并没有让胡和生停下脚步躺在功劳簿上，她继续拓展这方面的研究，就杨-米尔斯场的团块现象和黑洞外杨-米尔斯场是否存在等问题，进行了深入的研究，得到了法国科学院院士利希内罗维奇（André Lichnerowicz）和肖凯（Yvonne Choquet Bruhat）院士的高度赞赏。胡和生凭借着自己的众多成果，与国际数学界交流密切，多次到法、德、意、瑞、日等国进行研究和讲学活动，并十多次在国际学术会议上做大会特邀报告。胡和生与法国学者关系密切，多次受肖凯院士的邀请在法兰西学院做学术演讲。除了与法国数学界的交流外，胡和生与日本学者往来也很多。1983年，胡和生同王元一起跟随苏步青，作为中国数学家的代表参加日本数学会年会，并在大会上做了特邀学术报告。1990年，胡和生作为中国数学会代表团三位成员之一到日本首次正式参加世界数学联盟代表大会，会后又参加世界数学家大会。

20世纪90年代的胡和生经历了科研上的第二春，来到了收获的秋天，不仅学术成果丰富，也在相关社会活动中担任重要职位，获得了相应的荣誉。胡和生先后担任中国数学会副理事长、上海数学会理事长和《中国数学学报》副主编，1991年当选为中国科学院院士，1993年起担任国家自然科学基金重点项目"整体微分几何和物理应用"负责人，第七届、八届、九届全国政协委员。这些荣誉头衔不仅是对胡和生学术能力的认可与肯定，更是对她一生成就的高度赞誉。

1995年，胡和生不幸患上了结肠癌，在中山医院进行手术。幸得著名外科专家王承培教授为她成功地完成了手术，再加上胡和生一向冷静、坚强和自信的性格，很快战胜病魔恢复了健康。一年多后，胡和生又投入紧张的科研和教学工作中去。这一次，她在可积系统与微分几何方面取得了新的进展。孤立子理论是应用数学和数学物理的一个重要组成部分，在流体力学、等离子体物理、非线性光学、经典场论、量子论等领域有着广泛的应用，国内外对孤立子理论的研究也十分重视。从20世纪80年代开始，胡和生就把孤立子理论同她所熟悉的微分几何联系起来，发展了孤立子理论中的达布（Darboux）变换方法，并应用于调和映照和线汇论等方面的研究中去，给出了闵可夫斯基（Minkowski）空间伪球线汇的分类及构作等；建立起射影空间的Laplace序列和Toda方程之间的联系并给出求解方

2002年8月24日，胡和生在世界数学家大会上做诺特报告

法及实例，又得到有关Laplace序列的嵌入性定理，并与同事们合作给出复射影空间的Laplace序列成为调和序列的充要条件，给出第一个周期性调和映照序列的实例等。胡和生将她的这些成果先后在法国、日本的国际会议上报告，受到很高的评价。2002年，胡和生受到世界妇女数学组织邀请，在世界数学家大会（2002，北京）做艾米·诺特讲座一小时报告。报告名为《Two-dimensional Toda equation, Laplace sequences of surfaces in projective spaces, and harmonic maps》，重点介绍了上述成果。

这一时期，胡和生与国际数学界的交流也很频繁，不仅先后在德国、中国香港地区等地讲学访问，2000年还应邀出席了法国科学院院士大会，会上肖凯院士把胡和生介绍给全体院士并介绍了她的学术成就，高度赞扬了她在规范场及可积系统方面做了在物理上和数学上都极有意义的工作。2003年，胡和生当选为第三世界科学院院士，同年还获得何梁何利基金科学与技术进步奖，获奖评语是："胡和生学术造诣很深，得到多项系统、深入、原创性很强的丰硕研究成果，在国内外很有影响。"

五

教书育人，因材施教薪火再相传

从成为浙大研究生起，胡和生就开始数学教学工作一直到晚年，可以说胡和生一生培养教育出的学生数不胜数，桃李满天下。一开始胡和生只是做一些对工农干部和大学生的教学工作；毕业后来到复旦，成为正式的教师，一直从事几何方面的教学工作，主要讲授大学本科生的基础课、专门课程和讨论班，并指导学生毕业论文的写作。仅1958年的一个学期，她指导的学生

胡和生、谷超豪与学生们的合影

毕业论文就多达40篇。此外，胡和生还帮助导师苏步青教授指导他的高年级学生和研究生，尤其是到了20世纪50年代后期，苏步青的行政工作和社会活动太过繁忙，胡和生就帮他分担教学任务，对此苏步青也十分放心。

后来胡和生开始自己招收研究生，由于"文化大革命"之前的学生带法比较混乱，因而仅从"文化大革命"后胡和生招收研究生的不完全名单中可以看到，胡和生时常与谷超豪共同培养学生，硕士生大多是微分几何方向，主要集中在1981年至2001年间，有高志勇、李景功、董瑞涛、林峻岷、宋士云、刘建成、谢乐军、张志东、刘芳兰、凌枫、刘逸凡、李亦凡等人。二人共同培养的博士学生大多为数学物理方向，有章琳、陆宝群、周汝光、乔志军、嵇庆春、周玲君、谢纳庆等人，集中在1989年至2007年间。据1992年的统计，"胡和生指导过的学生中，30多人已成为教授、副教授，其中还有4名博士生导师。1980年以来，她培养出博士生5名，另有5人在国外取得博士学位，16名硕士，现在还带着4名博士和2名博士后"。胡和生晚年还经常帮谷超豪带学生，指导他们的学业和论文写作。她努力把教学和科研结合起来，尽已所能，把自己学到的、正在研究的所有重要内容都讲授给学生。此外胡和生对学生因材施教，努力了解学生的情况，全面地关心他们，并在教学上根据他们的情况和能力对他们提出不同的要求，并就如何改进学习方法进行有针对性的指导，这就使不同程度的学生都能很快进步。胡和生还具有广阔的国际视野，她立足国内，希望能够培养出一流的数学人才，积极推荐学生到国外高水平的学府深造，有好几位已经有相当高的国际声誉，她还曾把最有出息的两名学生推荐给美国华裔数学家丘成桐做研究生。胡和生的很多学生留在国内工作研究，几何学界有一批教学和研究骨干都出自她的培养，其中三位研究生周汝光、乔志军、黎镇琦还获得了国家优秀博士论文奖。

胡和生十分重视教学，即便她已经评选为院士，依然坚守在教学的第一线，为本科生开设微分几何的课程。改革开放后，胡和生收到国外多所知名大学和研究所访问学者的邀请，但她从不在主要的教学时间出国访问，即便出国也不超过3个月，以免影响学生的课业。

2008年，谷超豪获得第二届"上海市教育功臣"称号，可以说谷超豪获得这样的荣誉，离不开胡和生的帮助与付出，她也是我国的"教育功臣"。胡和生的教学工作一直繁重，贯穿了她的整个生活。然而她对此并不觉得疲累，她非常热爱教学工作，觉得能将自己学到的知识教给青年一代的工作是最为重要、最为有意义的，尤其是将难的内容教懂学生时，她会感到十分快乐。一面从事科研工作，一面又承担繁重的教学，虽然很辛苦，但她始终忠诚于教育事业，坚持自己认为正确的方向，做不懈的努力。此外，胡和生还积极推进国内高校微分几何的教学和研究，多次积极发起和组织国内各地区的协作学术报告会，加强国内微分几何学者的团结；同时她还在复旦大学举办了微分几何和微分方程国际学术讨论会，并邀请一大批国际著名数学家来中国讲学，积极推进国内几何学界与国际的接轨。胡和生长期担任复旦大学数学研究所微分几何研究室主任，她特别注重教研室内的梯队建设，积极引进人才，毫无门户之见。在她的带领下，复旦大学一直是国内微分几何研究的重镇，在国际上也享有很高的知名度。

六

院士夫妻，相濡以沫数苑传美名

"我做的东西说给她听，她能懂；她做的东西说给我听，我也能懂。"这是谷超豪对二人日常生活的评价。"听懂""理解"这些词汇看似普通却难以长久坚持，或许这就是两位院士之间朴素的浪漫。

胡和生的丈夫谷超豪院士是著名数学家、教育家，国家最高科学技术奖获得者。二人师出同门，一起在复旦大学数学系工作数十年，虽然谷超豪很早就不再做微分几何的研究，转向偏微分方程，但二人一直在学术上互相交流支持，二人不仅和杨振宁合作研究规范场理论，晚年还一起研究孤立子理论。

他们的爱情始于数学，却不只有数学，还有日常生活和诗词歌赋。谷超豪喜爱文学，偶尔二人空闲下来，胡和生会让谷超豪朗诵一首诗给她。谷超豪还喜欢作诗，流传甚广的《致和生》（1987年）将二人的感情浓缩在短短的四行诗句之中："数苑共游三十年，风雨同舟情更添。不期老来更忙碌，问君何时可偷闲。"1992年，为了庆祝胡和生当选院士，谷超豪做贺词一首《贺夫人胡和生当选院士》："苦读寒窗夜，挑灯黎明前。几何得真传，物理试新篇。红妆不须理，秀色天然妍。学院有令名，共庆艳阳天。"总结了胡和生学术上的历程与成就。

胡和生与谷超豪同为苏步青的学生，他们相识于浙江大学秋日的校园中。在谷超豪七十诞辰庆祝会上，二人的导师苏步青当时已是94岁高龄，亲自前来祝贺："今天我要给你们俩祝福，我94了，比你们大24岁还多，你们俩当初结婚还是我做的媒呢!"一次苏步青给胡和生一篇相当难的论文，胡和生研究了很久仍有几个问题没搞清楚，请教了几位老师也没有得到答案，最后白正国教授让她去找谷超豪帮忙。于是在数学系图书室里，胡和生与谷超豪相遇，胡和生便拿这篇论文请教谷超豪。谷超豪欣然应允，由于论文在宿舍放着，胡和生就一路小跑回去拿论文。当时胡和生的宿舍离他的办公室有十多分钟的路程，谷超豪回忆起这次见面，当时虽已是秋天，但天气依然炎热，气喘吁吁拿论文的胡和生给他留下了深刻的印象，这是一个对学问肯钻研的小姑娘。拿到论文后，二人共同讨论了一番，胡和生弄清了所有不懂的问题。这一次见面不仅谷超豪对胡和生心生好感，胡和生也对谷超豪有了一个好印象。此后二人越走越近，经常在一起讨论问题、畅谈人生。二人虽然互有好感，但都把精力投入科研之中，恋爱期间也不怎么出去玩，连学校附近的孤山，二人也只去过一次。经过7年的爱情长跑，终于在1957年胡和生与谷超豪二人正式结为夫妻。春节期间，二人特地在上海最好的国际饭店摆了三桌酒席，邀请亲友共聚，有苏步青、金福临等复旦师友，还有谷超豪的妹妹谷月婵，和胡和生的哥哥胡东初、妹妹胡美琛等。友人王元、魏道政等在给胡、谷夫妇俩的贺信中这样写道："你们是数学事业中的好战友，今天又成为最亲密的伴侣。说实在话，我们是很羡慕你们的。……最后，让我们来提一个要求：别忘了把这最甜蜜的，富有意义的，同时也是幸福的糖，送一点给我们。"

婚后不久，谷超豪便去苏联莫斯科大学力学数学系进修。临行前，胡伯翔亲自为女儿女婿在复兴公园拍摄结婚照。在苏联学习的谷超豪开始研究李-嘉当变换拟群，1959年获得莫斯科大学物理-数学科学博士学位。1958年正值"大跃进"时期，胡和生所做的基础研究受到批判，甚至有人扬言要拔她的"白旗"。当她提出赴莫斯科探亲时，幸得学校领导支持，批准了苏联之行。一见面，谷超豪就发觉胡和生瘦了很多。胡和生对自己的委屈只字未提，重逢的喜悦过后，便投入数学的研究中，胡和生将探亲当作绝佳的进修机会，在图书馆里废寝忘食地阅读英文、俄文原版的学术专著。胡和生在谷超豪的推荐下，与微分几何学家拉舍夫斯基教授进行学术长谈。1962

胡和生与谷超豪的结婚照

年9月，儿子谷晓明出生，两人的工作生活迈向了新的阶段。然而好景不长，"文化大革命"很快开始，二人受到批判，谷超豪一度被关进"牛棚"，在校内、农村劳动，二人的科研工作也被迫停止。谷超豪被关期间，胡和生艰难度日。"造反派"逼迫她揭发谷超豪，她坚定地拒绝，冷峻回答："要我说谷超豪解放前的事情，我那时不认识他，能说什么！你们可以查他的档案！"那时谷超豪被关在学生宿舍，胡和生就找到他们贴心的学生，请他悄悄地递纸条过去询问近况。很快就收到了"我没有什么"的五个字回信，虽然匆匆几笔，但也聊作慰藉。1988年谷超豪被任命为中国科学技术大学校长，年已花甲的胡和生不仅儿子出国学习不在身边，还要面临与爱人的再次分别。这几年间，他们二人工作都很忙，难得见面，但十天八天的总要通一次电话互道珍重。正如胡和生在1992年接受采访时打趣所说："我们在家里难得见面，但在北京开会倒常常碰到。过几天，国家自然科学基金委员会在清华开会，我们俩都是代表，又可见面了。"

在学术上，二人有着不同的研究方向，胡和生继承了苏步青的衣钵，一直研究微分几何问题，而谷超豪根据国家需要转向偏微分方程的研究。但胡谷二人在学术上不避嫌，能够合作凝成一个整体，一起研究了规范场理论、孤立子理论，合作培养了许多学生，为微分几何、数学物理方面培养了重要的人才。

胡和生与谷超豪这对院士夫妇不仅在学术上互相交流支持，生活中也相濡以沫互相扶持。提起二人的生活，胡和生说："我们结婚时就讲好，家务事简单些，生活上马虎些。"他们把生活过成了一道减法题，减去日常的琐碎，将全副身心都投入科研当中。婚后二人住在一间仅有12平方米的简陋小屋里，为了减少家务，就请了一位钟点工帮忙烧饭做菜，生活力求简朴。这位钟点工一干就是40多个年头，胡和生夫妻俩与钟点工一家都相处成了很好的朋友。其他的家务方面，二人自觉自愿承担，胡和生为了让谷超豪有充足的时间搞科研，常常尽可能多地做一些杂务。胡和生平日里会帮谷超豪处理信件资料，帮他带博士生、指导学生的学业。晚年时光中，胡和生夫妇二人有了更多的空闲，平日里洗菜、切菜、烧菜都是他们自己动手完成，谷超豪骨折之后便由胡和生包揽。

胡和生为了节省时间很少去理发店，都是在家相互帮忙解决，她说："通常都是自己洗了头发，再请先生帮我剪短一些，稍微修修就可以了。起初先生说不会剪，我说不要怕，我的要求不高。"此后谷超豪逐渐学会了理发，并为胡和生理了一辈子的发。除了理发，谷超豪还为头发白了的胡和生染发，家里买了很多的毛笔，不是用来创作书法，而是用毛笔蘸着染发水染发。胡和生生活在书画世家，对于色彩搭配方面有着自己独到的见解，虽然平时自己不怎么打扮，但在重要场合会化些淡妆装饰。每当谷超豪出席重要场合前，胡和生都会为他精心搭配，选出最合适的衬衣和领带。

常有人说，一个成功男人的背后都有一个默默付出的女人，认为学术与生活不能两全，家庭中总会有一个人牺牲自己的事业来保全另一个人，好有充足的时间做出更大的成就。对此，谷超豪在答中央电视台《大家》栏目记者问时，坚定地说："我们没有这样想过，我们两个人都希望在事业上能够做得很好，唯一的办法就是尽量地节省时间。"他认为胡和生对自己的研究起到了重要的作用："我们两人在生活和研究上是相互支持的……互相理解、互相激励，就是最大的乐趣。当然，还可以相互提问题、建议和相互核验。"有的家庭采取"二保一"的政策，就是在两个人里面牺牲一个，为另外一个做后勤，使另外一个能够干得更好一点。然而在胡和生的家里则成了"二保二"，两个人互相分担互相支持，不论是生活中的家庭琐事，还是学术上的疑难问题，两个人彼此之间尊重支持对方的工作事业，这才有了院士夫妻的伉俪美谈。共同的喜好，共同的理想和追求使得谷超豪和胡和生走到了一起，两人在数学世界里"双剑合璧"相濡以沫半个世纪。虽然谷超豪于2012年溘然长逝，但二人的爱情故事仍旧激励鼓舞着年轻的学子，二人培养出的学生们也继续在数学教学和科研上发光发热。

人 生 感 悟

晚年的胡和生回首自己一生的奋斗历程，她深深地感到："要取得成就，就必须有长期奋斗的决心，就必须不断学习，深入思考，刻苦钻研，持之以恒。在人生的道路上也必然会遇到各种挫折和困难，这时就需要目光远大，有勇气面对困难，坚持正确的方向，化困难为机遇，并以此作为继续前进的动力。"困难与机遇并存，胡和生一生中遇到了许多困难，如1958年被批斗理论脱离实际，她坚持自己的理念，同时化困难为机遇，深入工厂解决实际问题，把自己的理论知识同实际问题联系起来，做出了重要的成果。同时，她认为不必惧怕困难，在不断克服困难的过程中，会逐渐培养起对它的兴趣，胡和生正是如此，一步步解难题，对数学的兴趣就越浓厚，越想征服更难的问题，这样良性循环之下，成果会越来越多。

对于自己取得的这些成绩，胡和生认为与自己平时工作的性格有关。"做事情就要做得好，一定要做得非常好。不做得很好，我心里就不安，这种性格是从小养成的。一方面是责任感，另一方面是自己有这样的性格。"胡和生出生于书画世家，自己对音乐、美术、摄影等也很感兴趣，然而广泛的爱好必然会消耗更多的精力，无法专精于某一方面。胡和生到后来觉得，一个人要想在某一方面做好，在专业中有所建树，那么他的兴趣爱好就不能太广，她举例说："如果太爱看电影，或者太喜欢看小说，或者女同志对家务太关心，对生活要求过高，就不能在自己的专业上花很多功夫。"这是胡和生从自己的生活中得出的经验。胡和生和谷超豪夫妇为了节约更多时间去做科研，二人相约在生活中做减法，共同分担必要的家务杂务。为了节省在理发店打理头发的时间，二人在家中互相剪发，自己动手节约时间。正是二人这样惜时如金，集中精力搞科研，最后才能在各自的学术领域中做出重大成果。此外，责任感与使命感也是胡和生非常重要的一部分，她在大学毕业工作以后，责任感、使命感不断增强，充分感受到自己的工作对国家、对社会的重要意义。一想到自己受到较高的培养，就更加感到应该很好地从事自己的事业，培养学生，不负韶华，不负祖国。

胡和生作为从20世纪走来的老人，她经历过抗日战争，认识到国家不富强，就要受欺侮，人民要遭殃，从小就立志长大后要为国出力，为国效力。如今，更加感受到岁月的流逝与时代的前进，祖国正在腾飞，人民生活不断地改善，胡和生为自己能生活在这个时代而感到十分高兴。同时，她也为自己能为祖国的建设事业竭尽绵薄之力而感到自豪。

寄语女生:"不娇不骄,永远向上"

　　胡和生作为中国数学界第一位女院士,为广大女学生、女教师起到了重要的榜样作用。她用实际行动告诉我们,数学之门永远向女性敞开,科学研究的路上绝不会因性别而有不公。"我想女同学要'不娇不骄',这样才能永远向上。"这是 2003 年 11 月 18 日下午,胡和生与南京师范大学附属中学江宁分校的师生在一起欢聚时给同学们的寄语。她同时强调:"女同学一样能在科学上做出杰出的贡献,在数学上也是如此。"她用科瓦列夫斯卡娅、艾米·诺特(Emmy Noether)、肖凯等有突出贡献的女性数学家举例,即便她们曾经因为条件限制,仍然通过自己的努力做出了成就。对于今天环境更好的学生而言,更应该尽自己的努力学有所成,教有所长。柯瓦列夫斯卡娅是世界上第一个获得科学院院士的女科学家,她主要研究偏微分方程和动力系统,解决了号称"数学水妖"的刚体绕定点旋转问题,并给出了柯西-科瓦列夫斯卡娅定理,这也是今天偏微分方程组中常用的定理。艾米·诺特是近代代数学的奠基人之一,她建立了一个学派,被誉为"抽象代数之母",培养了许多很好的学生。这个学派在国际上非常有名,所以她不仅是有名的女数学家,也是一位伟大的数学家。爱因斯坦称赞她为"自妇女开始受到高等教育以来最杰出的、最富有创造性的数学天才"。诺特在 1932 年举行的第九届国际数学家大会上做了长达一小时的大会发言,受到广泛的赞扬。为了纪念诺特,从 1994 年起,国际数学家大会每 4 年邀请一位女数学家做诺特报告,这也是女数学家的最高荣誉。2002 年,胡和生收到世界妇女数学组织的邀请,做诺特讲座报告。肖凯院士是法国科学院第一位女院士,主要研究偏微分方程、广义相对论,她曾与谷超豪合作研究了从四维闵可夫斯基空间R3+1到对称空间的双曲调和映照问题，在小初值的假设下得到解的整体存在性。

胡和生介绍的这三位女数学家，她们有一个共同点，那就是非常坚强，虽然受到歧视，像诺特和科瓦列夫斯卡娅一开始都无法在大学正式学习获得学位，但她们以顽强的钻研精神，做出了非常好的成绩。胡和生每每看到这些前辈学者的事迹都备受鼓舞，她也希望通过介绍前辈学者的事迹，能有更多的学生受到鼓舞，投身科学研究的事业中。此外，她们的另一个共同点是热爱自己的事业，对数学抱有献身精神。如诺特一生未婚，经常与学生一起从事研究，并以此为最大的乐趣，将一生的时间都奉献在数学研究上。

胡和生的父亲胡伯翔对胡和生的影响很大。胡伯翔一向尊重女性，这从他的月份牌画作中可以看出，他笔下的女郎纷纷剪去长发，有着"或俏皮、或妩媚、或优雅的齐肩卷发"。"在其他月份牌画家积极表现婚姻、家庭题材时，他更加关注女性本身，表现女性独立人格，保持女性的尊严，这使得他笔下的时装女郎除了甜美之外，更多了一分率性、独立、自由且自信。"对待自己的5个女儿，胡伯翔从小就教育她们"要有本事，不做寄生虫，不做花瓶"。胡和生和她的姐妹们都学到了，也按照父亲的要求做到了。

此外，胡和生在成长的过程中也受到了许多优秀女性的影响与引领，其中影响颇深的有浙江大学的徐瑞云教授。胡和生在浙江大学读研究生时，很多人说胡和生长得像系里的一位女老师徐瑞云。徐瑞云是中国第一位女数学博士，也是当时浙江大学数学系唯一一位女教授，专长函数论，她所翻译的《实变函数论》一经出版，就成为当时数学系的通用教材。徐瑞云把胡和生看作自己的妹妹一般，待她极好，每到周末就会邀请她去家中做客，学术和生活上的问题，想到什么就聊什么。1957年，高教部在复旦大学试点新中国成立后的第一次博士招考，胡和生为了静心备考，请求去徐瑞云家住一段时间。徐瑞云欣然应允，热情邀胡和生去她家备考复习，在她的热情招待和多番鼓励下，胡和生取得了非常优异的成绩。

胡和生希望女学生们"不娇不骄"，既不贪图享乐、意志脆弱，又不傲慢自负、妄自尊大。对于当代学生而言，学习路上遇到的诱惑有很多。对于女学生而言，会受到更多诱惑，电视上看到的时装是，橱窗里摆放的化妆品也是。胡和生说："女孩子稍微爱打扮一点，弄得漂亮点，这也是很好的。我自己也是爱漂亮的。"爱美之心人皆有之，保持一种活泼靓丽热情饱满的精神状态，也是一种积极生活的体现。但是不能玩物丧志，过分花功夫在这些上面，那样就会影响到自己的学业。因此胡和生认为，年轻人一定要集中精力好好学习。

（王思琛初稿，萨日娜修订，宝锁审阅）

CHEN
YAZHU

巾帼名言：女性要独立、能干、优雅、懂得关爱、
德才兼备，有重内秀外的风范。

陈亚珠

中国生物医学工程领域的先锋

人物简介

 陈亚珠，1936年生，浙江宁波鄞县（现鄞州区）人。于1996年作为医工交叉学者被遴选为中国工程院医药卫生学部院士。青少年时代，她以勤能补拙、不屈不挠的精神先后考入宁波市第三中学、上海市第三女子中学，后又因品学兼优被选为留苏预备生。然而因中苏关系恶化留学不成，她进入上海交通大学电机系学习，毕业后留校任教，至今已60余年。她早期在过电压防雷保护、高电压绝缘设计、静电场数值计算等领域取得了丰硕的成果，多次获得国家级和省部级科技进步奖。20世纪80年代开始，她致力于无创伤医疗器械研究，带领团队先后研制出肾结石粉碎机、前列腺射频治疗仪、多功能尿动力学检查仪等，打破了我国高端医疗器械极度依赖进口的局面，实现"零"的突破，得到广大医学界的好评。

 当选为院士后，她并没有把这些最高荣誉居高至上，而是看成使命与担当，立志在医学领域做出新的贡献。她时刻将国家的需要当成自己的使命，花甲之年仍不惧挑战，将研究方向转为肿瘤治疗无创伤医疗技术，短时间内研制成功智能化胃肠道癌复合治疗系统、多弹头射频治疗仪和肿瘤联合治疗仪等一批现代化大型医疗设备，并于2000年在国际上率先提出"多模式相控聚焦超声肿瘤无创治疗"技术思路，历时十余年，带领团队研制出以磁波刀和超波刀为代表的新一代相控多模式聚焦超声无创治疗系列产品，解决了超声治疗中的精准定位、无损测温、实时疗效评估、手术可视化、电磁兼容等国际难题。她作为我国无创伤性医疗技术领域开拓者之一，在国内外期刊发表论文450余篇，获发明专利授权近60项。

陈亚珠曾获得上海市三八红旗手、上海市优秀教育工作者、新中国60年上海百位杰出女教师等荣誉称号。20世纪80年代以来，她在科学研究上屡次获得上海市科技进步奖一等奖、二等奖，国家科技进步奖一等奖、三等奖等多个奖项。2020年5月，她获得上海市科技功臣奖，这是上海市授予科技工作者个人的最高奖项。

勇敢执着，勤奋坚韧立下报国志

陈亚珠于1936年出生于浙江宁波鄞县（现鄞州区）。在她8岁那年，年仅35岁的父亲因重病没有得到及时医治而不幸逝世。父亲弥留之际，特意把陈亚珠叫到跟前，嘱咐她好好读书、照顾好弟弟。幼年丧父的悲痛经历对她产生了重要的影响，"长大要做医生，为千百万穷苦大众治病消灾"的梦想在她幼小的心灵中生根发芽。她在后来回忆道："这个梦想犹如一把永不熄灭的火把照亮了我的人生道路，又犹如一条无形的鞭子，鞭策我奋发向上，努力攀登。"父亲去世之后，母亲一人挑起了家庭的重担，大她6岁的哥哥不得不辍学，做学徒来补贴家用。母亲是个勤劳又知书达理的女性，十分注重对子女的教育，尽管生活十分艰难，还是省吃俭用，想方设法让陈亚珠和两个弟弟进学校读书，并教育他们要自强自立、严于律己、懂得感恩。童年时期的陈亚珠已经理解了母亲的一番苦心，于是"为了争口气，有个出头的日子，报恩母亲"成了她读书的最初动力。来自母亲的"感恩教育"成为她的终身信念，功成名就后《人民日报》以"感恩是我的力量源泉"为题对她进行了全面报道，她也经常告诫自己的子女和学生们要有感恩之情、报国之心，也多次设立奖学金回馈母校，鼓励青年学子回报家乡、报效祖国。

少时的陈亚珠读书十分刻苦，又善于思考，虚心好学，加上发奋努力、自强不息，于1950年以优异的成绩考入宁波市第三中学，后又考入上海市第三女子中学。初到上海时，作为来自宁波的女孩子，她感到了与上海的同学们的差距，感觉自己见识不如他们，显得很笨拙。但她始终相信勤能补拙，她从不自卑自弃，而是努力以自己的勤奋和汗水来弥补"种种缺陷"。她早起晚睡，多思考勤练习，清晨同学们还在呼呼酣睡的时候，她早早起床争取半个小时进行早读，晚上自修教室熄灯时，她还依依不舍，把书移到路灯下多看几眼，功夫不负有心人，就这样经过一个学期的努力，她终于在期末考试中取得了优异的成绩，获得了同学们的敬佩和班主任的表扬。在宁波仅读了两年半初中后，又考上上海市著名的第三女子中学读书。对此，她只是说自己运气好，遇到千载难逢的机遇，其实她的勤学苦读是主要原因。此后她更是深切地悟出了勤能补拙的道理，并以此为自己的座右铭，"勤"也伴随着她走向成功之路。

1956年，高中毕业的她未能如愿进入医学院读书，而是被选为留苏预备部的学生。然而留苏之路并不顺利，随着中苏关系的恶化，留苏预备部的学生也都各奔东西，于是她在1957年9月考入上海交通大学电机系学习。能够到已经颇有名气的交大电机系读书使她感到格外自豪和兴奋。她

1956年，陈亚珠在母校上海市第三女子中学

说："我能在一所以门槛高、基础厚、要求严格而驰名海内外的学府里求学深造，是我一生中最大的幸运。"交大有着优良的教学传统和一流的师资力量，教师们严谨的治学理念和敬业精神都对她产生了重要的影响。然而在那个年代，反右派斗争、"红专大辩论"、"树红旗、拔白旗"等一个接着一个的运动，严重干扰和冲击了学校的正常秩序，使得不少同学不知所措，然而她却从未动摇一心向学的信念。陈亚珠在后来回忆道："在读大学时，尽管有很多政治运动的冲击，但从不动摇我学习的自觉性和积极性。"这种自觉性来自报效祖国的责任心。她一直认为，没有真才实学怎能建设新中国。她始终保持清醒的头脑，把学习放在首位，时常背着别人在蚊帐里看书、做笔记。她坚信，只有学好知识、掌握技能，才能为祖国和人民贡献自己的力量。加之交大综合实力雄厚，氛围向上，经过五年的学习，她在科研方面打下了扎实的基础。陈亚珠说道："交大起点高、基础厚、要求严的学风使我有了宽广的基础理论和扎实的专业知识。有着优良传统的老一辈交大老师们始终恪尽职守，亲临教学第一线。程极泰、林争辉、程福秀、张钟俊、雷新陶、唐耀宗等老师个个都是自身学术造诣高，教学严谨的学术大师。虽然聆听他们的讲课差不多已是半个世纪前的事了，但好多精彩的片段至今仍记忆犹新，他们的声音仍萦绕于耳，他们的板书还历历在目。他们宽广扎实的学识，精湛高超的技艺，诲人不倦的教风，生动活泼的语言都成了我的楷模。"

1957年，大学一年级的陈亚珠

得益于大学五年孜孜不倦的努力学习，1962年大学毕业之后，陈亚珠顺利留校任教，成为教研组中最年轻的一员。然而在很多业务能力出众的老教师面前，她总感觉自己矮几分，于是勤奋的她暗下决心，一定要向老师们学习，强化专业知识和实践能力。在这样一个学术氛围浓厚、工作干劲十足的环境中，同时又受益于雷新陶、唐耀宗、管喜康、张嘉祥、黄镜明等老一辈教授们的关怀与指点，陈亚珠迅速成长起来。正当她严格要求自己，满怀信心地争做一名合格的教师的时候，她又被派到农村搞"四清"。到农村后条件很艰苦，但她从不抱怨，积极主动地和农民同吃、同住、同劳动。艰苦锻炼、善良待人的她受到农民的欢迎和喜爱。有一天晚饭后她到农民家走访，因晚间提着手电筒在田埂行走，不小心在田间踩空，摔断了腿，送医院治疗。对此，她无怨无悔，革命先辈的奉献精神，农民那种淳朴厚道深深感染着她，不怕困难和挫折，始终保持积极、乐观向上的精神状态。但不久"文化大革命"开始，一切变得动荡不安。然而她并没有消极与迷茫，仍然一以贯之地保持清醒，始终知道自己想要什么、该做什么，她偷偷复习理论知识，和男教师一起跑牛庄路，采购电器元件处理品，动手实践，组装万用表、收音机、电视机等，默默地积蓄着力量，以迎接科学的春天。

二

知难而上，敢为人先屡拓新方向

陈亚珠的研究方向为高电压新技术及绝缘检测。早期在过电压防雷保护、高电压绝缘设计、静电场数值计算等领域做了大量研究工作，成绩卓著，曾多次获国家级和省部级科技进步奖。

中华人民共和国成立以后我国面临的首要问题是发展经济，而电力工业为国家经济发展提供基本动力，可以说电力工业的发展是国民经济发展的重要要求。在电力工业发展的过程中，供电设备的数量必然是大大增加的，供电面积、线路也非常广泛，因此设备遭受雷击风险也随之增加。一般认为，设备的雷击年损坏率在1%左右是比较正常的，但是由于气候的关系，湿润多雨地区的雷电发生率显然更高，因此损坏率也更高一些，如海南岛的损坏率可以高达30%，而我国对外支援的非洲几内亚等国家更是终年高温多雨，每年的雷电日有130—150天，配电变压器更是经常因为遭雷击而断电。1966年，我国生产的配变18台投入运行，然而在不到三年的时间之内，全部因遭到雷击而损坏。因此，在当时的背景下，配变防雷害是一个亟待解决的问题。

陈亚珠本科期间在数理化和专业知识方面打下了坚实的基础，留校任教后又经数十年的钻研，在高电压领域的研究方面取得了一系列令人瞩目的成就。1974年，陈亚珠所在的配变防雷小组对配变防雷害问题做了广泛的调查，并进行了大量的模拟实验和真实的大型实验研究。在高电压强电流下进行数千次放电实验，将安危置之度外，获得令人信服的"大数据"，得出可靠的结论。其结论认为配变的正逆变换过电压引起了雷害，并据此首次提出 Y/Z_0 配变具有良好防雷性能的意见，成功地攻克了这一难题，不仅使得出口产品的质量有了保证，维护了国际声誉，也顺利地解决了我国多雷电地区及广大农村地区电力设备的防雷问题，减少了不少的经济损失。之后她在这一领域继续深耕，又运用电场数值计算技术解决了许多高电压设备绝缘结构的难题。20世纪80年代初，她受水利电力部的委托，主持研究"220千伏屋内配电装置的最小空间距离和绝缘支柱的净距比的研究"，亲自动手设计了大型的实验现场，实验时间长达八个月之久，取得上千个实验结果，为电力设计院"220千伏屋内配电装置的电气距离"的设计提供了依据，其成果首先成功地应用于上海石洞口等20余家电厂，后被纳入国家设计规程。在短短几年内，陈亚珠硕果累累，屡屡获奖，在电力系统享有盛誉。

1980年2月，德国公司在国际上率先研制成第一台体外肾结石粉碎机，并在德国的医院成功做了第一例临床试验。该机器的工作原理是利用人体外高电压脉冲放电产生震波来粉碎人体内的结石，被称为体外冲击波碎石技术。1984年，陈亚珠和她的老师唐耀宗教授偶然看到新闻报道德国学者发明了液电冲击波体外粉碎肾结石的新技术，以及德国多尼尔公司推出售价120万美元的肾结石粉碎机的消息，这个消息使他们茅塞顿开，领悟到擅长工程技术的学者也可以跨入医学领域，研发现代医疗器械。唐耀宗教授和她义无反顾地将新兴科学及工程技术应用于无创伤医疗领域，成为我国具有自主知识产权大型医疗器械的研究先驱和产业开拓者之一。其团队研制成功的液电冲击波体外肾结石粉碎机迄今依然引领该技术领域的发展，其临床疗效达到国际先进水平，数百万肾结石患者获得无创伤治疗，取得了巨大的社会效益和经济效益，获国家科技进步奖一等奖。近年来，她又致力于物理治疗肿瘤技术的临床应用与开发，特别是在利用热的生物效应，对肿瘤细胞的热凋亡、热坏死、热凝固及热汽化等理论与关键技术方面，提出了组合模式治疗肿瘤的概念，并在相关设备方面做了大量的研究与开发。她在国内率先提出相控阵列超声多模式聚焦的新概念、新技术，取得了创新性、前瞻性的研究成果，进一步提升和发展了超声治疗学的理论和方法。

陈亚珠回忆起儿时做医生的梦想再一次萦绕心头。在当时，肾结石是我国的高发疾病，患者主要依靠创伤大、恢复慢的外科手术进行治疗。尽管这一新式医疗器械的问世可以极大减轻患者治疗的痛苦，但是120万美元的价格对于当时的国家和社会来说都是极大的负担。如果能研制出我们国家自己的医疗器械，不仅可以减轻广大肾结石患者的治疗痛苦，还可以在进口设备上给国家节省下一大笔外汇。认识到这一工作的急迫性，陈亚珠感到寝食难安。老师唐耀宗与她商量，两人当即决定着手开展此项颇具挑战性的工作。

然而这在当时是一个崭新的领域，在国内的研究还是一片空白，可以说既无资金又无资料。利用液电效应产生强大的压力波，对于长期从事高电压技术的他们来说并不是难事，但是肾结石体外粉碎技术基于高电压功率脉冲的液电效应，是融合应用聚能、X光、图像增强、计算机控制、机械传动等于一体的综合性、高难度、非侵入的医学治疗技术。要将它作为一个实用系统，涉及电子、计算机、自控、影像、医学、生物学等众多学科，是一个知识面广、技术领域跨度大、难度高的大型综合研究课题。

尽管技术上面临诸多困难，为国争光的决心还是使他们勇敢地向前迈进。陈亚珠回忆道："面临着新的开拓，困难确实很多。但是为国争光的决心，使我毅然地跨出了新的一步，大胆地步入医学领域，和医务界合作，搞出中国的碎石机。当时虽然技术上有很多难题，但我们不怕，我们可以下功夫钻研，查阅资料，向内行请教。时间紧迫我们也不怕，我们可以开出'第三单元''第四单元'，夜以继日地干。"在这期间，陈亚珠从早工作到晚，没有周末和节假日，即使半夜回到家中，还与当厂长的丈夫商量有关零部件的加工事宜。

在实验室，她与同仁们将买来的离体器官作为研究对象进行各种实验。然而，巧妇难为无米之炊，此时我国还处于计划经济时期，像这种大型的自选课题，需要自筹经费，资金问题是让陈亚珠感到最难以解决的问题。尽管在1984年上半年已经取得了初期实验的论证成功，要全面试验，需要大量制造设备、实验研究、临床试验，至少需要40万元人民币。这在当时是个天文数字，为此他们想到了贷款。贷款搞科研在当时国内外都是比较罕见的，尤其是治疗使用的医疗器械容不得半点马虎，一旦出现医疗事故，随时可以使他们身败名裂、倾家荡产，没有谁愿意承担这个放贷的风险。为了筹措这笔经费，怀揣着"一定要研发出中国人自己的碎石机"这一坚定的信念，她与恩师奔波于工厂、农村、医院、农场之间，以"科研成果共享"来争取有关部门的支持，真是"跑断了腿，磨破了嘴"。

最终他们这种永不言弃的精神感动了上海市科委，经过专家组的评审，上海市科委决定借予其40万元的低息贷款，限期三年还清。

顶着这一巨额贷款的压力，全组成员更是不敢懈怠，上下齐心协力，搞设计、加工、试验、调试，攻下了一个又一个技术难关。功夫不负有心人，他们仅仅用了20个月的时间，在1985年12月，在当时的上海中山医院的鼎力支持下，肾结石粉碎机临床试验终于成功了。在1986年召开的鉴定会上，专家们一致认为该机器的技术水平和临床效果达到当时的国际先进水平，粉碎有效率达到98%以上，排出率90%以上。1990年，肾结石粉碎原理的提出者之一、德国知名教授赫斯勒来上海交大做学术交流。经过严密的检测和观察，他评价上海交通大学的肾结石碎石机系列达到国际先进水平。

他们不仅还清了贷款，而且不遗余力地不花国家一分钱，大力将研究成果广泛推广应用、不断创新。推陈出新，先后有JT-EWSL-Ⅱ、JT-EWSL-Ⅲ、JT-EWSL-Ⅳ等机型相继问世，从第一代水槽式碎石机到第二代水囊式碎石机，再到将发射波源与泌尿手术操作台融为一体的第三代多功能化碎石机，她领导团队使上海交大的肾结石体外粉碎机遍及全国300余家医院，临床的需求促进碎石机产业蓬勃发展，以至成为各大医院必备的医疗设备，治疗方法深受患者欢迎，缔造了我国市场销售规模数十亿元、治愈数以百万计患者的大型医疗器械成功应用典范，建立了国产产品为中国市场主流的少见格局，在该领域打破了我国高端医疗器械产品都依赖进口的神话，为我国泌尿外科事业发展做出了重要贡献，成为我国该技术领域的开拓者和实践者，开创了我国无创伤性医疗领域。其研究成果肾结石体外粉碎机被列入1988年《中国十年建设图册》。研究成果液电冲击波体外粉碎肾结石技术获得1987年国家科学技术进步一等奖，由于该项目成果被广泛推广应用，1993年又获得了国家教委科技成果推广奖。

陈亚珠回忆道："记得在那寒冬腊月里，进行第一例临床试验时，我既充满着信心，又焦虑得汗流浃背。接着，一台台中国产的碎石机遍及全国各省市大中医院。成千成万的肾结石患者得到了无创伤的治疗。我们收到了很多来自全国各地群众的无数来信，有表彰的、感谢的、求医的。我体会到了人生的真正价值：能使更多人活得更健康、更幸福，才是我最大的快乐。我虽没有上医大，但童年的梦实现了！"巧合的是，数十年后她的儿子也曾患上肾结石，就是用母亲研制的肾结石体外粉碎机治好的，只有亲自体验过母亲的科研成果，才更能领悟到母亲的社会价值。

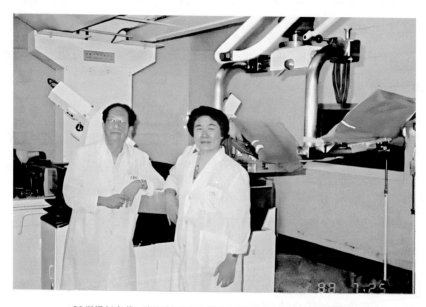

20世纪80年代，陈亚珠与恩师唐耀宗教授在肾结石体外碎石机样机前

上图是陈亚珠与恩师唐耀宗教授在JT-ESWL-Ⅱ型肾结石体外碎石机前的一张珍贵的合影。每当她回忆为了碎石机奋斗的经历时，总是缅怀恩师唐耀宗教授是碎石机最大的功绩者。陈亚珠说，师恩难忘，他为科学奋斗的敬业精神是我的学习榜样，这种精神要传承下去，代代相传。

陈亚珠经常夜以继日地工作，在科研上几乎达到了忘我的地步，她坦言自己最大的爱好就是工作，有时候走路吃饭都在想着工作。由于缺少休息，她的胆囊、肝脏都不好，加上胃出血，最后在大家的劝说下住进了医院。然而即使在医院，她的内心依然牵挂着工作，甚至第二天就要手术了，还会把学生叫到病房讨论问题。20世纪90年代初，以色列研制出治疗男性前列腺增生的射频治疗仪，原理是利用低频电磁波作用于增生组织，使组织内因传导电流引起介质损耗产生热量，从而使蛋白质凝固失去活性，达到治疗目的。前列腺增生是老年男性的常见病和多发病之一，夜尿频多、小便困难等都会给病人带来极大的痛苦。当时最常用的治疗方法是手术切除，尽管该治疗方式效果较好，但是由于一些患者年龄偏高，还伴随有高血压、心脏病、哮喘等基础疾病，手术疗法对这一类患者并不适合。而射频治疗仪利用高温加热直接作用于尿道周围的前列腺组织，使细胞变性，进而使组织脱落，重新拓宽尿道，对小便困难等症状有良好的缓解作用，是一种穿透性好、操作方便、安全可靠的治疗方法。

当陈亚珠了解到该仪器正在以25万美元的昂贵价格打入国内市场时，她在医院待不住了，又萌生了自行研发的念头。一出院，她马不停蹄地全身心投入项目之中，自行立题并负责总体设计，动员身边一切可用的力量。除了科研团队，她还发动家人组成"亲友支援团"，让还在上大学的儿子帮忙设计电路和调试，让做机械厂厂长的爱人帮忙做机器外壳。射频仪的工作原理与她之前所做的工作大不一样，可以说她又闯进了一个全新的领域，做着一项填补国内研究空白的项目。她这种锲而不舍、带病工作的忘我精神深深鼓舞着大家。全体成员共同努力，一起分析、攻关，把买来的鸡蛋打碎，用射频头浸在鸡蛋清里试验着射频的温度。在学校里，她查找资料，反复推敲，用理论分析和实验研究相结合的方法确定射频范围。最终在大家齐心协力之下攻克难关，成功地解决了尿道的射频加热天线与测温于一体的关键技术，保证了治疗过程的绝对安全。

3个多月后，一台集计算机自动控制、温度实时采集显示、安全监控等先进技术于一体的良性前列腺增生射频仪热疗仪研制成功了，这是一台完全可以替代进口产品的高科技医疗器械。陈亚珠先后研制了四代热疗仪，并在上海中山医院、华山医院、瑞金医院等全国44家医院得到应用，两年内完成近万例临床应用，效果达到了同类产品的国际先进水平，有效替代了以色列等国家的进口产品。技术成果通过了当时的上海市医药管理局、上海市高教局主持的科技成果鉴定，获得1993年第二届上海市科学技术博览会金奖，1994年上海市科学技术进步二等奖。

1995年初，陈亚珠及其团队又成功研制出我国第一台多功能尿动力学检查仪，又一次为中国的医疗器械领域填补了一项空白。当记者问她今后有何打算时，她回答道："以后还要不断努力，开拓一些新品种。"

陈亚珠是一位不求功名的人，是个求实者，但是幸运之神再一次找到她。1995年10月，学校人事处向她传达了推荐她申报中国工程院院士一事，她一时感到意外而推辞，但终究是好事，抱着试一下的心态答应了。终于在1996年4月8日，陈亚珠接到中国工程院的通知："您荣幸地于1996年2月当选为中国工程院医药卫生学部院士。"她感叹道："这对于生于贫苦乡村的我似真如梦！"做了院士的陈亚珠感觉到压力更大了，她深刻地认识到院士的成就是过去的，每确立一个新的研究方向，对她来说都是一个新的起点，也是一个严峻的挑战。陈亚珠回忆道："1996年，我十分荣幸地当选为中国工程院院士，成为医学卫生工程学部生物医学工程专业的第一个成员。这是我人生的又一新起点，决定了我的后半生将致力于医学卫生工程事业。面对新的挑战、新的领域，我的信念是认认真真地学，踏踏实实地干。"

于是，将家国情怀看得无比重要的陈亚珠，在花甲之年毅然选择了国家最需要的方向，将肿瘤治疗无创伤的医疗技术作为自己的奋斗目标。当时生物医学工程是一个边缘学科，发展自主创新的医疗设备这一事业尚处于低谷，她注意到国家在这方面科研投入很少，却要花大价钱进口设备，内心焦急万分。强烈而急切的使命感使她再次集结团队，1997年领衔组建了上海交通大学生物医学仪器研究所。尽管已经年逾花甲，陈亚珠在工作上依旧斗志昂扬，干劲冲天。她一如既往，不论是双休日还是节假日，都是早上八点左右来到实验室，晚上六点或更晚才回家。在她的带动之下，全所师生齐心协力，仅仅用了两年的时间便研制成了智能化胃肠道癌复合治疗系统、多弹头射频治疗仪和肿瘤联合治疗仪等一批现代化大型医疗设备。2000年，她在国际上率先提出"多模式相控聚焦超声肿瘤无创治疗"技术思路，将超声能量从体外以"绿色、精准、个性化"方式汇聚于肿瘤等病灶部位。历时12年，陈亚珠团队研发出"多阵元相控"高强度聚焦超声治疗技术，以及之后她和团队沈国峰、白景峰等为代表的磁波刀（MRI-PHIFU）和超波刀（USg-PHIFU），是新一代相控多模式聚焦超声和医学影像相结合的无创伤治疗系列产品，解决了超声治疗中的精准定位、无损测温、实时疗效评估、手术可视化、电磁兼容等国际难题。陈亚珠介绍，鉴于癌细胞都是怕热的热敏感细胞，这种超声治疗其实是一种"热疗"，声束可对肿瘤进行单焦点、双焦点，甚至多焦点"瞄准"，多形状消融区如一个字母"H"。患者可接受高温治疗方法，即将瞄准区均匀加热到60℃及以上，使肿瘤细胞热凝、坏死、不可逆；也可选择温热治疗，即瞄准区域被均匀加热至43℃至45℃，使肿瘤细胞变性，抑制其生长。该疗法有很多优点：相比于"质子医院"等先进的放射疗法单次治疗动辄数万数十万的成本，超声波形式的物理治疗，费用上有望降低一半以上；且患者最多只需局部麻醉，总体上治疗时间更短、频次更少，且无脱发、疼痛、免疫力低下等副作用。因此，GE医疗、飞利浦等医疗器械巨头都在大力加快超声治疗产品研制。陈亚珠代表上海交大成功举办2013年国际医学超声领域的顶级学术会议——国际治疗超声大会，并出任大会主席。她在大会上做了题为"超声治疗新技术在中国的研究进展"的大会主题报告，确立了中国在该研究领域的国际地位，大会获得了广泛的社会关注，《文汇报》《新民晚报》等百余家媒体对大会进行了报道，期盼这一创新技术早日惠及广大患者。

对于陈亚珠而言，数十年孜孜不倦地研究超声治疗技术，还有一个更为急切的原因：尽快打破中国医疗器械高端市场为进口器械所垄断的局面。据调查，当时中国医疗器械高端市场有90%为国外企业占据，我国每年都要花费数亿美元的外汇从国外进口大量医疗设备，国内约有70%的医疗器械市场已被发达国家的公司占领。陈亚珠曾说道："我国有13亿人口，主要医疗设备都依赖进口，即使抛开国家的巨额支出不说，万一国际环境变化，发达国家对我们限制出口怎么办？届时，中国的医疗事业将承受难以想象的压力。"在她看来，这是中国与世界几乎同步在探索的领域，也是最有可能诞生自主医疗器械产品的领域。因此，为了加快技术转化，打破国外对我国高端医疗设备的垄断，把高昂的医疗设备采购费用降下来，她带领科研团队与企业开发团队常常亲临实验现场，发现问题，从不放过，精益求精是她一贯的工作风格。她积极构建产业集群，在陈亚珠的支持和推动下，促进了上海交大与鑫高益医疗设备股份有限公司、江苏中惠集团等多家企业合作，成立了宁波通德医疗器械科技有限公司、上海中惠医疗设备科技有限公司、上海沈德医疗器械科技有限公司、沈德（宁波）医疗器械科技有限公司等多家创新型医疗器械企业，积极推进团队无创超声治疗技术重大科研成果的产业化，并和很多三甲医院临床试验研究合作，如上海交通大学附属第一人民医院、国际和平妇幼保健院、第九人民医院、复旦大学附属华山医院

2000年初，陈亚珠在家乡宁波接受专家证书

等等。努力打造具有完全自主知识产权的国产高端医疗装备。用于治疗子宫肌瘤、乳腺肿瘤和骨肿瘤以及脑疾病等的诊治，应用前景十分广阔。有的聚焦超声系列产品已通过临床医疗器械检测，获得2016年第18届中国国际工业博览会创新产品银奖及第18届中国国际高新技术成果交易会优秀产品奖。

2012年起，陈亚珠先后主持承担了多项中国工程院战略咨询课题，以发展我国医疗器械产业、满足"健康中国2020"的战略需求为根本目标，通过广泛调研临床需求导向的转化型研究、战略型企业发展模式、我国中小企业发展现状、高端诊断和物理治疗设备专利分布、政府组织基于大学的国家级研发联合体等专题形式，面向临床、面向市场，通过行业分析，以转化医学的理念，提出我国医疗器械企业在做大、做强同时，其产品在国内中、高端市场份额不断提高的产业战略发展规划建议，提出了以临床医学为导向和技术创新为驱动的

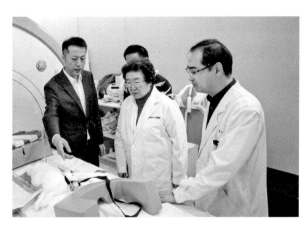

2018年，陈亚珠在上海市第一人民医院进行磁波刀（MRI-PHIFU）临床试验

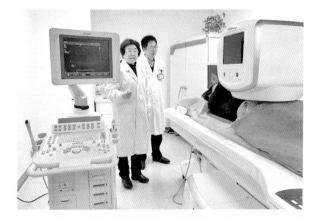

2019年，陈亚珠在国际和平妇幼保健院指导超波刀（USg-PHIFU）临床试验

普惠医疗健康技术、产业发展路线图和高端人才引进与科学管理等配套政策建议，已被国家相关部委采纳，融入了"十三五"医疗器械产业发展规划和相关国家政策制定，并体现在国家重大研究计划"数字医疗装备"专项、医疗器械监管体系改革等方面，引领了国家医疗器械产业技术发展方向。

陈亚珠先后创建了上海交通大学生物医学仪器研究所、上海Med-X重大疾病物理治疗与检测设备工程技术研究中心等研究平台，并制定了基地发展策略："一新"（技术创新，独树一帜）、"二高"（研究、教学要高起点、高水平）、"三结合"（基础研究与应用研究相结合，工程技术与医学临床相结合，研究开发和产业化相结合）。目前，中心已形成研究开发教学、医疗临床、产业基地三者有机结合、相辅相成的技术创新链，同时造就一批具有国际前沿水平的人才队伍，已成为致力于医疗器械技术及标准研究、工程化研究和专门人才培养的创新研究基地，在国内外享有较高的知名度。为了形成以临床需求为导向、"研医"融合的独特优势，陈亚珠全力推动了学校设立"医工交叉基金"（迄今逾一亿元），共资助近700项交叉研究项目，成功培育了400多项国家级项目；同时也大力倡导专注高层次、复合型人才的培养模式和高度融合交叉的学科发展模式，有效推动了我国的生物医学工程学科建设，为我国医疗事业的发展做出了重大贡献。

陈亚珠的研究领域十分宽广，是多学科的交叉融合，而跨度也非常大。从最初的高电压技术领域到后来的生物医学工程领域，每一次填补国内研究空白的技术发明，都是一个全新的开始，都需要面临无数需要攻克的难关。尽管面临诸多难以言表的困难，但是凭借着知难而进、"跳起来摘果子"的拼搏精神，以及冷静的头脑、科学的求实精神与脚踏实地的学习和工作方法，陈亚珠认为再大的困难也会迎刃而解，这也给了我们后辈莫大的鼓舞与激励。在谈到自己的事业及成就时，陈亚珠总是十分谦逊，并对年轻一代充满信心。她说："前面20年为高电压做了一点事，后面30多年为微创和无创医疗在奋斗。现在我想得更多的，是如何去支持年轻一代继续推进大型高端医疗器械民族化、产业化的事业。"并且她十分坚信："年轻一代一定会做得更好。"

三

春风化雨，传道授业鱼水乐交融

自1962年毕业留校以来，陈亚珠已经在交大任教六十载。培养了生物医学工程专业10多位博士后，40多位博士，100多位硕士。

任教之初，她就暗下决心，要做一名合格的老师，她认为教师首先应该"传道授业"。所谓"传道"，就是为人师表，传授给学生知识和技能，同时更要为人善良、善待他人，她认为这是做人的本质。在60年的执教生涯中，陈亚珠也一直坚持这样的做人标准，热爱祖国、事业上追求卓越、努力做一个对社会有用的人是她人生的主线。不论是在生活中还是学习上，她都对学生言传身教，起到了潜移默化的影响，她身上的正义感影响着每一个学生，这也是她内在的无形的涵养。所谓"授业"，就是要坚守教师的本分，备好每一堂课、上好每一堂课、指导好每一个学生，非常认真地做好一个教师应该做的事情。她传承了自己老师的衣钵，坚持"授人以渔"的教学理念，期望自己给予学生的是一把能打开知识大门的"金钥匙"。她经常讲："想要给学生一碗水，教师必须要准备一池水。"她回忆道："那个时候还没有PPT，我们备课都很认真，反反复复自己琢磨，不厌其烦地一遍一遍地修改教案，生怕哪个地方学生不理解。"她很怀念交大以前有答疑课和讨论课的老传统，怀念自己坐在教室等着学生过来提问题的幸福时光，认为这种教与学的互动不仅可以提高学生的学习效率，对于提高教师的教学水平也有莫大的帮助。

她认为老师与学生的关系好比鱼和水，互相离不开，互相爱护，教师对学生有爱心，学生对教师也有亲谊。她爱护学生，对学生倾注了母亲般的心，有"望学生成龙成凤"的期望，学生在她的生活中占了绝大部分。学生的学习成绩怎么样？哪些方面还需要她进行提醒与帮助？家里的情况、父母的情况怎样？毕业了的同学工作得顺利否？有没有谈朋友，是不是结婚了？这些都是经常让她牵肠挂肚的问题。她说："学生快乐，我就快乐，只要学生喜欢的，我从不怠慢，学生有成就，我就更加兴奋。"而学生对她的牵挂也是她幸福的源泉，她说道："每逢生日、过年、过节，我都会欣喜地收到毕业很多年的学生发来的短信，或打来的祝福电话，或与我团聚。就是在平时，他们也会忙里偷闲，打电话问我最近身体怎么样。要是生病了，他们会不约而同地到医院或家里探望，犹如亲人般地关怀我。这些情形，每每让我感动落泪，每每让我感受到教师这个职业给我带来的犒赏。

2015年，陈亚珠团队在实验室合影

所以，我一直有这么一种感觉，那就是：学生是我的动力，我是他们的牵挂。"她很少参加宴请和应酬活动，却十分热心组织或参加学生聚会和交流会，几乎每年组织毕业学生回校、举办学术交流聚会，即使身体不好，也十分愿意和高兴和学生们在一起。她和学生情谊非同一般，彼此充满着关爱。她是学生们尊敬的老师，又是敬爱的长辈，研究所始终是温暖的大家庭。

在陈亚珠的团队里，师生相处融洽、互相信任，学生们从不觉得枯燥、寂寞，反而觉得温暖。她的学生贺小虎回忆道："第一次见陈老师是2003年开学不久去实验室的时候，去之前自己一直非常紧张，甚至比考研复试时更加不知所措。但我完全没想到，陈老师居然这么慈祥，她主动问我最近的情况，甚至还知道我家庭状况，告诉我不要有太大压力，并给我信心，鼓励我用成绩来回报父母亲人。说起学术时，陈老师一再强调因为我们的研究是关于医疗仪器的，涉及国民的健康，所以一定要严谨。在实验室的时间过得紧张而充实，陈老师根本不像传说中那么严格，我反而觉得实验室的气氛轻松又温馨，在这样的实验室里面学习、科研，既有紧张辛苦之感，又有轻松愉快之情。记得陈老师查出肿瘤那几天，实验室的气氛十分压抑，大家都不知道该怎么说怎么做让陈老师高兴一些去接受治疗。然而想不到的是，陈老师主动找我们聊天，并开玩笑似地说她要离开我们一段时间，大家都知道她要去哪里，但是她似乎并不像我们想象那样，显得十分开朗、平和。因为我自己曾有这样的经历，所以每次回忆起这一天时，不由得越发敬佩起来。"

陈亚珠对学生的要求是十分严格的，期望他们做到"专而不寡，广而博"。她经常会想起自己初做教师指导学生的场景，尽管条件艰苦、设备不先进，但是学生们有很强的动手能力，总是能受到用人单位的欢迎。因此，她很注重提高学生分析、解决问题的能力，培养学生的思维能力与实践能力，主张理论联系实际，而不是一味地依靠数据发表论文。这也是她培养研究生的一个主线。她认为只有综合素质过硬才能够担当得起做社会的栋梁，因此她希望学生们不仅学术上达到高水平，还要懂经济、市场，紧跟时代潮流，而不是被禁锢于实验室。

她要求每一个学生合理规划自己的在校时间。尽管她工作十分繁忙，仍然十分牵挂学生的学习和研究工作。她说道："如果我一两个星期没见到我的学生，那我就会想，他们这个礼拜在做什么？过得好不好？课题进展怎么样了？老师不督促，他们就会松懈……"同时她更要求学生们在道德上严格要求自己，希望他们将来能够报效国家，对社会有所贡献。她的许多学生从国外名校学成回国，毅然放弃外企高薪，组成双创团队，致力于将实验室的重大研究成果产业化，打造民族医疗器械品牌。她的学生回忆道："老师多次对我们讲，实验室出去的任何人、任何信息，无论是发表文章，还是研讨会发言，甚至是务虚性探讨，都要以学术道德的最严格标准要求自己。毫无疑问，这个标准让我们没有弯路、捷径可走，但回头想想，严格的规范也意味着坚定的保护，也正是因为有这么严格的要求，才有了我们严谨的学术和工作作风，才有了如今奋发有为的教授和科学家们。"学生沈国峰记得，团队每次发文章前，陈亚珠都要学生描述其创新点，对实验过程乃至每一个原始数据都要逐一论证。

她还叮嘱学生们要有广博的精神，"博观而约取，厚积而薄发"。所谓"广博"，就是要面对社会的各种际遇，积累经验提高能力，可以灵活应对自身面临的各种问题。社会比学校复杂得多，学生们总有步入社会的一天，总要去接触形形色色的人和事，要适应、磨炼，有时候甚至要经受一些直面内心的考验和疼痛，因此多经历世面、多经受考验，甚至跌倒几次也是必要的，提高情商也是人生的必修课。

从1957年进交大以来，陈亚珠一直没离开过这个校园。学生们说："老师将自己的一生都奉献给了交大，这是一种将生命和智慧献给教育的精神，是一种将自己的一生和一项事业相守的境界，这是比信仰更加执着的勇气。"

陈亚珠与研究生们一起抛毕业帽，共同分享毕业的喜悦时刻

上善若水，饮水思源砥砺勇向前

父母是孩子的第一任老师。陈亚珠的父母都是明事理之人，父亲弥留之际还牵挂着家里缺钱少粮和孩子们的读书问题，母亲更是宁愿自己吃再多苦也要把孩子们送到学校读书，哥哥为了维持家庭生活也早早辍学，而她小小年纪就知道发奋读书以回报家人。虽然家境贫寒，但是家庭成员之间互相爱护，这种家人之间互相温暖的小爱可以说是她后来心怀家国天下的大爱的根源。

陈亚珠时常回忆起小时候母亲的教导：要懂得知恩图报，长大要为国家做贡献。老师们的关爱她铭记在心，初一期末考试刚结束，她就患上了重病，被送进了宁波华美医院，一方面她备受病痛折磨，另一方面又为昂贵的医疗费用而焦虑，班主任不仅多次看望她，鼓励她安心养病，还想方设法与医院协调减免了她的医疗费直至她康复。她记得年长的戚老师，对待学生像自己的孩子一样，严格又温和，让寄宿的学生们感受到母爱的温暖。

她也时常感念并感恩共产党解放了旧中国，使像她一样家境一般的人有了继续求学的机会，她常说爱国主义是毕生秉承的坚定信念。1953年她还在读初中，她记得时事政治课上老师们慷慨激昂地讲到抗美援朝、讲到保家卫国，她亲眼看见了年轻老师和高年级学生们踊跃报名参军上前线，她的内心被深深地震撼了。这些真真切切的经历使她认识到：一个人不仅要为家庭而读书，更应该为国家和民族做贡献，在国家需要时可以付出一切，人活着不只是为个人或家庭争口气，更要为国家争口气。后来进入交大学习，"饮水思源，爱国荣校"的校训，像钱学森学长等杰出校友为了国家民族利益、为了科学而献身的大无畏精神，还有那些恪尽职守、学养深厚、教学水平精湛的老师们更是深深地激励着她。随着年龄的增长，她的爱国主义情怀也逐渐地成长起来。后来她所做的每一项研究，无一不是为了解决国家当时所面临的困难。

"孩子们不太理解我对家乡的感情，他们不知道，乡土牵住人心啊！"她感念于家乡的滋养之恩，她说：是家乡的水养育了我，我的启蒙教育也在宁波，我的人生世界观也是在宁波中学求读时形成的。能为家乡做一点事情是我义不容辞的责任。她的团队和余姚国产磁共振的鑫高益企业合作，共建院士工作站，一如既往，于2019年被评为全国优秀院士专家工作站。2016年5月，在她的牵线下，宁波国际海洋生态科技城管委会与上海交大生物医学工程学院达成战略合作，双方致力于产、学、研、用生态合作。她积极配合宁波卫健会引进相关的人才，促进宁波医疗健康产业发展与进步，做到有事必应，亲力亲为。

陈亚珠铭记感恩，心怀仁心一直是她生命中的主要旋律。她常说成功归功于时代的机遇，归功于母校、老师的栽培，以及团队的配合。在获得2019年度上海市科技功臣奖之后，陈亚珠第一时间想到的是这个荣誉不属于个人，她将获得的奖金悉数捐献了出来。在交大生物医学工程学科迎来四十周年纪念之际，陈亚珠发起了院士基金，由她个人和校友企业联合筹集资金首笔430万，体现了她对母校的深深感恩之情，更凝聚了校友的共同心声。院士基金的建立，以志鼓励生物医学工程师生为发展我国自主创新医疗器械而努力奋斗，传承与发扬老一辈科学家们自信自强、奋斗不息的精神。

2019年，陈亚珠协同校友设立院士基金，鼓励交大生物医学工程师生为民族医疗事业做新贡献

陈亚珠也感恩在青少年时代培养与教育过她的母校宁波第三中学、上海市第三女子中学，为了表示她感恩的心意，分别给两校捐赠了奖学金。宁波三中的学子们回以一封热情洋溢的感谢信，陈亚珠以回信的方式，结合自身求学经历，将自己真实的感悟和体会倾情奉献给同学们，引领学生扣好"人生第一粒扣子"，殷切希望家乡的三中学子能珍惜现在的学习条件，深怀爱国之心，砥砺报国之志，为实现中华民族伟大复兴的中国梦贡

献青年力量。上海市第三女子中学为此专门设立了"陈亚珠院士奖学金"，该奖项的设立以学生发展为本，搭建多元平台，激励每一位女生在高中三年都能发挥自身的潜能，激发创造活力，培养强烈的社会责任感，展示出不同的风采。这将使陈亚珠的爱国及科研精神薪火相传，激励着一代又一代的后来人。

2022年11月29日，时隔70余载，陈亚珠又一次回到母校宁波三中，作为《科学人生——甬籍院士口述实录》（第一辑）的被采访人之一，她亲自向三中的学子们赠予此书，与他们分享自己的求学、教学与科研的心路历程，希望借此向母校的青年学子传递科学家精神，鼓励他们"追求卓越，守正创新"。她在讲话中说道："青年人要有梦，把个人梦与党和国家的命运紧密结合，立大志、明大德，做国家栋梁之材；要勤奋，勤能补拙是良训，即使一个人天资欠缺，但只要能勤勤恳恳，做到'人一能之，己百之，人百能之，己千之'，就能见证坚持的力量；要勇敢，敢为人先，坚持到底，努力奋斗，一定会赢得璀璨人生！"

五

淡泊名利，期望寄托于年轻一代

陈亚珠回忆说："成为院士之后，并没有至高至上的感觉，反而觉得压力很大，因为院士的成就是过去的。"她总是要求自己平凡做人、踏实做事、不好高骛远，对社会怀有感恩之心。她认为没有比做一个平凡人，过符合内心的生活来得实在，让人向往。

陈亚珠向前的脚步却是总也停不下来的，即使她年逾花甲，身患多种疾病。儿子曾经劝她说："妈妈，现在不是您拼搏的时候了，是我们拼搏的时候了。"朋友们也说："都做了院士了，是该多注意身体，享享清福了。"她却总是回答说："身为院士，工作就是我的责任啊。"而今，耄耋之年的陈亚珠，工作上依旧神采奕奕，她坚定地站在团队的背后，默默地给予成员以力量。她说："岁月流逝，我已进入耄耋之年，容颜虽已苍老，但尚有激情在。现在我想得更多的，是如何去支持年轻一代继续推进大型高端医疗器械民族化、产业化的事业。我非常欣慰地看到，他们正在推动'健康中国'事业蓬勃发展，我希望可以站在他们身边继续为他们加油鼓劲。我也将仍然在研究和转化应用中继续从事我未完成的工作。人生因为短暂而无比珍贵。我特别期望今天的年轻人能珍惜学习工作的好条件，胸怀理想、不懈追求，将个人成长融入中华民族伟大复兴的宏伟事业中去，将生命活出闪耀的光芒，不负国家，不负这个伟大的时代。"

人生是大自然赐予的一块高雅的宝石，
人在漫长的岁月里对它精琢细磨，
只有那些不辞辛劳的人，
才能使它发出耀眼的光辉。

这是陈亚珠喜欢的一首诗，而她的人生也恰好是对这首诗最好的诠释！

人 生 感 悟

在一个浮躁与功利的大环境下，开辟一个新方向，面临的问题，以及上千次的实验，其中的艰苦难以用语言来表达。好在我和我的团队在各种艰难中坚持下来，最终的研究成果达到国际先进水平，受到国内外广泛的认同。对我来说，要坚持的一点就是研究成果必须受到社会的认可，必须要被市场应用，这样才会体现你的真正价值。

总结下来，我的科研之路，第一个心得是要敢为人先，知难而上。第二个心得是专心致志，看准方向，坚持不懈，终有所成。

工作是我的事业，也是我的乐趣。虽然我年事已高，身体也不太好，但我对自己的要求是平平凡凡、踏踏实实去做事，活到老，干到老。我觉得我是一个普普通通的人，平平淡淡，不好高骛远。我们生活在一个好的时代，对社会要有感恩之心，永远不要把自己看得高于别人。没有什么比做一个平凡的人，过符合内心的生活来得实在，来得让人向往。

女性不仅要生儿育女，做好贤妻良母，也要在事业上取得成就，要面临着很大的压力和困难，所以对女性有更多的支持和关怀，创造机会是必须的。宁波是人杰地灵的宝地，涌现出了很多优秀的女性，特别是我们最敬畏的诺贝尔奖获得者屠呦呦，还有陈赛娟等各行各业非常杰出的女性。我以自身的经历来谈一谈巾帼科技创新的一点体会，我想我一生大部分时间都在教学和科研当中度过，也为此倾注了我全部的精力，创新是我工作的主旋律，不断地学习知识，标新立异，求真务实，持之以恒，不懈奋斗，我是这样过来的。在这里，我想谈两点体会，首先，我们作为一个女性，要做科技创新、建功立业的人，一定要有自信、自强、自律的精神，这不是一句口号，而是我们要实际付出百倍的努力、百倍的磨炼，我们会付出很多、失去很多，生活上一定比别人过得紧张、艰苦，所以，创新确实是一件不容易的事情，是干出来的，是奋斗出来的。其次，我们的创新不是一个人的努力，而是一个团队的成果，因此要有团队合作的精神，团结合作、齐心合力，才有更多的力量，才能促进科技创新的发展，所以，我想，梅花香自苦寒来，我相信后来人会做得更好。

对女教师、女大学生的寄语

作为现代社会新女性，我们被赋予社会和家庭的双重责任和担当，任务繁重。我们既是社会人，要满腔热情地努力工作，勤学苦练，需要有真才实学，为社会多做出贡献；我们又是家庭中的主心骨，担当着做女儿、妻子、母亲或奶奶等角色，倾心尽力为亲情付出关爱和帮助。我们努力担当好每个角色，才有了和谐的、温暖的家，生活才是幸福的。

作为青年女教师，十分荣誉，也责任重大。为交大科学殿堂培育世界一流人才，这是时代赋予我们的职责和使命。对于教师这个神圣的岗位，我们要始终充满激情、教书育人师德为先、任劳任怨、兢兢业业；要发挥女性独有的魅力和自信，给学生们以春风化雨、润物无声的关爱和授人以渔的执教影响。希望你们能把青春和智慧献给我国的教育事业，为国家塑造和培养更多栋梁之材。

（季旭初稿，萨日娜修订，郑茂审阅）

WANG
ZONGGUANG

巾帼名言：历史不仅让人感知真相，而且给人带来智慧和启示。

王宗光

中国高等教育改革发展的开拓者

人物简介

王宗光，1938年生于武汉，祖籍江苏无锡，1960年加入中国共产党，1961年毕业于上海交通大学电机系，历任上海交通大学助教、讲师、副教授、教授、博士生导师。1984年任上海交通大学党委副书记，1992年至2003年担任上海交通大学党委书记。2002年起，由中共中央组织部定为副部长级干部。曾任上海市第八、第九届人民代表大会代表，第六届中共上海市委委员，第九、第十届全国政协委员，2003年后任上海交通大学校务委员会名誉主任，主编《上海交通大学史》（总八卷）。

王宗光在担任上海交通大学党委领导职务20年间，始终秉持着对党的教育事业的高度责任心，求真务实、开拓创新。尤其在1992年后正值我国高等教育改革发展的新时期，她带领全体交大师生勇抓历史机遇，以改革促发展，全面推进学校各项事业，为创建综合性、研究型、国际化的世界一流大学奠定了基础，为学校教育科研事业的蓬勃发展做出了卓越贡献。

王宗光1978年、1986年分别获上海市三八红旗手、上海市巾帼奖。1991年获上海市重点工业项目会战先进工作者、上海市高等学校优秀思想政治工作者称号。2000年被授予全国高校党建与思政先进工作者称号。在《求是》《新华文摘》《中国高等教育》等刊物发表关于高校改革、党建等方面的多篇论文。专业长于聚酰亚胺在微电子领域的表面保护技术、界面研究及集成电路系统封装等的研究开发，在桑塔纳轿车发动机用高性能离合器摩阻材料的研究方面取得优秀成果，为轿车国产化做出贡献。以第一获奖人名义获得国家及部委、省市级奖7项。在国际专业会议和相关杂志发表论文30余篇。2019年获中共中央、国务院、中央军委颁发"庆祝中华人民共和国70周年"纪念章。

一

生于动荡，长在红旗下立志报国

王宗光有一个受传统文化和党的教育熏陶的青少年时代。"富国强民、实业救国"，是那个时期华夏儿女的梦想，也深刻启迪与熏陶了王宗光的思想。王宗光生在一个子女众多、温暖和睦的大家庭里。父亲长期就职于中国民族工商业申新福新棉纺面粉公司，担任高级职务，专长于企业经济与财务管理。他深受中华优秀传统文化熏陶，为人谦和、诚朴可信、富有智慧、勤奋敬业，对子女教育循循善诱、和蔼可亲。不幸父亲因病早逝，但他的文明道德烙印对王宗光有很深的影响。母亲出身私塾家庭，知书达理、慈爱大度、性格开朗，十分重视子女教育。在父母的教育熏陶下，王宗光兄妹六人团结互助，养成亲情有爱、务实勤奋的家风。王宗光非常敬重和怀念父母，她曾感怀地说："我的名字里有个光字，隐喻阳光，特别是父母给了我一生受用的健康、智慧和善良，在我人生路上无论是顺利还是挫折，有了健康的体魄、智慧的头脑和善良的心，就能支持和帮助我挺身前行。"几十年来无论求学或工作，王宗光与人相处秉持以诚相待，求真务实，颇获好评。

王宗光1938年出生于汉口，正值抗日战争全面爆发、国家动荡时期。还在襁褓中的她，被父母抱在手里带着一群孩子从武汉逃难到上海落户。太平洋战争爆发后，上海全部陷入日寇之手，她从懂事起就亲眼看见上海领土和百姓饱受日寇欺凌丧权辱国之耻。1945年抗战胜利，她身处上海从小就看到殖民地十里洋场的奢靡虚浮、国民政府的腐败、天天贬值的金圆券，特别是经常看到父亲带着疲惫和忧虑回家，回想父母当时的交谈，可见那个时代中国民族工商业之步履艰难。因此，王宗光很小的时候就比较懂事，厌恶丑陋，反对战争，渴望和平，追求中国强盛。1949年5月上海解放，11岁的她欢欣鼓舞地跟着老师走上街头，参加迎接上海的新生。1950年六一国际儿童节的前夕，她戴上了鲜艳的红领巾，是上海市第一批少年儿童队队员。1956年高中毕业前，她在社会主义高潮中加入了共产主义青年团，是名副其实的"生在旧社会、长在红旗下"。

1950年的秋季，她考上了坐落在徐家汇土山湾的百年老校徐汇女中。这原是一所教会学校，王宗光初进学校时还有神职人员嬷嬷上课，不久就有了党支部，书记蒋家骅老师既严肃又亲切，青年团朱仪凤老师常找少儿队队员谈话。校园很大，建筑优美，师资雄厚，王宗光在这个既古老又充满活力的校园里开始接受了党的启蒙教育，从少年时代就相信共产党，相信新中国前途光明。她一生践行了当时接受的"五爱"教育，就是爱祖国、爱人民、爱劳动、爱科学、爱护公共财物，她埋入心底的是一定要学好本领，为建设新中国做好准备的信念。后来徐汇女中与只隔一条长廊的坐落在天钥桥路的启明女中合并，就是现在的上海市第四中学。王宗光在这里读到初中毕业直升高中，于1956年毕业。

高中毕业报考大学时，王宗光毅然选择中国最好的工科大学，最后如愿进入交通大学电机系。在交大教学传统"起点高、基础厚、要求严"的熏陶下，给她打下了良好的理论基础。一大批教学名师言传身教、授人以渔，老师们的教导使她终身受益，启迪了她的睿智并感悟了科学和人生真谛。交大一贯重视实践教学，教学计划中安排有基本工种训练，面对车、钳、刨、铸、锻、焊，她上手就学，不示弱不怕苦，虚心向工人师傅学习，争取掌握过硬本领。

1960年，王宗光在大学毕业的前一年加入了中国共产党。"听毛主席话，跟共产党走"是她从小就有的信念。入党后，在党的长期教育和培养下，她立志做一名合格的共产党员。虽然经历过政治运动的严峻考验，但她始终相信党、忠于党，风雨沧桑使她的政治信仰更成熟、信念更坚定、对党更忠诚。

1961届电机工程系女同学合影（后排左一为王宗光）

二

又红又专，教学科研转型任书记

热爱科学、追求真理、建设四个现代化是王宗光那个时代有为青年的共同理想。王宗光毕业留校任教后还兼任一个年级的学生政治辅导员的工作。她很热爱专业，珍惜教师岗位，她也热爱学生，关怀备至。晚上在学生熄灯以后，她才回到宿舍，开始学习和备课。她要求自己政治工作和教师业务两不误，做一个又红又专的有用人才。

"文化大革命"耽误了十年。1978年，党的十一届三中全会吹响了改革开放和社会主义现代化建设的进军号角。人到中年的王宗光从靠边劳动中重返教师岗位，她满腔热情、如饥似渴地重新学习，力图把十年丢失的时间和造成的损失抢回来，这也是当时广大教师的共同心愿。在老教师的带领下，她与同事们在科技前沿搜索寻找既符合交大振兴发展需要又契合本专业学科的新兴发展方向。很快，他们聚焦于高分子材料科学。在此期间，她自学了有机结构理论、高分子化学和物理等基础课程，主动出击高分子材料领域。有一段时间，她频繁出入南昌路上海市科学会堂，系统地听取知名教授讲课。就在那时王宗光遇上了恩师徐僖院士（后经教育部特批聘为上海交通大学高分子材料研究所所长）。此后，她初试牛刀，为1974级学生讲授高分子物理课程；后又与同事合作，为1979级研究生共同开出高分子材料分析测试课，她承担了紫外、红外、色质谱、核磁共振等四大光谱部分。在当时交大不具备这样的仪器设备条件下，大胆地把这些现代分析手段引进交大学生课堂。王宗光认为带领研究生尽早赶上科技进展快速发展的步伐，她只能边学边干。随着教学科研的不断深化拓展、学校仪器设备投入的不断加强，现代分析手段被普遍应用于科学研究，提高了研究生的论文水平。

与此同时，王宗光与同事合作，承接了航空部材料研究所"航空橡胶制品贮存期研究"重要项目，在研究中采用或联用几类不同类的现代分析手段，对制品材料微观结构获取测试数据，并与宏观性能做对应比较寻求机理，借热动力学方程评定老化寿命推算贮存期，研究成果得到了同行的高度评价，并开创了材料宏观性能与微观分子结构关系的研究方向。

20世纪80年代初，我国微电子产业蓬勃兴起。王宗光带领学生深入科研生产一线，取得现场科技人员的支持与合作，把有机高分子材料高性能聚酰亚胺用于微电子领域，如半导体器件封装、芯片表面钝化、层间绝缘等获得了国家级和省部级的科技进步奖。早在20世纪80年代初，王宗光带着研究论文赴美参加聚酰亚胺国际会议，通过国际交流，带回的有用信息推进了学科团队对聚酰亚胺在微电子领域更广泛深入的研究，展开了高黏附性、可溶性、感光性多种品类的开发研究，在当时保持了国内领先水平。此外，王宗光还把高性能复合材料用于"桑塔纳轿车离合器摩擦材料"，为实现桑塔纳轿车国产化做了贡献，获得上海市振兴二等奖。

其实，自王宗光入党以来，是从事政治工作还是当学术专家，常常是让她纠结的问题。正当她的教学科研方兴未艾时，上级组织选拔王宗光相继担任应用化学系总支书记和校党委副书记。这对她来讲又面临一次选择，思想斗争得很激烈，她以共产党员要服从组织需要的原则，最终心悦诚服地转换角色走上新的岗位。这是她发自内心对党和国家振兴中华、实现四个现代化的高度认同和一致，她愿意做好党的工作让更多的知识分子发挥积极作用，自己宁做铺路石子。综观王宗光成长和成才的路径，她心怀科技报国的志向从未改变，她的每次选择，不论报考大学、选择专业、留校任教，还是当学生政治辅导员、走上领导岗位，都始终将自己的理想与党和国家的需要紧密结合在一起，践行最初的承诺，显示了这一代知识女性内心的强大。

三

把握机遇，定世界一流建设目标

王宗光自1956年入学后，60余年来结缘上海交通大学，要讲她的人生故事就离不开这段时间交大的那些事。

1978年党的十一届三中全会决议，似春雷震撼大地，以经济建设为中心的改革开放，把上海交通大学带入豁然开朗的全新境界。王宗光就是在这个历史大背景下于1984年初走上校党委副书记岗位。她亲历和见证了当时的交大党委一班人遵循"解放思想、实事求是"的思想路线，立志高远，动力巨大，以敢为天下先的精神带领全校投身改革开放。上海交大教授代表团出访美国的破冰之旅，开通了向海外引智和引资的渠道。上海交大大胆接受世界船王包玉刚1 000万美元的巨额捐赠。上海交大大力推出以人事制度、劳动制度、工资制度为突破口的校内管理体制改革措施，解放了以知识分子为特点的劳动生产力，调动了广大教职员工的积极性，一石激起千层浪。交大的改革在全国高校发挥了先锋队和排头兵的作用，写入了全国人大六届二次会议的政府工作报告。20世纪80年代的这一轮改革为交大后继的改革发展打下了思想基础和体制保障，开辟了持续发展的良好前景。

　　开发建设闵行新校区就是在这样的改革开放大好形势下启动的。上海交大长期蜗居于徐家汇396亩的弹丸之地举步维艰，拓展办学空间是当务之急。徐家汇寸土寸金，交大不可能就地发展，要大手笔建设新校区唯有依托上海市城市发展规划，争取上海的支持，到相隔23公里的闵行去开疆拓土。机遇稍纵即逝，开发闵行事不宜迟，面对任务与压力，困难重重，教职工最大的困难是交通问题，学校最大的困难是资金问题。但是，闵行是"交大的希望，交大的未来"已融入人心，交大最不缺的是人心，最可靠的优势是有人气，资金不足用人心补！1985年开工建设交大闵行校区，1987年迎来第一届2 600名新生入学，校领导和机关干部轮流值夜班住闵行校区、任课老师明天上课隔夜来住、思政老师住进学生宿舍、食堂热菜热饭还送生日面、巨龙班车服务勤快……师生员工凝心聚力，校区建设越来越完善、办学气氛越来越热烈，坚持到底就是胜利。闵行新校区的建设，为交大改善了办学基础条件，打了个时间差，使上海交大在20

世纪90年代后期全国高校布局结构调整、扩大办学规模的高潮中，最早顺利通过了"211工程"项目审批。

1992年5月，王宗光接任校党委书记，时值邓小平南方谈话的强劲东风激励了交大加大改革开放的力度，"思想再解放一点"，"步子再快一点"。当年年初，教育部在南京召开直属高校管理体制改革咨询会，王宗光代表上海交大介绍了新一轮以转变机制为核心内容的综合管理体制改革方案。方案是在总结20世纪80年代交大改革基础上针对当前90年代面临的一系列新情况、新问题而提出的，旨在建立四大机制，即科学和民主的领导决策机制；鼓励全员积极进取的竞争机制；体现岗位评估的激励机制；组织盘活内部存量、争取外来资源的自我积累机制。方案还提出了交大在"八五"期间以学科建设为中心，全面推进教学、科研、机关、后勤、产业等综合配套改革计划，准备在召开交大第六届党代会后贯彻执行。在这次会议上，上海交大被国家教委确定为管理体制改革第二批试点单位。

20世纪90年代，时任上海市市长徐匡迪来交大检查工作

此轮改革还是在当时教育投入很不宽裕的情况下进行的，交大闵行校区边建边用，扩大规模，教育与实验基地、生活配套设施、校园建设、环境建设等持续投入，这是一段既充满了希望和奔头，又咬紧牙关艰苦奋斗的难忘历程。因为有过这样的努力，交大在"九五"期间顺利进入了"985工程"一流大学建设行列。交大提前做了准备、抓住了承前继后跨越发展的历史性发展机遇。

在落实综合改革实施方案时，交大党委提出"解放思想、加快步伐、突破难点、转换机制"。突破难点主要是当时的教师队伍青黄不接，教工住房欠账太多、困难太大。转换机制要重点关注人事制度改革和后勤社会化改革到位。解放思想先要因势利导、更新思路，学校是个大系统，改革要深入学校的方方面面。学科师资建设是龙头，内部管理体制改革是动力，后勤服务是保障，多渠道筹资投入是后盾，提高办学质量、效益、水平是目标，相辅相成，算好"吃饭""建设"两本账，系统运转环环相扣，确保改革和建设有序进行，以利于加快步伐。

持续加强党的建设、不断提高党组织的先进性和战斗力是学校实现改革开放稳定发展的保证，这也是交大党委工作的头等大事。在高等教育事业变化发展的环境里，王宗光经常思考党委如何引导各级党组织和广大党员主动适应形势变化，从而有效提升全校的凝聚力。首先要建设好一个彼此同心协力的校领导班子。坚持党的民主集中制是前提，也是基础。关键在于一班人都能想在一起、同心协力、一切从大局出发，有发自内心的互相信任、互相理解，形成合力。忌讳的是一把手一个人说了算，要真诚依靠群策群力、集体决策。其次，党的组织必须有健全的制度建设，党委有总揽大局协调各方的工作制度，包括各级各类的会议制度和议事规则。机关、院系、教师、学生、员工、后勤、产业、附属单位，纵向到底、横向到边，各级、各类、各层党的基层组织要结构健全、党员要有正常的组织归属感。"八五"期间，在交大全体教职工中形成了"环绕中心抓党建，抓好党建保中心"的共识。

有了健全、坚强的党组织力量的保证，交大有效实施的"凝聚力工程"在20世纪90年代打响了人人称道的"四大战役"。

第一个战役是自1994年开始到1998年，打响了交大顺利跻身国家重点建设的"211工程"和稳居建设世界一流大学的"985工程"，为交大跨世纪战略发展确立了目标，开通了航道，被纳入国家"科教兴国"的战略规划。

第二个战役是1995年接受国家教委的全国校园文明建设评估，最终交大全票获得优秀，由此启动了现代化校园的文化建设工程。

第三个战役是1996年交大百年校庆，全球交大校友、师生数万人大团聚回首交大百年里程，再启交大继往开来勇攀高峰新征程。

第四个战役是2000年教育部本科教学优秀评估，交大不负众望，评估专家高度评价上海交大"努力拼搏、敢为人先、与日俱进"的精神品格。在此基础上，形成了现在的"求真务实，努力拼搏，敢为人先，与日俱进"十六个字的完整表述。

打响每一次"战役"直获全胜，这不是轰动一时的群众运动，更不是哗众取宠的作秀。王宗光不仅在乎"结果"，更看重"过程"。这才是凝聚人心、统一共识、形成合力、提升交大实力的核心所在，也是交大为什么能抓住每一次历史性机遇的秘诀。王宗光深信，同甘共苦、激情奋斗共同走过20世纪90年代的交大人一定不会忘记这段真情岁月。上海交大自改革开放以来通过"六五""七五""八五""九五"四个五年计划的投资建设，由于历届领导、师生、员工、海内外校友团结奋力、务实进取，终于在20世纪末走出低谷，踏上快速发展的轨道。

交大第七届党代会为"十五"发展计划确立了世界一流大学的建设目标，开始了中国特色交大特点的一流大学建设征程。站在世纪之交的交汇，上海交大应以怎样的姿态和步调跨入21世纪，这是王宗光及其同事们思考和讨论的热门话题。王宗光明白，一代人只能完成一代人的使命，已至花甲之年的她还想力争在退出岗位之前，与交大同伴同舟共济，再做几件有益于学校可持续发展的大事。

第一件事是推进综合性学科布局。经过"211工程""985工程"建设，增强交大办学实力，提升国际声誉。虽然交大部分重点学科达到或接近世界先进水平，基本具备了冲击世界一流水平的基础和条件，但还有差距，要在继续加强重点学科建设的同时，尽快推进综合性学科的布局。因为综合性学科布局有利于学科间交叉、渗透、融合，有利于适应经济、科技和社会发展，有利于培养全面发展的高素质人才。世界一流大学大多具有多门类、多学科的综合格局。经过努力，在21世纪初，上海交大基本形成了船舶海洋与建筑工程、机械与动力工程、电子信息与电气工程、材料科学与工程、理学、生命科学技术、人文、化学化工、安泰经济与管理、国际公共事务、外国语、农业与生物、环境科学与工程、药学、医学、法学、媒体与设计、微电子共18个学院及塑性成型工程、体育两个系。实践证明，上海交大在"十五"期间通过学科布局调整、学科交叉、产学研结合、国际化办学、超常规人才引进、管理政策等举措，快速提高了学科水平。

第二件事是提出"以人为本"，贯彻"人才治校"，建设"人才高地"。1998年，交大第七次党代会工作报告明确指出："要把加强师资队伍建设，努力建筑'人才高地'作为学校各项工作的中心环节"，"必须把师资队伍建设放在优先发展的战略地位，放在学校一切工作的首位"，而师资队伍建设的指导思想是坚持"以人为本"方针，倡导尊师重教，大胆改革，大力增加投入，营造一个公平、公开、公正、竞争、择优的用人环境；逐步建成一个能以优厚的综合待遇、良好的工作条件、浓厚的学术氛围和美好的事业前景吸引人才、留住人才、调动各类人才积极性的"人才高地"。在"以人为本"的思想指导下，学校采取了包括"辉煌计划"在内的尊重知识、尊重人才、调动各类人才积极性的创新举措。"辉煌计划"在薪酬力度上突破了中国知识分子"廉价劳动"的羁绊，改变了"做导弹不如卖茶叶蛋"的谬误，显著提升了对知识分子劳动价值的认可。"辉煌计划"的实施，在当时高教界、科技界带来不小的震动。交大通过实施这些创新举措，调动了广大教师特别是办学骨干的积极性，吸引了人才、稳定了队伍，相继承接大课题，主攻大项目。可以说，1999年至2001年是学校改革开放以来，师资队伍建设发展变化最大、学历层次提高最快的三年。

第三件事，如何为教职工解决住房问题是学校办学中长期面临的问题，也是稳定教师队伍、构筑人才高地、建设一流大学的重要保障。交大教职工住房长期以来实行学校自建、自行分配和自行管理制度。20世纪80年代后，学校必须集中有限建设资金投入闵行新校区的开发建设，同时学校办学规模日益扩大，教职工队伍迅速扩大，长期以来教职工住房欠账过多、积重难返，住房问题成为影响学校发展和提升水平的"瓶颈"。

据教育部1997年统计数据显示，与清华大学、北京大学、复旦大学、西安交通大学、南京大学、浙江大学相比，上海交大教职工人均住宅建筑面积最低，而且还有很多教师干部员工未能达标。如何彻底改变教职工等待学校建房、排队分房、房源越来越少、队伍越来越长、老教师难以得到改善、青年教师看不到希望的状况，搬走阻碍学校发展的绊脚石，只有深化改革、转变观念，走货币化购房之路。1996年，交大首先推动并组织教工用足上海市政府关于已住公房优惠购买产权房的政策，一大批教工以很低的优惠价格"破天荒"拥有了住房产权证，开辟了住房商品化的先机。1997年以后，学校加大研究上海市住房商品化及市民货币化购房的政策，从中寻找交大教职工货币化购房与市场化购房的政策衔接。从现状出发，住房由过去的实物福利分配改变为以按劳分配、按绩分配为主的货币工资分配方式，来破解交大住房的老大难问题。学校组织各方对住房货币化分配措施进行充分讨论，统一思想，经教代会常任主席团扩大会，通过了《准货币化试行办法》《住房奖励津贴管理条例》《贷款购房实施办法》和《住房储蓄基金操作细则》等若干文件，并按规定"自1998年1月起取消住房实物分配办法",住房改革跨出了转折性的一大步。为了加快改革步伐,学校抓住当时房地产市场低迷,政府出台"消化存量房"的政策机遇,利用科技成果的存量优势与上海市房地产开发商500套存量新房相互交换成本价住房,为交大教工买房创造机遇,让大家用优惠价格通过银行贷款买下各自的房产权。购房的同时,学校按有关规定兑现了"一次性补贴"。这批住房的引入,较好地解决了一大批办学骨干的住房需求。此后,学校还通过市场争取批量购房的房源,得到长春新苑、明辉苑、书香公寓等处的住宅,开发商以低于市场价供交大教工购买。为了保障房改政策的全面实施,1999年在"985工程"中设立了"安居工程"项目,投入2亿元推动落实住房补贴,帮助更多教职员工面向市场购房,同时扩大校内公寓建设。据统计,1998年至1999年,有近千户教职工抓住当时房地产市场机遇,利用学校提供的购房补贴作为首付,解决了长期困扰的住房问题。

2000年,通过总结前两年准货币化改革经验,结合国家房改货币化政策,学校正式颁布《上海交通大学住房改革(货币化)方案(试行)》。2003年,学校又酝酿并规划资金来源,推出第二轮货币化改革方案,重点解决离退休教工的住房补贴,尤其是早期离退休教工可以分批先期兑现补贴,学校提高了补贴标准,加大了新进人员的住房补贴。这为学校稳定师资队伍,建设人才高地提供了坚强后盾。

第四件事是共建紫竹科学园区,实现办学重点向闵行校区转移。改革开放以来,历届领导班子重视办学空间拓展,20世纪80年代成功开发建设了闵行新校区,为交大扩大规模、提升水平,创造了良好办学条件,为90年代顺利进入世界一流大学建设行列提供了基础性保障。随着学校快速发展,闵行新校区的重要性逐渐突出,在"科教兴国"和"科技兴市"战略的重大机遇面前,扩建闵行校区,及时调整和转移学校办学重心,已经成为交大新世纪战略发展的重要内容。

为了实现办学重心向闵行转移，要继续征地扩大校区发展空间，同时还要寻求徐汇校区机、电、船舶、材料等几个"巨无霸"重点学科的搬迁所需的大额建设投资。为此，学校多方探索、创新思路、寻求机会，向政府、企业、社会各界争取支持。

2001年1月，大型民企上海紫江集团董事长沈雯表示愿意资助交大闵行校区二期建设征地和交大实施办学重心转移，以期依靠交大的人才优势科技辐射，带动企业跨越式发展。闵行区委、区政府对此表示全力支持。交大领导抓住这一难得机遇，很快就做出决策。一个由上海交大、紫江集团、闵行区政府三方合作共建的名为"紫竹科学园区"的新型高科技研发园区蓝图呈现。这为21世纪初交大及时启动闵行校区二期建设，实现办学重心转移找到了极好的契机。于是，交大、紫江集团、闵行区政府三方共同签署合作框架协议和土地出资协议，并分别呈报教育部和上海市人民政府审批，很快获得教育部及上海市批复同意。三方协议明确交大在闵行新增土地2 800亩，紫江集团出资9.08亿人民币资助上海交大征地及办学重心尽早向闵行校区转移。

2002年6月25日，上海紫竹科学园区开工仪式
（左起：上海交大党委副书记陶爱珠、上海紫江集团总裁沈雯、上海交大党委书记王宗光、上海市闵行区副区长张文越）

2002年6月25日，上海紫竹科学园区举行隆重开工典礼。这是全国第一个由民营企业资助科技园区和大学园区建设的案例。利用上海

市高校布局结构调整，成功地实施了政、产、学、研的区域联动，这也是20世纪80年代王宗光曾经主张大学应该"打破围墙、交叉联合、资源共享、共同发展"的一次成功实践。交大新世纪开门红获得了更大的发展空间和财力支持，为创造世界一流大学打开了新局面。

2005年交大闵行校区二期建设工程圆满完成，并实现了办学重心转移。20世纪80年代以来，交大闵行校区经过一期、二期的建设运行，30余年来与中国改革开放同步，与交大蓬勃发展相伴相随。现在全世界都知道中国有个上海交通大学，上海交通大学有个闵行校区，而且是一个功能齐全、装备精良、风光美丽而富有活力的现代化中国特色高等学府。

四

求真务实，抓党建团结就是力量

2002年，党的十六大在北京召开，会上江泽民同志再次强调："教育是发展科学技术和培养人才的基础，在现代化建设中具有先导性全局性作用，必须摆在优先发展的战略地位。全面贯彻党的教育方针，坚持教育为社会主义现代化建设服务，为人民服务，与生产劳动和社会实践相结合，培养德智体美全面发展的社会主义建设者和接班人。坚持教育创新，深化教育改革，优化教育结构，合理配置教育资源，提高教育质量和管理水平，全面推进素质教育，造就数以亿计的高素质劳动者、数以千万计的专门人才和一大批拔尖创新人才。"王宗光组织党委成员认真听取和学习了会议精神，本次会议对于上海交大进一步深化体制改革，实现跨越式发展提供了重要理论和实践指导。

王宗光和两届领导班子的成员艰苦创业，在20世纪90年代末打下了坚实的基础。确立建设世界一流大学的目标。21世纪的前十年是我国高等教育发展的重要战略机遇期，以怎样的战略眼光来推动交大建设一流大学的进程，是摆在王宗光和交大领导一班人眼前的现实问题。中国经济将在这个时期维持一段长期稳定的发展，而上海作为国内经济的领头羊，已成为世界瞩目的新兴国际大都市，在这种"天时、地利、人和"的环境下，交大师生民族荣誉感高涨，建设世界一流大学已经成为全体交大人的共同心愿。站在世纪之交，王宗光认为，当前深化改革加快建设发展的时机已日趋成熟，我们应该充分利用目前难得的安定局面，团结一班人，以党的十六大精神为指导，狠抓党的建设，统一全党全校的思想行动，解放思想，研究一些根本性、建设性的问题，同时进一步稳固已取得的改革成果，努力去为一流大学建设打好基础、布好全局。

早在20世纪90年代初，交大党委就如何在改革开放大环境下加强党的建设、落实思想政治教育工作做了认真探索和实践改革，特别是对于学

王宗光在庆祝改革开放40周年纪念会上

生思想政治工作的专兼职队伍建设做了开创性的制度建设，组建了党政合力的"学生工作指导委员会"等制度创新，在其他众多高校得到了赞同。维持学校思政专职队伍稳定一直是王宗光工作的重心之一。随着学校的发展，思政教师队伍人员构成也发生了较大改变，从20世纪80年代初以留校的工农兵学员为主力逐渐发展成为一支学历多层次、年龄多元化的专业队伍。随着学校招生规模逐年扩大，思政教师的数量也得到扩增，在稳定政治局面，维护教学秩序，促进广大学生德智体全面发展中发挥了极其重要的作用。为了让这支队伍集中精力工作没有后顾之忧，王宗光对他们所关心的问题进行了较为深入的了解，学校也力争教委、人事部、市委的支持，许多问题得到了逐个解决。

首先在学历提升方面，优先考虑工农兵学员出身的同志，给他们创造条件开设进修课程，通过考核的学员给予发放本科学历并授予学士学位。同时制定一系列政策，选送一批成绩拔尖的同志去攻读思想政治专业的双学位，对专职政工干部实行编制单列，并且建立相对独立的职称评定体系。随后，为了扩充思政教师队伍、落实建设学生党支部工作，专门从中老年骨干教师队伍中抽调一部分老党员入职。这些措施为学校思想政治管理队伍提供了人员保证。同时，党校、团校组织开展形式多样的勤工助学、科技活动、社会主义精神文明教育，定期组织大学生参加社会实践，让一部分学生参与学生管理工作，树立学生榜样、寻找他们身上的闪光点，通过反思与学习，在思政队伍与学生队伍间取得共识，鼓励青年大学生全面发展，要把德育放在首要位置。学生班主任、思政教师应该转变机关单位的工作作风，深入学生生活的实际中去，全面细致地了解他们的情况，并开展测评工作。这些都是在前期思想政治工作开展中积累下来的宝贵经验。

这个时期的党建和德育工作有了更明确的政治定位。政治方向明确，工作方法不断改善，思想教育水平不断提升。1994年，党的十四届四中全会在北京举行。会议由中共中央政治局主持，时任中央委员会总书记的江泽民同志发表了重要讲话，集中讨论了党的建设问题，并作出《关于加强党的建设的几个重大问题的决定》（以下简称《决定》），提出要把我党建设成为用建设有中国特色社会主义理论武装起来、全心全意为人民服务的马克思主义政党。会后，王宗光带领全体领导班子认真学习领会《决定》，并正确分析当前上海交大的党建现状，统一认识，明确任务，为后来顺利推进校内改革与稳定发展提供了思想保证。

在欢庆百年校庆之际，王宗光带领校党委、校庆办公室与200多位交大地下党老领导共同发起了主题为"弘扬交大爱国主义革命传统 塑造社会主义跨世纪新人"的研讨会，推动了学校社会主义精神文明建设，为新时期交大人继往开来、传承交大精神提供了重要指引。1996年3月，王宗光受邀参加了江泽民同志为庆祝交大建校百年而举行由四所交大书记校长参加的座谈会。江泽民同志发表了重要讲话，指出20世纪末归根结底是要把建设搞好，把人培养好，期望学校可以继续弘扬老一辈交大人的优良传统，培养出更多的新世纪人才，为祖国现代化建设事业多做贡献。

关于对上海交大优良传统的理解，解放后有记载的研讨会就多达八次，主要探讨的是过往的优良办学传统。而在王宗光的理解中，优良之处还应包括爱国主义的革命传统，这两种优良传统融合在一起，才是交大所独有的传承精神，激励着一代又一代交大师生创造卓越、薪火相传。交大的爱国主义革命传统是从整个中华民族的爱国主义传统继承而来，近代以来，中国人民奋勇冲锋，抗击外来侵略，一代代的交大人前赴后继，与国家同呼吸、共患难，伴随这段历史磨炼出了顽强拼搏、勇于献身、爱党爱国的伟大光荣传统。

"饮水思源，爱国荣校"的校训，正是交大精神的最好写照。八个大字深入每个交大学子的内心，时刻激励他们挺身而出，为中华崛起而奋斗。这一时期交大党委在王宗光的主持下也始终将中共中央《关于进一步加强和改进学校德育工作的若干意见》和《爱国主义教育实施纲要》指导思想与青年师生的爱国主义教育相结合，统筹规划，循序渐进，培养出一批一流的新世纪人才，而这些成绩的取得为今后的工作增添了信心力量。

<h1 style="text-align:center">五</h1>

<h2 style="text-align:center">科技创新，守护大学的使命担当</h2>

高水平研究型大学作为国家战略科技力量的重要组成部分，肩负着高水平科技自立自强的使命担当，在培养科技人才等创新主体上发挥着巨大作用。

在2002年上海交通大学科技创新大会上，将上海交大科研的使命立足于创新，并且要通过深化改革科技管理体制，完善相关配套措施来推动制度创新，挖掘科研潜力，实现科技创新，提高科技成果的含金量和转化率，才能把学校科技工作推上一个新的台阶。王宗光认为，丰富的人力资源，门类齐全的学科布局，先进的技术装备，活跃的研究氛围，知识与人才的快速流动，与国内外著名大学和企业的广泛联系与合作，这些条件构成了交大在科技创新活动中的各种优势。

自十一届三中全会以来，在改革开放条件下，随着交大办学综合实力的变化增长，交大的科研状况也有阶段性的变化提升。第一阶段是20世纪80年代，由于国家教育投入有限，学校需要用科研经费补充教学投入不足，所以科研项目较小而分散，被戏称为"求生存"。第二阶段是1994年前后，中共中央、国务院对高等教育已作出了改革发展的重要决议，学校提出了"上水平"的要求，科研项目必须符合前沿发展方向，以高水平科研推动学科建设、基地建设上水平。第三阶段是实施"211工程"和"985工程"

后进入科技创新发展的新阶段，瞄准国家战略、科技前沿、社会经济发展之需之急。

在高校求生存阶段，当时国家百废待兴，教育投入拮据，科研成为教学和研究生培养的重要支撑。这个时期在保持科研经费不断上升的同时，必须更加重视项目、成果、论文的水平，把学科建设放到学校首要位置上。到了第二阶段，也就是上水平的时候，王宗光清醒地认识到"蓄水库"虽然越来越大，流量也会越来越快，经济结算层次过多、过低会导致宏观调控能力薄弱而微观极其分散，甚至出现"小富即安"现象。集中不起合力、做不成大事，因此上水平并不是件容易的事情。第三阶段在国家科教兴国战略指引下，政府加大了对教育的投入，从根本上改变了长期来高校经济短缺的办学困境，办学条件大为改观，教师待遇也随之得到了提高。

在确立创建世界一流大学的奋斗目标后，交大领导班子为确保国家投入取得更好的效益，学校优化资源配置，推行科研内外资金配套，注重调动校内、校外各方面的积极性，使学校科研实力提升到了一个新的台阶。在这期间，学校也成为培养高素质、创新型人才的摇篮，更是成为生产和传播新知识、新思想、新理论的重要基地，奠定了上海交大在国家创新体系、区域经济与社会发展中的重要地位。

高校的三项主要职能是教学和人才培养、科学研究和科技创新以及社会服务，这三者相辅相成、缺一不可。正是总结历史经验，见证了科技创新在实现大学使命中的地位和作用，王宗光认为大学的使命归根结底是要对人类发展和社会进步做出贡献，这是大学存在于世的永恒主题。其次，随着科教兴国、人才强校的大方向、大趋势的推动，科技创新的重任会越来越多地向高校和企业集中，加强科学研究促进产学研是高校必须坚持做的工作，与此同时，以知识创新为本的基础研究的重担将更多地落到高校的肩上。原始创新对于一个国家来说是代表未来，上海交大必须要搞原始创新，尽管原始创新并不会在短时间内就立竿见影。

王宗光主张，良好的学术环境和和谐的人际氛围有助于创新研究，而好的环境不光要有物质文明的支撑，更要有高尚文化的滋养，能够欣赏成功又能够包容不成功，只有这样的环境才能既出成果又出人才，还能造就名师、名人。大学还必须关注现代科学技术和经济、社会发展相结合的趋势和特点，瞄准国家发展战略和国际科学前沿，面向市场，面向世界，推动科技成果迅速转化为现实的生产力，为创造人民的幸福生活做出切实的贡献。与此同时，知识创新和技术创新是相辅相成的，还要善于选择一些带有基础性、战略性的重大科技问题，满足经济社会发展中提出的新问题。

在谈及基础研究时，王宗光认为，应该充分尊重科研人员的个性和兴趣，容忍各种不同风格自由发展，通过对未知世界的探索，开辟多种多样的可能性，从而促进人类发展和社会进步。她提倡努力开拓新途径服务国家战略，同时要以市场和社会为导向，以此明确科技创新的方向和任务，从而调动人力、财力和物力，实现资源的优化配置。通过知识和技术的系统集成，走科技创新与市场开发相结合的道路，对于我国加快建设科技强国，实现高水平科技自立自强也具有很强的现实意义。

科技创新离不开科技人才，那么大学应该培养什么样的人以及如何培养人的问题也是王宗光一直关心的课题。在大学教育日益普及的今天，交大如何实现精英教育，培养具有全面素质的人；为国家与社会培养面向世界、面向未来，能够成为政治、经济、文化、科技各方面的领袖式人才和栋梁之材；这是教育改革必须考虑的议题。

王宗光认为，首先要培养学生的创新精神，养成创新的思维习惯和实践能力。其次，创新教育要贯穿教育的全过程，让学生具备实践的本领，尤其是设计思想和创造能力。最后，要培养学生科学素质和人文素质的融合，科学是对客观世界规律性的认识问题，人文则关怀到人和社会的精神需要。近代文化教育发展的不平衡表现在科学与人文的分离，前期是人文

阐述科技观和育人观的王宗光

高于科学，之后就是长期的科学高于人文，逐渐出现重理轻文的情况。随着科技的迅猛发展，社会变革以及经济全球化带来的影响，科学与人文走向融合已经成为全球性的趋势。

王宗光认为人的创造性不仅仅只依靠逻辑思维，还要有对美的追求和饱满的想象力，一个人若忽略了对整个世界的善意，就是有缺陷的人，很难造就大师、造就精英。

六

守护巾帼，动员知识女性"半边天"

王宗光在任职上海交大党委副书记期间，曾分管过学校的工会和妇女工作。20世纪80年代，党的十一届三中全会胜利闭幕后不久，全国各行业掀起了一波改革开放的新高潮，"上海交通大学妇女工作委员会"的成立是改革开放的产物。在当时的交大校园内，以解放思想、实事求是的思想路线为指引，大胆探索校内管理体制与改革，充分释放了大家工作、学习的积极性。在这样的历史背景下，王宗光带领工会与妇女工作干部深入基层，围绕学校建设发展重心如何深化改革开放的问题，开展广泛的调研和问题讨论。上海交大在20世纪二三十年代就开始推动妇女权益保障工作，成为国内最早接收女大学生的高校之一，后来校园里女性身影越来越多，她们的学习和工作成绩不亚于男性学员，甚至在以往被认为是男生擅长的理工科目，女学生们也逐渐撑起"半边天"。而随着社会的发展和时代的进步，高校中不仅女学生越来越常见，女性教职员工比例也不断增高，上海交大一时间成为全国高素质女性的聚集地。

"文化大革命"对上海交大造成了严重创伤，一时间校园内百废待兴。为了充分调动广大女性学习和工作热情，与时俱进，把学校巾帼力量组织起来，适应新形势下学校改革发展的需要，交大的妇女工作得到上海市教育工会和上海市妇女联合会的大力支持。在学校党委的主持下，交大在1978年成立了二级机构"上海交通大学妇女工作委员会"，简称"上海交大妇委会"，从属于学校管理，这一机构的设立打破了高校专门妇女组织机构的缺失，是当时工会和妇女工作的很大突破，也是交大在教育进步、教育改革中的又一次制度创新，获得了全国高校界的广泛关注。

20世纪90年代中期，王宗光（左二）与时任市妇联主任谭茀芸（左一）、中国香港企业家包陪庆（右二）、时任上海市副市长谢丽娟（右一）合影

王宗光认为，交大妇女工作委员会的组织建设，是做好妇女工作的基本前提，在这个由女性组成的大家庭中，如何实施富有成效的改革创新，关乎学校妇女工作的成效。首先，应该把革命老同志积攒下来的优良传统传承和发扬下去。交大早期的妇女工作由孙礼芙、程鹤年等一批离休干部和老同志主持，她们作风正派，乐于付出，一生全心全意为人民服务。新组建的妇委会继续坚持这项原则，着力选拔和培养一批新的优秀女干部，她们不仅要可以胜任眼下的工作，而且要具备付出精神，要乐于深入了解群众、为人民群众服务。

其中王宗光印象最为深刻的，是由老同志程鹤年推荐的电工及计算机科学系教师舒培丽，经党组织考察后同意她入职交大妇委会。当时年仅32岁的她不负所托，迅速融入集体挑起重担，经组织筹划校际联络、争取市教育工会和市妇联的支持指导等一系列措施，交大妇委会工作初见成效。不久后她又当选为上海市最年轻的妇联执委，于1998年随市妇联组团出席亚太妇女工作会议，在此期间开阔了视野，将妇女工作的国际化水平提高到新的层次。妇委会在初期工作中遇到了与校工会妇女工作的一些不协

王宗光寄语广大妇女同志

调，也有人力和资金分散、组织活动重复等问题，经王宗光带领大家深入调查研究，决定在校工会领导班子中设置了专门妇女工作职位，由校妇委会主持工作的常务副主任兼任校工会的副主席，把学校工会和妇女工作结合起来协同发展，相关经费统一交由妇委会管理和安排。至此，校工会与妇委会达成了合署办公的新模式，这一创新改革提升了妇女工作的综合效率，拓宽了妇女工作的改革思路，同时获得了其他高校的一致赞同。

在王宗光的见证下，上海交大工会和妇委会工作取得卓越成效，广大妇女工作者敢于创新、甘于奉献，工作内容丰富多彩，激情洋溢，后来又陆续建立起了"女教授联谊会""女青年教师联谊会""女教授导师团"等主题性的团体，组织了"女教授论坛""教学新秀""师徒标兵""医工结合结对子"等各类活动，大力弘扬了女性在工作和生活中的先进事迹，激励女教师队伍奋发图强，在教学科研医护工作中不断突破自我，创造佳绩。改革开放40余年，上海交大工会妇委会与党同行，成为党委工作的"好帮手"。

人生感悟：一代人做好一代人的事情

时光如梦，生命如歌。自1956年王宗光考入交通大学，1961年毕业留校工作，到2003年欣然卸任上海交大领导职务，她用47年的陪伴和付出见证了上海市和上海交大走向"一流城市、一流高校"的发展之路，越来越多的杰出校友从华山路交通大学典雅的中国红校门走出，新中国高等教育伟大篇章中处处闪烁着交大的光辉。退休后，将经历过的部分心路历程整理出版，于2009年由上海交通大学出版社出版发行，书名为《真情岁月：任上海交大党委书记的体验》。这本书既是改革开放以来中国高校创新发展的缩影，也是王宗光本人对教育改革发展实践经验的探索，更是她为教育事业、为交大发展的真挚情感的表达。

作为有幸亲身经历改革开放伟大实践的一代人，王宗光几十年如一日，与广大师生同仁一起奋斗在交大工作的第一线，她对工作的理解是极为深刻的，也是现代生活中值得挖掘的，对人生的信仰和生活感悟。庆祝建党100周年时，王宗光曾回顾，人的一生应该有坚定的政治信仰，无论何时何地，都要做到不忘初心、牢记使命，以全心全意为人民服务为宗旨，实践社会主义核心价值观，坚守入党誓词，做一个名副其实的中国共产党党员。

在名誉和利益面前，王宗光选择"退居二线"，尤其在党政关系的处理上更加注意洁身自爱。关乎学校的重要决策，她一直秉承先做好功课，后集思广益的工作方法，充分调动班子里每个人的参与积极性，共同决策。对于决策过的事项，对于行政领导的贯彻实施给予更多支持，她带领党委多做反馈和总结工作。在接待海内外宾客、出国访问时，党委也尽量减少应酬，遇到关乎利益的问题，更是坚持合法、合理、适度的原则。带头处事为公，公道自在人心，在班子内养成实事求是、体贴关怀、虚心求教、求同存异、科学治理的良好风气，为全体党员和群众做好表率。因此，交大风清气正，随之出现了迅速发展的良好势头。

王宗光工作中重视党的建设，提高团队政治能力，实现了交大党委班子团结一致、行动统一。尤其在改革开放后高等教育快速发展时期，面对社会环境的快速变化，她始终全面贯彻党的教育方针，在正确的道路上努力拼搏、勇往直前，共产党人，她凭借自己对工作的一腔热血和对交大的热爱，不忘初心，敢挑重担，继往开来，才能取得学校一次又一次来之不易的建设和发展成果。

在"211工程"和创造世界一流大学"985工程"建设过程中，王宗光废寝忘食，反复调研、讨论、思考，摸清国家教委与上海市共建关系，引入市校互动的全新发展模式，推进重点高水平学科的建设，平衡政府的资金支持和社会需求，与大型民企、区政府合作共建紫竹科学园区，拓展了闵行校区面积，促办学重心转移，实现了校区、园区、域区联动。在为上海市建成"一个龙头、三个中心"国际大都市做出贡献的同时，大幅提高交大的人才高地建设和国际化办学水平。上海交大建成世界一流大学的底气来源于全体交大人对事业的热爱、对工作的坚持，长期的付出必定会得到应有的回报。

王宗光敢于创新的精神，是她不断实现人生价值的不竭动力。创新是一个民族进步的灵魂，是新世纪经济时代的一个显著标志，而教育创新是时代所趋，是强国所期，是学校必须践行的使命。江泽民同志曾在全国科技大会上指出："一个没有创新能力的民族，难以屹立于世界先进民族之林。"这次讲话内容一直激励着王宗光和交大一班人对教育创新精神和创新能力的自觉提高。改革开放以来，她在创新精神的指引下，不断深化改革，寻找教育突破口，把握好学校这个创新文化浸润的重要渠道，在交大形成尊重劳动成果、尊重人才的时代风尚，努力营造民主、活跃的创新氛围。

王宗光（左二）、马德秀（左一）等出席"光荣在党50年"纪念章颁发仪式

诚实有信、勤劳勇敢、求真务实、仁爱礼仪是王宗光为人的座右铭，她在工作中不拘一格，在生活中保持着一贯的勤俭节约。作为一名在党五十余年的老党员，她始终坚信在党的坚强领导下，在全校师生员工的大力支持下，个人既要辛勤努力，又不能急于求成，一步一个脚印地踏实前进，远大的目标必定会——实现。

寄 语 女 性

王宗光退休后仍心系交大发展，祝福学校再创辉煌

多年来，交大妇委会在学校党委的坚强领导下，开拓创新，不断加强思想政治建设，积极维护女性合法权益，为女教师、女学生办实事、解决困难、提升幸福感，积极地发挥了团结、引领女教职工、女大学生的桥梁纽带作用，"她"力量已经在交大撑起了半边天，成为一支不可或缺的重要力量。希望广大女性同胞进一步发挥自身的聪明才智，强化理论学习，提高政治站位，以高度的政治自觉、思想自觉和行动自觉，切实以党的领导和中央部署精神武装头脑、指导实践、推动工作，在教育教学、研发创新、管理服务等各个岗位上担当作为、屡创佳绩，不断展现巾帼力量。

（王珂初稿，萨日娜修订，董煜宇审阅）

MA

DEXIU

巾帼名言：希望青年有理想、有目标、有坚持，
奋楫笃行，潜心追求，为国家富强、民族复兴贡
献智慧与力量。

马德秀

世界一流大学建设的践行者

人物简介

马德秀，1947年9月出生，本科、硕士毕业于西安交通大学工业自动化专业，毕业后曾在西安交通大学信控系、北方交通大学自控与微机应用专业任教。1984年起，历任国家计划委员会科技司副处长、处长、副司长，国家发展计划委员会高技术产业发展司司长，国家发展和改革委员会高技术产业司司长。2003年至2014年，任上海交通大学党委书记、校务委员会主任。马德秀是党的十七大代表、中共十八大列席代表，第十一届全国人大代表，教科文卫委员会委员，全国政协第十二届委员会委员、教科文卫体委员会副主任，中共上海市第九届委员会委员，上海市第十二届、第十四届人大代表。曾任中国高等教育学会副会长、中国产学研促进会副会长、全国党建研究会高校党建研究专业委员会委员、上海市委决策咨询委员会委员、上海市"十一五""十二五"规划专家委员会专家等。

作为变革时代的一名大学女性领导者，马德秀在担任上海交通大学党委书记的10多年间，带领学校向着一流大学的目标迈进，使上海交通大学成为改革开放以来进步最快、最具活力的大学之一，实现了新的飞跃发展。在推进学校改革与发展过程中，她对于高等教育的理论与实践也深入拓展，曾在《求是》《中国高等教育》等重要刊物以及《光明日报》《解放日报》《中国教育报》等主流媒体发表数十篇有关高校改革发展、高技术产业发展等方面的文章，著有《变革与超越：走中国特色的一流大学之路》《实践与探索》等书籍，荣获"国家重点实验室计划突出贡献者""最关心中国高等教育改革与发展的高等教育机构领导奖"以及中国科学院科技进步奖等多项奖励。

成长之路，无问西东与交大结缘

马德秀与交通大学的缘分深厚。1972年至1981年，她曾在西安交通大学求学、工作了9年时光，随后又在北方交通大学任教。

2008年7月，时任中央政治局委员、国务委员刘延东等视察上海交通大学（右四为马德秀）

2003年9月，在中组部宣布中央任免决定大会上，马德秀动情地说：
"我又重新回到了交大！我在西安交大学习、工作了9年，1978届研究生
毕业后又在北方交大工作，是交大培养了我，今天我又成为上海交大的一
员，感到非常的荣幸，感到十分的骄傲和自豪！但是同时，我也深感肩上
的责任、工作的压力和面对的挑战！"

2003年9月，在中组部任命会上，学校四任党委书记合影
（从左至右分别是：马德秀、邓旭初、何友声、王宗光）

在国家计委科技司、高科技产业发展司、国家发展和改革委员会高
技术产业司工作的20年时光里，马德秀参与了国家各类科技计划、信息
化规划的编制，参与了国家大科学工程、国家重点实验室、国家工程研究
中心、高技术产业化示范工程等的建设，参与了国家科技攻关、产业化项
目以及第三代移动通信、下一代互联网、生物及新医药等专项的实施，这
些工作使得她能经常与优秀的科技工作者接触，因而对高校有着深厚的感
情。担任上海交大党委书记后，她一直以极强的责任心兢兢业业，努力工
作，发挥好党委的领导核心作用，带领学校实现了跨越式发展。

2003年，国家正处在加速发展的战略机遇期。在新的形势下，马德秀认为，每一届领导班子都有自己的历史使命，这届班子首先要理清学校发展存在的主要问题和面临的挑战，从而明确新阶段学校发展的目标定位、指导思想、发展思路、战略重点和主要任务，汇聚师生智慧，形成强大精神动力，抢抓机遇、乘势而上，加快推进世界一流大学建设的步伐。

二

大楼之谓，办学重心向闵行转移

在马德秀看来，"大师"与"大楼"对于大学发展都非常重要，校园是一所大学的重要物质基础，现代化的大学校园同样是一流大学的重要依托。

随着高等教育的高速发展，交大徐汇校区办学空间受限，已不再能满足学校未来的持续发展。1983年开始，学校着手闵行新校区建设，并于1987年在闵行校区迎来首批新生。闵行校区一期建设为交大的发展注入了新的生机和活力，成为学校发展史上的一个里程碑。尽管闵行校区一期建设部分缓解了学校招生规模扩大后的办学压力，但这并不仅仅是学校要建设新校区的初衷。

20世纪90年代以来，交大的办学规模

马德秀（右一）与老校长翁史烈院士讨论学校发展

与学科领域都达到了前所未有的高度，彼时，各大高校都抓住了"985工程"和"211工程"的发展机遇期，学校决定推进闵行校区二期建设。

马德秀到交大工作时，闵行校区二期的土地问题已基本解决，而摆在面前最大的难题是40亿建设资金的筹措。各方面承诺的资金都尚未到位，学校的经费也极其紧张。马德秀首先想到用贷款解决建设资金问题，这在当时的高校中是前所未有的。她与校长谢绳武来到国家开发银行申请贷款，时任行长陈元表示："开发银行的资金都是用于国家基础设施建设，从来没有给高校贷过款。"马德秀则提出，企业可能会倒闭，而大学永远常青。几番沟通后，在教育部的支持下，交大成功得到了一笔长期低息贷款，成为第一个向国有大型商业银行贷款的高校。此外，学校还首创了著名大学与民营企业合作建设的新模式，获得紫江集团捐赠。学校从过去单纯依靠政府投资转变为充分整合社会资源，创造性地走出了一条新路。

从学校发展的制约因素出发，没有人怀疑学校向闵行转移的重大意义，但是真正的行动却是一种艰难的抉择和一场伟大的战役。面对转移，学校干部、骨干教师等都有很多担忧。在干部层面，他们担心转移可能会使正在上水平、蒸蒸日上的科研出现一个时期的断线。在教师层面，23公里的距离、一个多小时的车程，增加了教师工作、生活时间的成本。闵行校区周边生活设施不配套，家属工作、孩子上学困难重重，交通问题、住房问题、上学问题、医疗条件等现实困难，使得习惯在城区生活的教师也有很多顾虑。

为此，对闵行转移是仅作为战术，还是应上升为战略的问题，大家意见不一；对应该是加快转移还是循序渐进，也有不同争论。在这种情况下，经过激烈的思想交锋，学校党委态度明确：闵行转移不仅仅是一次简单的搬迁，不只是单纯的物理空间转移，更是学校瞄准世界一流大学建设的一次新的难得发展机遇，一次重整行囊再出发，是向整合、改革要效益、要空间、要发展。因此，学校第八届党代会报告一锤定音，明确闵行转移作为未来五年学校的发展战略，并提出加快实施闵行发展战略。

2005年4月，学校召开了闵行战略转移动员大会，向全体干部师生员工发出了动员令。会上，马德秀从密西根大学由底特律迁到安娜堡、日本筑波大学拓展办学空间的案例出发，强调了拓展办学空间对于学校建设的重要性和必要性；同时指出，闵行战略转移是包括教学、管理、科研、后勤服务工作转移的系统工程，在转移过程中，应借鉴世界著名大学的经验，探索适合交大的现代化管理模式，动员全体师生员工一起来经营新校园。马德秀还强调，到闵行是去创业，要有更高的境界追求，要注入更新的发展理念，发扬艰苦奋斗精神，为学校第二个百年辉煌打下坚实的基石。为了让每位师生员工都能在闵行校区安心学习、工作与生活，感到舒心和放心，学校也加快在闵行校区周边建设幼儿园、小学、中学、职工宿舍等相关配套设施，全面考虑了教工子女入学、青年教师公寓、校区班车、校园巴士、购置商品房等安居乐业方面的问题。

学校和各院系对于闵行战略转移做了大量工作，充分体现了学校的决策力和执行力。党委专门成立了由党政主要领导参加的转移工作领导小组及办公室，先后到各院系进行了10多次调研，了解师生困难和问题，听取师生意见和建议；同时在学校、院系层面召开动员会，坚持解决思想问题与解决实际问题相结合。在转移之前，闵行战略转移领导小组对每个学院的转移方案都进行了研讨和审议，对于转移面临的一系列问题进行细致讨论。为了表明学校党委的坚定决心，在新行政楼尚未竣工的情况下，校领导和学校机关部处宁肯多折腾一次，率先搬到了闵行校区的老行政楼。

学校自20世纪80年代开辟闵行校区，经过20多年的建设，终于在2006年将办学重心转移到了闵行。在2006年新年到来之际，从徐家汇到闵行23公里的公路上，满载着交大的各种大型仪器装备、办公设备，这场大规模的搬迁终于基本完成。

闵行战略转移的完成，标志着交大在闵行校区近 5 000 亩的校园内，率先建成了全国单体面积最大的新校区，开辟了新校区建设的新模式，长久以来制约学校办学空间的根本性问题得到解决，成为交大迈向第二个百年辉煌的新起点。

三

战略先行，三步走创建世界一流

一流学科是一流大学的主要标志。在大学，学科囊括了学校核心竞争力的方方面面，因此，以学科建设为龙头具有非常丰富的内涵，是学校跻身世界一流大学的关键突破口。加强学科建设，做好学科的前瞻性布局和打造学科高峰，不仅是大学永恒的战略重点，实现大学使命和价值的必然要求，也是学校面对机遇、迎接挑战，增强国家综合竞争力的必然选择。

马德秀到交大工作后，动员全校上下共同制定学校发展规划，在学校的综合性学科布局已经初步完成的基础上，大家就学科建设达成了几方面共识：一是推进学科之间平衡发展，形成新学科增长点的突破优势；二是整体水平要向世界一流大学迈进，尤其是如何更多、更快涌现出能够跻身世界一流大学的学科高峰；三是加快保障创建一流学科的支撑体系建设，健全交叉学科发展机制，在学科规划实施、资源配置和考核评估之间形成紧密的良性互动。

制定规划的过程，也是统一思想的过程。因此，针对学科布局的不平衡，学校明确了"理学、工学、生命医学、人文社科四大学科领域协调发展"的思路，形成了以一流理科为基础，强大的工科、生命医学学科和管理学科为主干的三大龙头学科，以高水平经济学、法学、农学、人文社会科学为支撑的支柱学科，分三步走迈向"综合性、研究型、国际化"的世界一流大学目标越来越清晰。学科结构和水平决定一所大学的办学层次和实力，在中国建设一流学科，需注意"三个结合"：一要与国家战略需求相结合，以需求牵引学科建设；二要与世界科学前沿相结合，把学校的学科发展放在世界大学坐标系中去谋划；三要与学校自身的学科比较优势相结合，"以有所不为，保证有所为"。

2006年4月，马德秀主持学校110周年校庆大会

一流大学需要一流的学科来支撑。虽然规划可以瞄准更长远的目标，但在有限时间里不可能把所有学科都建成世界一流。因此，学校决定结合每个学科各自的发展规律，以及不同类型的学科面临的时代要求和机遇，采取差异化的战略，选择不同的策略来突破，坚持分类指导、注重交叉、突出重点、系统推进的方针，着力提升各类学科的核心竞争力。

在学科布局上，总的思路是：对于短板学科，必须要有超常规发展思路；对于原来的传统学科，在没有找到新的生长点前，不轻易发展，一旦找到新的发展方向，就超前布局，大手笔地推进；对于原本已有的强势学科，要前瞻性地对接国家重大战略。同时根据学校的战略定位与发展实际，提出了"文理跨越"战略，明确优先发展次序，采取超常规的举措，重点发展理科和文科，提升文理科的综合实力，尽快建成一流理科，努力建成精品文科。

工科是交大冲击一流的排头兵。可以说没有一流的工科，就没有一流的交大，这是由学校的办学传统所决定的。作为学校强势学科的工科，理应在新　轮产业革命中乘势而上，率先成为冲击世界一流的排头兵。学校抓住拥有百年办学历史的机械学科，瞄准国家重大需求，积极探索工科发展思路，通过组建大团队、争取大项目、建设大基地、培育大成果，不断凝练科学问题，提升学科核心竞争力。抓住全国稳居第一的船舶与海洋工程学科，围绕海洋强国战略，建设船舶与海洋工程国家实验室，半潜式钻井平台创新成果被应用于我国第一座深海钻井平台"海洋石油981"，承担"船舶数字化智能设计系统"重大专项等，为打破国外对船舶海洋领域的垄断做出了交大贡献，同时积极发展海洋科学。发挥材料学科优势，不断探索适合材料学科的科研组织模式，建设大科研团队，在先进镁合金材料、高温材料及精密铸造、陶铝新材料等方面重点突破，创新研究满足航空航天、化学化工、医疗器械、燃气轮机等领域的需求。以新学科的视野布局"大电类"，结合信息技术快速发展，抓住前沿目标，整合资源，推动电类若干大平台建设，其中包括图像通信与数字电视、集成电路、遥感导航等；成立国家能源智能电网研发中心，引领传统电类学科的新生长点等。同时，培育新的学科增长极，布局发展航空航天学科，成立空天科学技术研究院；发展核工程学科，承担多个国家重大专项中未来核电的关键技术突破研究。

2008年4月19日，中国航天科技集团公司、上海交通大学战略合作协议签约仪式举行（马德秀在后排左四）

2008年12月4日，学校与国家核电上海核工程研究设计院签署战略合作框架协议（马德秀在后排左三）

推动生命医学学科的跨越式发展。学校把生命医学明确为三大支柱学科之一，充分利用综合性大学的多学科优势，发挥生、农、医、药等学科的整体优势，前瞻性布局生命医学领域未来优势学科。医学科学研究院在国家重大项目、高水平科技论文等方面取得突破；系统生物医学研究院成为首批"国家级国际联合研究中心"，Med-X研究院与多家附属医院合作，发挥了公共平台和临床平台作用；转化医学国家重大科技基础设施的建成，不断加强基础与临床、生命与医学学科的强强联合。同时，生物学学科也快速步入全国前列，农学学科从传统走向"顶天立地"的新兴学科。

实现理科的快速跨越。工科强势的世界一流大学无一例外地拥有强大的理科。学校第九届党代会明确提出加快推进文理跨越发展战略，采用超常规举措发展理科和文科。理科的发展只有一条路，即面向世界科学前沿走国际化之路。因此，学校倾全力引进国际顶尖人才，数学科学学院、物理与天文学院率先与世界一流对标，引进世界高水平科学家。瞄准方向支持重大基础原创性研究，同时注重基础研究向应用方向延伸和发展，高温超导带材就是与国家战略需求对接的基础研究突破案例。

一流文科是创建世界一流大学不可或缺的部分。学校走精品文科发展之路，先后成立文科建设处、文科学术委员会，"985"三期给予文科重点投入。学校既重特色又入主流，以管理学、法学、经济学等学科的重点突破为牵引，带动人文社会学科整体发展。学校意识到，发展文科必须要有学术大师，为此制定了《文科资深教授计划实施办法》等一系列政策，从而在短时间内实现了一级学科博士点、国家和上海市精品课程、省部级社科研究基地三个"零"的突破。文科建设也要回应国家需求，原安泰管理学院成为经济与管理学院，还成立世界一流大学研究中心、国家文化产业创新研究基地、上海市党建理论与实践创新研究基地等，与政府、产业和社会各部门紧密合作，形成了中国问题研究的新视角、新范式、新贡献。特别是2009年抓住上海建设国际金融中心的重大机遇，上海市依托交大成立上海高级金融学院，将其定位为一所高起点、高层次、高水平学院，以全新的体制机制，以国际化办学理念、国际化管理、国际化师资打造国际化的世界一流金融学院，为高端金融人才的培养做出贡献，走出发展中国家建设世界一流金融学院的办学道路。

学科交叉是创新的源泉。学校确立"交叉集成"战略，大力推进学科交叉集成发展，大力支持新兴交叉学科创新平台建设，利用"985"建设重要契机，重点在生命医学、能源、环境、信息、材料、基础学科等领域，超常规发展一批跨学科、跨学院的交叉学科创新平台。比如在生命医学领域的系统生物医学研究院、Med-X研究院、Bio-X和空天研究院以及转化医学中心等；工程学科领域的空天科学技术研究院、能源研究院、核电研究院等；人文、数理等基础学科的自然科学研究院、人文艺术研究院等。同时，学校专门设立理工交叉、医工交叉、文理交叉研究基金，促进理、工、农、医、文、管等各类学科融合。

这十年是交大学科发展与建设史上关键的时期，也是发展最快的时期。先后经历了调整补缺、综合布局、夯实基础，重点突破、理科跃升、优化组合等多个发展阶段，实现了重点突破、文理跨越、促进交叉三大目标。经过多年来的持续发展，交大既有强大的理工科、人文社会学科，也有强大的医科，还有生机勃勃的生命、农业、生物、药学等学科，形成了多学科协调发展的局面，完成了综合性大学发展布局，从而有了"大海洋""大健康""大信息"的发展思路，确立了今天"综合性、创新型、国际化"世界一流大学的远景目标。

四

强强联合，建一流医学学科体系

21世纪被认为是生命医学的世纪。从世界范围看，生命医学学科的重要性及其发展机遇都是前所未有的。作为发展中国家的大学，生命医学学科对冲击世界一流的重要性，怎么说都不为过，这在今天来看愈加凸显。

2000年前后，全国高校掀起了"合并"潮。但最初，交大由于没能实现与医科大学的合并，只能从零起点上建立小规模的医学院，发展比较艰辛，基础也比较薄弱，毕竟医学学科的发展需要长时间的积累和大的投入。要建设一流医科，路径只有两条，要么给予巨大的投入和长期的重点建设，要么勇于和善于整合外部资源。由于生命医学学科决定着学校未来的核心竞争力，因此结论只有一个：一定要通过与一所高水平医科大学强强联合，实现医科跨越式发展。

2005年7月，上海交通大学、上海第二医科大学合并大会隆重举行

上海交通大学和上海第二医科大学两校合并，已经过了全国大规模并校的浪潮。在教育部和上海市的支持下，合并伊始，交大便提出了从实际出发的合并方案，采取部市共建、实现双赢的有效模式，按照"一切从实际出发，先易后难，扎实推进"的思路，坚持渐进式改革，稳步推进机构融合与办学资源整合，遵循"两个一流"和"两个尊重"的发展理念。

"两个一流"就是医学院要成为世界一流，交大要成为世界一流，合并的目的是要共同成为世界一流。对医学院发展提出更高的要求是对医学院的最大支持，如此一来，把医学院带到了国家队，甚至推到了世界舞台。"两个尊重"就是既要尊重医学院的办学规律，又要尊重综合性大学的办学规律。只有综合性大学多学科的支撑，才能建设世界一流的医学院。充分发挥医学院办学的积极性，尊重医学人才的培养规律，尊重医学科学研究离不开临床的规律，果断而有魄力地将交大的附属医院和研究所全部划归医学院管理，保持了医、教、研体系的相对完整性，确保医学教育科研与临床应用的紧密结合，在管理模式上走出了交大独特的创新道路。

没有一流的综合性大学，不可能支撑一流的医学院。同样地，没有一流的医学院，也不可能有一流的综合性大学。合并后，学校进一步加大支持和投入，保证医学院原来的经费渠道不变，同时在"985"二期建设中，用多于1/3的平台建设经费支持医学院的平台建设，推动其快速发展。进一步增进文化认同，学校党委在研究制定大学文化建设规划时，将医学院的"博极医源、精勤不倦"等核心文化要素吸收融合到交大精神文化体系之中，突出强化和宣传"交大是全体交大人的交大，医学院是全体交大人的医学院"的理念，让全体交大人切实体会到是一家人，让事业成为共同的意志，让发展成为共同的愿景。进一步拓宽交流渠道，校本部和医学院的干部双向交流，提升医学院干部在学校范围内的话语权，也让校本部干部对医学院有更深入的了解，为学校工作带来新鲜血液。进一步推动人才培养融合，实现医学院本科生通识教育课程全部按照交大要求和标准实施，医学院学生在闵行校区学习生活一两年，与工、理、管、人文等学科学生融为一体，参加丰富多彩的学术和文化活动，促进学生全面发展。进一步加强学科交叉，积极推动生、农、医、药大平台建设，最大限度发挥相关学科与医学院发展的相互支撑，不仅使医学院在更高起点发展，也推动了生物医学等一批新兴交叉学科快速成长。

慰问附属医院医护人员

交大与二医大的合并模式得到了国务院和教育部的首肯。刘延东同志主持教育工作时专门召开全国医学教育工作会，时任医学院院长陈国强在会上做了经验介绍。值得一提的是，在2010年合并5周年之际，交大进一步把这种合并模式拓展为"教育部、卫生部、上海市三方共建"，为医学院拓宽了更大的发展空间。

另外，2013年，转化医学国家重大科技基础设施项目由国家发展改革委批准立项，经过8年建设，2020年底整体建成。按照国家和上海市"先行先试"建设综合性现代医学科学设施的规划，以"一个设施、两个基地、三大系统"为蓝图，建成11.4万平方米研究基地，形成了大型设备规模化、核心功能集成化、技术技能系统化的设施技术系统。依托领军科学家、设施科学家、创新团队结合的队伍建设和研究协作网络，形成了构建"大设施"、发展"大科学"、促进"大健康"的格局。

在强强合并走过18年的今天，可以肯定的是，在"两个一流"和"两个尊重"的发展理念指导下，交大开创了综合性大学医学学科发展的新模式。医学院从地方队向国家队转变，在人才培养和科学研究等方面实现跃升。合并后，医学院的发展目标变得更高，空间变得更大，机会变得更多，增强了自身对外辐射能力和影响力。医学院紧紧围绕国家"双一流"战略决策，整体布局、重点突出，学科建设和人才培养质量不断提高，世界一流医学院和一流医学学科建设成效显著。交大的腾飞也得益于医学院和医学学科的发展，不仅使学校的学科布局更加完善，更重要的是为学科的交叉融合、深度发展、不断衍生新的学科增长点创造了良好的土壤。交大依托多学科综合优势和强大的理工科优势，设立校内交叉研究基金，大力推进医工、医理、医文、医管等学科交叉和生命医学领域的协同发展，同时依托附属医院数量多、实力强的优势，积极推进高水平基础医学和临床医学研究，使生命医学这个板块成为学校发展新的增长点。

五

人才强校，立为主战略推进建设

国以才立，业以才兴。建设世界一流大学，最重要、最关键、最宝贵的战略资源是人才，特别是一流人才。一所大学只有师资队伍的整体水平达到了国际水平，才能够称得上世界高水平大学。

十年间，学校紧紧围绕"建设整体水平国内领先、能承担创建世界一流大学重任的人才队伍"这一总体目标，建立立体式的人才金字塔，不断深化师资分类发展改革。

学校一直在思考：交大如何在转变发展方式的过程中有突破、有成就、有跨越？面对人才队伍建设发展的新形势、新期待、新挑战，交大人还能够续写百年辉煌吗？随着知识经济时代的到来，后发超越的机遇会更多，而且超越的过程可能更短。2004年学校第八届党代会上，交大在全国高校中首次将"人才强校"摆到学校发展的"主战略"地位，将其作为未来学校发展战略的重中之重。一流大学不仅要有世界可比的核心指标，要有面向世界科技前沿做出的原创性高水平研究成果，更要为服务国家重大战略需求及经济、社会发展做出不可替代的贡献，还要有独特的大学精神和大学文化。而影响我们战略目标实现最核心的因素就是一支高水平的师资队伍。在学校确立并实施国际化战略、服务社会战略、交叉集成战略、文理跨越战略等的同时，我们越来越深刻地认识到，实现这些战略目标的前提和基础都在于人才，所以人才战略必定要放在一个最为核心的位置，人才是发展的"主心骨"，是大学的底气。

由此，学校的人才理念越来越清晰，一幅人才地图徐徐展开。按照"人才强校主战略"的部署，学校确立"以用为本、创新机制、高端引领、全面提升"的指导方针，加大育才、引才、用才、惜才的工作力度，深化用人机制改革，提升人才使用效益，全面推进高水平师资队伍建设。

2004年，学校召开人才强校工作会议，提出三个"牢固"，即牢固树立"人才资源是第一资源""人人都可以成才""以人为本"的观念。2007年，学校在原有人才体系外，新建人才金字塔，形成"冠名讲席教授""特聘教授""特别研究员""晨星青年学者"四个层次的高水平人才引进和培养计划。2012年，在"人才金字塔"基础上，学校更加突出宽视野、多领域、立体式的人才引育，提出"立体式人才金字塔"概念，让每个人都有更好的发展空间和渠道，建设成为一个能有机整合、引导、培养、引进人才与现有人才的体系。

十年中，学校党委确立目标和战略，实现又好又快发展。在推进过程中，不断统一思想，凝聚共识，适时掌握改革的节奏和进程，破解改革发展的难题；在快速发展过程中，在涉及利益冲突的改革中，始终保持学校的和谐稳定。也正是在"人才强校主战略"等战略指引下，一系列促进人才要素活跃和流动起来的人事制度改革推成开来。学校明确实施师资分类发展改革的总体思路，按照更加有利于落实创新人才培养的任务、更加有利于充分调动各类人才积极性的要求，坚持"人尽其才、才尽其用"的原则，引导和鼓励广大教师围绕学校发展总要求，选择最能发挥自身特点的合适岗位。通过广泛宣传、深入调研，2011年8月，校领导召开务虚会专题讨论分类发展改革，经过三个月的酝酿调研，《上海交通大学师资分类发展改革指导意见》出台。此后，学校师资分类发展改革稳步推进，确定了"定位、分类、考核、薪酬"四位一体的改革指导思想，以"优化师资结构、提升师资水平"为目标，以师资队伍分类发展为核心，以分类考核为保障，以薪酬体系改革为推动力，形成相互配套、紧密衔接的改革体系。改革以院系为单位进行，院系以主人翁的姿态推进改革，激发了每一位教职员工的活力和动力。

在学科发展和人才队伍建设的双轮驱动下，十年中，学校顺利完成了创建世界一流大学第一步的目标任务，基本形成了综合性、研究型、国际化的大学格局，整体实力稳居国内高校前列，工科水平跻身世界一流，生命医学学科跃居国内第一方阵，一流理科和高水平的精品文科快速崛起。50%的学科进入国内前十，3个学科稳居国内第一，16个学科和4个学科分别进入基本科学指标（ESI）前1%和世界百强；生源质量名列全国高校前茅，培养质量稳步提升，就业结构不断优化；科研经费增长了5倍多，科技创新能力实现了根本性突破，在国家创新体系建设中做出了不可替代的贡献；师资队伍结构不断优化、水平显著提高，国家高端人才的引领作用日趋凸显，一大批中青年优秀人才脱颖而出，为创造第二个百年辉煌赢得了先机、奠定了基础。

六

价值引领，"选择交大，就选择了责任"

2006年4月6日，在迎来建校110周年盛大庆典之际，交大1947届校友、敬爱的江泽民学长再次回到母校，看望母校师生，视察闵行校区，并向母校赠送了他亲手所写的"思源致远"题词。江泽民学长还在电院前面的草坪上亲手培土，栽下一棵广玉兰树，寓意十年树木、百年树人。每年，广玉兰都会开出大花朵，象征着高贵、美丽和纯洁，象征着生生不息的传承。在与师生亲切座谈时，江泽民学长勉励师生：第一，表达对老师的尊重，尊师是美德，感谢交大老教授的传授，感谢正在培养青年学生的老师们；第二，一所大学最重要的任务是培养人才，希望学校能够把为国家和社会培养合格人才作为一个最重要的目标和任务。中国的未来和立于世界先进民族之林的竞争力，最重要的是人才和人力资源的竞争。像交通大学这样的名牌大学，就是要为国家培养优秀的杰出人才；第三，作为老师最主要的任务就是要教书育人，教授不能既不教也不授，教授要上讲台；第四，希望同学们要特别珍惜进入上海交大这样一所著名大学学习的机会，绝不能满足于将来为自己求得一个比较好的职务、职业或者是工作，更要有为国为民、立志成为国家栋梁的远大理想和志向。江泽民学长的这番话语，体现了对母校饮水思源的浓厚感情，也将作为一名交大人的家国情怀传递给了每一位师生。

学校格外重视教师发挥和承担好教书育人、立德树人的职责。要培养优秀的学生，就要让他们经常同最优秀的人面对面。一方面，在每年的新入职教师培训和干部培训班上，都会反复强调"育人神圣"，要求教授上讲台，推行学术带头人担任本科生班导师制度，让学生走进老师的大项目等，激发学生的学术志趣和学术精神；另一方面，引导教师把自己的科研学术同国家战略紧密结合起来，鼓励教师要有大境界、凝练大团队、形成大协作，倡导和营造相互欣赏、相互鼓掌的文化。

学生的社会责任感是成才的原动力。为了将社会责任内化为交大的文化，激发学生内在的成才动力，从2006年开始，在交大新生入学第一周，马德秀坚持每年给全体本硕博新生讲授开学第一课——"选择交大，就选择了责任"，在全国高校中首创党委书记讲授"第一课"，8年里从未间断。每次课的结尾，马德秀都会用江学长的话激励交大学生，在其他各种场合的讲话也会反复提起这段话，勉励交大人要立大志、担责任、做栋梁。这里的责任既有对家庭、对父母的感恩之情，拳拳之心，有对同学、对身边团队的尽心尽责、信任关爱，更是为社会发展、国家富强、民族振兴而勠力同心、不懈奋斗的使命与担当。"新生第一课"已成为交大育人的传统，延续至今。

自2006年起，马德秀连续8年为新生讲授开学第一课"选择交大，就选择了责任"

开学第一课主要包括"历史概览""今日交大""寄语新交大人"三个方面，每年第一课都会根据当年国家发展和学校改革取得的成绩来充实相关内容。"开学第一课"不仅高度弘扬了"饮水思源，爱国荣校"的校训，塑造了学生们的价值观，也体现了一代代交大人对于责任感的传承，将为国为民、勇于奉献的爱国精神，求真务实、追求卓越的科学精神，以及与日俱进、敢为人先的创新精神传递给每一位新生，使"选择交大，就选择了责任"凝结在了每一位交大人的血液中。

"交通大学自1896年建校以来，源远流长，人才辈出，贡献卓著，底蕴深厚。"在长达两个小时的第一课里，马德秀从"历史概览"讲起，为新生们讲述百年交大的办学历程，追溯交大始终与国家命运紧密相连的发展史。在历史的每一个发展阶段，交大人始终坚持以天下为己任，为民族、为国家、为人民不断奋斗。在"今日交大"部分，主要侧重于与同学们息息相关的校园成长空间，从"美丽的校园""一流的师资""开放的国际化环境""丰富多彩的第二课堂"等多个方面梳理学校的发展现状，介绍师资和丰富的校园活动。在"寄语新交大人"方面，从"领悟为学之道""秉持做人之本""树立报国之志"出发，对新同学们寄予深切的祝福和期望，期盼同学们珍爱"交大人"这一光荣的称号，鼓励新生们树立报国之志。

"立身百行，以学为基"和"领悟为学之道"的三个关键词是"勤奋""乐学"和"创新"，通过分享范绪箕老校长、钱学森学长和徐光宪院士的案例，马德秀告诉全体新生："来交大，不是学习的结束，而是学习的再出发。在我们有限的人生中，学习既帮助我们梳理那些未曾经历的精彩，同时为将来要经历的精彩铺路。规律告诉我们，越是主动、积极地挖掘大学价值并利用其条件资源的学生，大学会越有效成为其成长土壤。百余年交大积淀形成了交大人的为学之道，'勤奋''乐学'和'创新'是其中之要义。"在品格养成和为人处世方面，马德秀希望同学们"秉持做人之本",要做到"诚信""自强"和"奉献",强调"做人和做学问,犹如鸟之两翼,密不可分。在校求学,要把文化知识学习和思想品德修养紧密结合起来"。在谈到"树立报国之志"时,她动情勉励:"你们求学期间,处在中国经济快速发展、国际地位日益崛起的时代;你们而立之年,正是中国作为负责任的大国,必须为整个世界履行更多职责的时代。未来的你们,必须用行动来回答:'推动人类进步、国家富强和民族复兴,这些,是我生命中最重要的经历!'"如今"选择交大,就选择了责任"已经成为校园的主旋律,成为每一位交大人内心的精神底蕴。

其实,学校历来重视思政引领,将以责任为导向的使命教育贯穿在学生成长的各个阶段。大学党委首要政治任务是坚持党的领导,坚持社会主义办学方向。人才培养是高校的第一职责,必须要坚持构建社会主义核心价值体系,弘扬社会主义核心价值观。学校注重学生理想信念教育和价值观塑造,形成了一系列特色举措:自2005年起开设的"励志讲坛",以"祖国强盛,我的责任"为主题,定期邀请党政领导、学术大师、知名校友等与学生近距离地沟通和交流,通过嘉宾现身说法和现场交流,鼓励学生将个人价值与社会价值相融合;2005年起每年举办"感动上海交大十大新闻人物"校园人物评选,由学生们评选出心中的"博学人物""奉献人物"等典型代表,并组织他们到同学中宣讲;加强生涯引导教育,鼓励学生们投身国家重点单位、关键领域和战略性新兴产业等单位,引导学生们将专业所长与国家战略发展需要相结合,为建设创新型国家贡献交大学子的力量。

学校围绕创新能力的培养,以教学改革为基础,把彰显个性、培养学生的创新精神和创造能力作为人才培养模式改革的重要突破口。作为培养各行业优秀人才的主要途径之一。2007年,马德秀在全国高校首创开设"创新创业大讲堂",课程覆盖全校学生,旨在让学生在在校期间培养创新精神和创造能力,并反复强调这种创新精神和创造能力是伴随一生的素养和品质。2009年，学校又被上海市列为首批创业教育试点院校；2010年创业学院成立，开启了交大创业教育的新篇章，时任全国人大常委会副委员长、上海市大学生科技创业基金会理事长严隽琪出席学院成立大会。创业学院实施"面上覆盖、点上突破"分类教育模式，既在专业教育中渗透创业、创新、创造精神，又通过创业导师悉心指导，培养大学生创业"种子选手"。十年间，"让创新成为凝结在交大学生血液中的一种精神，让创业成为交大学子生命中的一种力量的迸发"，已成为全体师生的共识。

每年毕业季，交大还将思想政治教育融入毕业生教育中，切实打通思想政治教育的最后一环。为了增强毕业生的使命感和责任感，在毕业典礼之前，学校领导班子全体成员会与投身西部、基层和国家重要行业的毕业生代表举行座谈会；每年6月，学校领导会亲自参加毕业生远航教育座谈会，各学院党委书记分别召开所在学院的毕业生远航教育会议，为全体毕业生党员上好"最后一堂党课"，引导毕业生"饮水思源，爱国荣校"，报效祖国，服务人民。

七

全球视野，国际化建设治理实践

国际化是世界高等教育发展的必然趋势。对于我国高等教育而言，国际化办学是加快建设教育强国的必由之路。交大在与世界一流大学合作过程中，不仅以国际化战略充分吸收人类文明，同时加强教师队伍和人才培养国际化，通过对比和借鉴，寻找努力方向，积聚改革动力，推动自身发展。

交大所处国际化大都市上海，具有发展国际化更加宽松、自由的氛围。在南洋公学创办之初，创始人盛宣怀就倡导"中学为体，西学为用"的教育思想，引进若干外籍人士担任教师；20世纪30年代，处于发展黄金时期的老交大被誉为"东方MIT"；改革开放后，学校依然坚持走国际化办学道路，提升国际合作的层次与领域。

2004年，学校党委把国际化战略正式列为学校发展战略之一，在师资队伍建设、人才培养体系改革、国际合作与交流内涵调整、国际科研合作推进等方面开展了一系列探索，逐步凝练了明确的国际化战略理念和发展路径。到2010年，学校进一步把"国际化发展战略"确定为重要发展战略，对全校提出了全方位国际化发展的明确要求，把国际化发展理念贯彻到学校各个环节，要求各学院在国际上寻找一流的对标学院，分析自身差距，结合实际制定综合改革方案。至此，上海交大国际化走上了快车道，推动着全校的快速发展。

国际化不是办学目的，而是创建世界一流大学的重要手段，要通过国际化合作和特区建设，使世界一流大学的办学经验和特色与交大的人才培养、科学研究相互渗透、融合，在学校形成辐射效应和溢出效应。同时明确，所有的国际化特区都必须在交大整体领导下办学。

作为公立大学和一流的教学科研机构，一定要对国家和民族、对人类的文明与进步做出不可替代的贡献，包括培养出推动人类进步的一流人才、创造出推动文明发展的一流成就，这不仅是使命和责任的体现，更是创建世界一流的重要驱动力所在。服务国家战略和国际化战略都是学校发展的重要战略，两者间要相互协调、相互促进。因此，学校培养一流人才，不仅在专业上一流，在人文精神上也是一流，是具有多元文化理解力、合作包容精神和国际职业竞争力的创新型人才。为此，需要借鉴世界一流大学的发展经验，改革但不照搬；需要大力引进国际人才，全面提高教师的国际化水平，打造一支国际一流水准的教师队伍；需要在国际上大幅提升学校的知名度和影响力，广泛开展多层次的国际交流，拓宽师生海外交流的机会；需要大力推动国际合作科研，让老师和学生在国际舞台上与一流的科研机构合作并竞争，开拓职业道路；需要大力发展留学生教育，营造多元文化的校园氛围，在教学和课外实践的各方面培育并拓展学生的国际视野，培育学生的多元文化理解力和包容精神；需要全面提升管理与支撑队伍的国际化服务能力，建设一个国际水准的无障碍的服务环境，搭建一个世界一流的信息服务平台。

十年间，交大积极实施国际化战略，进行了多种国际化办学的探索。交大密西根学院、中法卓越工程师学院、上海高级金融学院、中欧国际工商学院、中法医学八年制、致远学院等都是国际化代表性的平台。与此同时，学校还积极进行学校的国际化品牌宣传，吸引更多的海外学位留学生来交大学习。

值得一提的是，2006年4月，经过5年的筹建，经教育部批准，由中美两所顶尖公立大学合作建立的"上海交通大学密西根联合学院"正式揭牌成立，定位为上海交大和密西根大学共同建设的二级学院，目标是要创建一个能在中国的土壤里生根成长的世界一流学院。上海交通大学与密西根大学在密西根学院建设上实现了双方共同管理、教授互聘、学分互认、学位互授、课程共享。学院根据国际化、创新性、领袖型的目标要求，实现了对密西根大学工学院教学体系的系统引进，90%课程实行以英语为主的双语教学，50%核心课程由密西根大学教师或国外知名大学教授讲授，通过中外教授共同执教，国际、国内学生同堂学习，营造国际化学习和生活氛围，培养学生的国际化能力和素质。通过增加课程的实践环节和生产实践环节，提高学生运用知识解决实际问题的能力。四年本科期间，学生可以获得上海交大和密西根大学双学士学位，这就是突破。如今，密西根学院已经成为上海交大和密西根大学深化合作的平台，两校合作已从机电领域扩展到能源、生物医药、医工结合等诸多领域。密西根学院所积累的办学经验不仅为上海交大探索建设世界一流大学提供了宝贵经验，也为我国大学和国外大学合作办学提供了典型范例。时任国务委员陈至立、刘延东同志先后会见了密西根大学校长科尔曼女士，肯定交大密西根学院建设成果。

2010年6月，与密西根大学校长玛丽·科尔曼共同签署深化两校合作交流协议

2012年4月8日，正值上海交通大学116周年校庆典礼之际，学校与巴黎高科集团签订全面战略性国际合作办学协议，联合建设上海交大–巴黎高科卓越工程师学院，以最快的速度引入世界上最好的工程师教育模式。时任法国总统奥朗德来到学校为学院成立揭牌。2016年，学院荣获"中法大学合作优秀项目"，时任国务院副总理刘延东和法国高级官员为项目颁奖，标志着学院成为中法两国最高水平教育合作成果。目前，常驻外籍教师占比达42%，新冠疫情期间双方互派学生也未中断。此外，学校在机械与动力工程学院等工科学院继续开展国际化试点班，不断提升国际化办学的水平；在新加坡建立中国第一个海外研究生院等等。学校始终强调

实现"以我为主,为我所用"的目标,推进国际科研合作,使全体师生都可以参与国际交往的大格局中。

八

文化建设,奠定共同价值与追求

文化是大学赖以生存、发展的重要根基与血脉,是大学存在价值和个性特征的集中体现。交大"饮水思源,爱国荣校"的校训是在广大师生团结奋斗,为国家民族发展贡献力量的发展过程中,积淀下来的弥足珍贵的精神财富,成为凝聚和激励一代代交大人自强不息、不断超越的精神动力。

跨入21世纪以来,面对激烈的国际竞争,"办一所什么样的大学、怎样办好大学",是每所大学在制定发展战略规划、突破发展瓶颈、履行大学历史使命过程中必须解决的首要问题,也是我国在建设高等教育强国进程中必须认真思考的战略问题。大学文化建设,不仅是这一战略问题的基本组成部分,而且也为这一问题的解决提供了重要、独特的视角,为大学发展创造出更为广阔的空间,有利于形成大学品牌,提升服务并引领社会发展的综合实力。在学校确立了建设世界一流大学的历史性奋斗目标后,如何建设与世界一流大学目标相适应的大学文化、促进学校内涵发展,成为摆在全校师生面前的重要课题。

其中,大学使命是大学精神在办学功能上的外化和延伸,是实践大学精神的重要依据和载体。2006年4月,交大建校110周年之际公布的《上海交通大学章程》明确提出了上海交大的历史使命:以建成世界一流大学为目标，以传承文明、探求真理、服务国家、造福人类为己任。致力于激发学生潜能，培养精英人才；致力于探索未知领域，攀登科技高峰；致力于引领社会发展，推动人类进步；致力于构筑文化桥梁，促进世界和平。这一历史使命明确了学校的发展目标，即建成世界一流大学，并从人才培养、科学研究、社会服务等方面明晰了学校功能，成为广大校友和社会各界认识交大、了解交大的重要因素。

随着建设创新型国家、建设高等教育强国等重大国家战略的提出，交大也进一步思考谋划未来10年和20年的发展。2008年以来，学校重点推进三项规划：一是具体细化到2010年和2020年学校人才培养、科研、师资等方面的目标和举措的近、中期发展规划；二是探索交大培养创新人才新模式的创新人才培养规划；三是寻求精神文化引领的大学文化建设规划。

值得一提的是，交大是全国率先制定文化建设规划的高校。2006年起，学校用一年半的时间在全校范围内开展"大学精神和大学文化"大讨论。2008年8月，学校党委在全国高校中率先提出为期5年的《上海交通大学2008—2013年大学文化建设规划》，凝练形成了交大"求真务实、努力拼搏、敢为人先、与日俱进"的精神品格，明确了"科学交大、人文交大、绿色交大"的总体建设目标，旨在通过构建完善的精神文化表述系统，建立健全以学术为导向的制度文化。此外，还根据精神文化、制度文化、环境文化的具体表现，严谨务实地制定出《大学文化建设2008—2010年行动方案》，具体确定了25项切实可行的建设项目，为全面提升学校文化软实力提供了可遵循的路线图，使大学文化建设渗透学校发展战略决策、教学科研、校园环境、文化生活的各个环节之中。

文化载体建设是传承大学文化精神的重要手段。为进一步弘扬钱学森爱国、创新与奉献精神，根据学校师生和海内外校友的意愿，上海交大提出在校园内建设一座钱学森图书馆的倡议。中央领导对此高度重视，在中宣部主持下，国家发展改革委、教育部、财政部、解放军总装备部、上海市政府与交大多次就钱学森图书馆筹建事宜进行协调和研究。经过不懈努力，2005年5月，中宣部正式下达《筹建钱学森图书馆工作方案》，同意在上海交通大学建设钱学森图书馆，要求把钱学森图书馆建成充分反映钱学森崇高精神和科学成就，有一定规模、水准和较大影响的全国重点爱国主义教育示范基地。2011年12月11日，在钱学森百年诞辰之日，钱学森图书馆建成开馆。这既是对钱学森伟大人生与崇高精神的集中展示，也是交大办学使命与育人理念的集中体现，对于推进大学精神文化建设，对于传承以爱国主义为核心的民族精神、弘扬以改革创新为核心的时代精神，都具有重大的现实意义和深远的历史意义。

钱学森图书馆还是全国科普教育基地、中国首批"科学家精神教育基地"、教育部全国中小学生研学实践教育基地、上海市爱国主义教育基地等，成为青少年教育、党政干部培训等的重要平台，其巨大影响力对提

2012年10月，参加钱学森图书馆举办的"圆梦九天——中国载人航天工程的壮丽航程"专题展览（马德秀在正中间）

2004年1月，马德秀看望钱学森

升学校文化软实力发挥了不可替代的作用。截至2023年7月，钱学森图书馆参观人数已经超过200万人次。也正是在钱学森图书馆的带动下，2012年教育部成立全国高校博物馆育人联盟，十年来交大作为联盟会长单位，加强大学文化建设，激发了全国高校进一步发挥博物馆育人功能的积极性和主动性。

不得不提的还有学生原创话剧《钱学森》，这是交大新生入学后的必看剧目。在钱学森同志百年诞辰纪念日，交大校园里上演了一出以钱学森的传奇人生经历为素材而创作的学生原创话剧《传承》。演出大为成功，深受广大师生喜爱。一年之后，经过完善后的话剧改名为《钱学森》，再次上演，该话剧以"人民科学家"钱学森在交通大学求学时期如何将人生理想从"交通救国"转向"航空救国"、在美国留学期间如何坚持求真务实的治学精神、在新中国成立以后如何冲破美国政府的重重阻碍回国投身国防科技事业、如何带领第一代"航天人"成功发射东风二号甲导弹等一系列历史事件为主线，生动地演绎了这位"国家杰出贡献科学家"的人生经历，鲜活地展示了钱学森的爱国之心、求真之志、奉献之情和创新之魂，一次次给师生带来强烈震撼。从2011年初创到此后不断改版，话剧《钱学森》已经成为交大新生入学必看剧目。在中国科协和教育部等单位的支持下，话剧《钱学森》还加入了"科学大师名校宣传工程"，多次赴全国大中小学巡演，并于2022年底赴澳门演出。

九

助力巾帼，让知识女性建功立业

上海交大的妇女工作与女性理论研究工作开展较早，在全国高校中处在前列。马德秀在担任党委书记期间，还担任校妇委会主任、妇女研究中心名誉主任。学校第五次妇代会召开以来，校妇女工作委员会在校党委的领导下，紧紧围绕学校工作的中心，团结奋斗、创新进取，锲而不舍地积极探索新时期高校妇女工作形式、内容和方法，在提高女性整体素质，促进女性成才，维护妇女、儿童合法权益和推进学校"三个文明"建设等方面组织开展了大量有特色、有影响的活动和工作，起到了党联系妇女群众的桥梁和纽带作用，有力地推进了交大各项事业蓬勃发展。

2006年3月，学校第六次妇代会报告《在学校改革发展中加强和改进妇女工作》，强调在新的历史条件下，新时期妇女工作的历史使命、目标和任务有了新的变化，必须从加强和改善党的领导的战略高度出发，充分发挥妇女群众团体的独特作用。妇女组织作为党的根基组织，校妇委会要认真研究新情况、新问题、新特点、新办法，真正成为党联系妇女群众的桥梁和纽带。要重点推进"女性优秀人才"工程，做好宣传交大知识女性在实施科教兴国战略中的示范作用和优秀女性的引领作用。通过"三八红旗手""巾帼创新奖"等评选活动，在全校树立一批社会认可、群众公认的女性人才典型，并运用各种形式加以宣传和推广，以此激励更多的女教师立足本职、岗位成才，建功立业；要利用高校教育人才资源的优势，以女教授联谊会、青年女教师联谊会、"女性拓展基地"、妇女研究中心为抓手，引导女教师、女大学生树立终身学习观念，为女性成才和发展搭建舞台，提供政策、信息、生活等方面的服务，创造良好的成才环境。

另一方面，学校女性教职工、医务工作者数量已超过一万，学校的发展离不开全体女性的积极参与和贡献。校妇委会进一步引导女教职工积极投身学校教育改革，提高女教师队伍的整体素质，在学校改革和发展的过程中充分发挥广大女性的积极性和创造性。紧紧抓住师德、医德建设主题，进一步开展爱岗敬业"巾帼建功"、优秀女教师和女医务工作者"传、帮、带"等富有特色、生动有效的活动和工作，使女教师队伍素质乃至全校女性的素质得到显著提高。另外，妇委会密切配合党委，积极做好女干部的培养和推荐工作，充分发挥知识女性的引领、示范和凝聚作用。进一步完善交大"女性人才库"，并把关注的重点放在年轻的女性人才上，尤其是关心青年女教师、医务工作者和女大学生的成长，做好培养、推荐后备女性人才工作。

为了更好地维护女性合法权益，校妇委会成立心理咨询室，并开通了"姐妹热线"；大力宣传、表彰和弘扬女性先进群体，组织表彰了"巾帼创新奖""比翼双飞·模范佳侣"；推荐和评选市、校两级"三八红旗手（集体）"；完成了"上海市科教系统优秀青年科教人员发展状况调查"课题；针对女性需求，开展了各类活动，如成功举行"医工结合，聚焦发展""聚焦三农共创和谐"女教授、女医师联谊活动，举行了青年女教师联谊会共话"思源、奉献、发展"座谈会；参与组织全校青年教师"教学新秀"评选、青年教师"双语教学"评选、新一轮教授与青年教师"拜师结对"活动；举行了非常有影响的"礼仪，让女性更美丽"系列活动；举办各类礼仪讲座、国内外信息报告会、女大学生"礼仪学堂"等。

2010年12月8日，为推进新时期女性理论研究，促进女性的全面发展，贯彻"构建和谐、科技创新、公平发展"理念，"和谐·创新·发展"妇女发展论坛在交大召开。论坛提出，围绕创新型国家建设的新形势以及学校创建世界一流大学的目标，学校知识女性工作如何围绕中心、服务大

马德秀（前排右六）参加妇女工作总结会

局，如何团结、凝聚和引领知识女性，显得尤为重要。

对于进一步做好我校妇女研究工作，学校提出，一是妇女研究要围绕中心工作，服务发展大局。应紧紧围绕科学发展的主线，结合学校改革发展的实际，抓住重要战略机遇，推动妇女工作与学校各项工作同步协调发展，再上新水平；二是妇女研究要聚焦发展，服务广大妇女。要深入研究当前新形势给妇女带来的新机遇和新挑战，深入了解和分析妇女的现状、需求和愿望，帮助妇女不断提高参与发展的综合素质和能力，助推女性成才和成长，充分发挥"半边天"的作用；三是妇女研究要当好智囊参谋，服务科学决策。要为学校的改革发展积极建言献策，发挥好"思想库""智囊团"作用。

2013年8月，在澳大利亚新南威尔士大学访问时，马德秀做了题为《做一个变革时代的大学女性领导者》的讲话。她指出，如果面临一项有挑战性的工作，对工作本身的热爱会是最强大和最持久的动力，而在女性身上，这种热爱更容易体现出来。变革时代对于大学领导者的创新和协调能力提出了越来越多的要求，而女性所具备的许多性格特质，完全能够适合大学对于领导者的要求。

此外，马德秀还曾担任上海市女教授协会会长、中国科协女科技工作者协会特聘专家等职务。作为世界女大学校长论坛副理事长，她多次受邀主持主论坛和分论坛，并发表了《高等教育在新时代有新作为》等主题的主旨演讲。

人 生 感 悟

作为伴随着共和国诞生而成长起来的一代人，在激情的青春岁月中，马德秀的内心始终充满着理想和追求。面对工作和生活，她始终坚守内心的价值追求，胸怀强烈的事业心和坚定的理想信念，保持着对事业的热爱、对国家的责任。她全身心地投入、无私地奉献高等教育事业，参与和见证了交大历史上发展最快、最好的时期之一。

她坦言，十年间，正是交大广大师生、医务员工自我加压、昂扬向上的精神状态，正是所有交大人为事业和荣誉顽强拼搏的内生动力，正是大家期盼交大加快发展的强烈愿望，无时无刻不在感染着、打动着、激励着自己。

学校的发展，得益于党中央、国务院、教育部和上海市委市政府的充分信任并全力支持，不仅从战略上给予指导，还想方设法帮助学校解决发展中遇到的困难，为此学校才能抓住机遇、乘势而上，创造了新辉煌。

学校的发展，仰赖于一届届党政班子和老领导、老同志所形成的交大人对教育的执着、对科学的追求和对学校发自心底的热爱，这正是代代相传的交大情结。全体班子成员一起精心谋划、用心做事，一起坦诚相待、互相学习，一起紧密配合、开拓创新，一起破解难题、拼搏进取，为交大发展做出了实实在在的贡献。

学校的发展，依靠的是全校教职员工。交大人潜心学术、诲人不倦，用自己的心血和汗水践行着教书育人的天职。在学校党委的带领下，全校上下心往一处想，劲往一处使。交大人始终保持着"大任当前，舍我其谁"的责任意识和使命意识，坚持在服务国家、服务社会中汲取发展动力，在不断实践中探寻高等教育的发展规律，紧紧抓住中国高等教育发展百年难遇的历史性机遇。交大人始终与国家发展同向同行，在探索实践中国特色、世界一流水平的大学建设上闯出了新路。

为推动教育强国建设，高等教育改革的组织者、实践者、参与者群策群力，付出了长期艰巨的努力。2014年，为了给探索建设世界一流大学之路提供有效启迪，马德秀基于上海交大的改革和发展实践，撰写《变革与超越：走中国特色的一流大学之路》一书，以夹叙夹议的方式，将担任上海交通大学党委书记的十年期间建设世界一流大学的所思、所为、所悟铺陈开来，阐述了如何将上海交通大学建设成为世界一流大学的独到见解。马德秀深刻认识到要建设有中国特色的世界一流大学，既要遵循世界一流大学的发展规律，又要把大学发展置身于中华民族伟大复兴的历史征程中。2015年，马德秀将在任学校党委书记工作期间的交流发言、会议讲话、工作报告等整理为《实践与探索》一书，书中载录了十年期间撰写发表的部分专文、报告、讲话等156篇及文稿节选20篇，较为全面地记述了交大敢为人先、攻坚克难，坚持内涵建设、力争科学发展的奋斗历程。

十年奋斗路，一生交大情！交大，是她永远的精神家园。她衷心祝愿交大的明天更加美好，祝愿创建世界一流大学的目标早日实现！

对青年教师和学生的寄语

人才培养是学校的根本使命，教书育人是教师的天职。希望青年教师在不断提高人才培养质量上做出表率，把国内外先进的教育理念、把本领域最前沿的理论知识转化为学校人才培养的宝贵财富。

青年教师的治学态度与学术潜力，影响到学校建设世界一流大学的进程。青年教师是学校的未来，是事业的希望，潜力无可估量。希望你们始终保持对科学研究的执着和热情，始终点燃内心深处的科学之火，在科学大道上钻研一生、奋斗一生、奉献一生。

学校正在加快推进世界一流大学建设，交大人要以投身这一伟大事业为荣，希望青年教师珍惜学校提供的广阔舞台，将压力转化为动力，让才能在实干中得到提升，在实践中历练成长。更希望你们将"选择交大，就选择了责任"根植心中，增强使命感、责任感，不仅要努力成为本领域的学术大师、领军人才，还要努力成为服务国家战略、解决国家急需问题的战略科学家和实干家，为学校事业的发展、为建设创新型国家、为推进中国式现代化贡献自己的力量。

另外，想对青年学子说，生而逢盛世，青年当有为。你们乐观、向上、从容、自信，正是青春的理想让你们的精神更加辽阔，正是青春的追求让你们的时代更加绚丽，正是青春的昂扬让你们的奋斗更有底气。

当新时代的接力棒交到当代青年手中，希望你们不负青春，不负韶华，心有鸿鹄之志，胸怀爱国之情；期盼你们躬身实践，挺膺担当，把"打铁还需自身硬"的扎实学识转化成未来广阔天地中干事创业的过硬本领，在本职岗位上攻关夺隘，在关键领域里引领世界，在强国建设中自信自立，为实现中华民族伟大复兴贡献智慧力量。青春万岁！祝福你们！

（牟凯璇初稿，萨日娜修订，张濠审阅）

CHEN
SAIJUAN

巾帼名言：我首先是科学家，然后才是女性。女性只有自尊、自信、自立、自强，才能真正得到社会的承认，也才是一个完整的女人。

陈赛娟

中国血液病学开拓创新的英杰

人物简介

陈赛娟，1951年出生于上海市，祖籍浙江宁波鄞县（现鄞州区），中国工程院院士，发展中国家科学院院士，法国医学科学院外籍院士，英国皇家内科学院院士，法国艾克斯-马赛大学名誉博士，第七、第八届中国科学技术协会副主席，第十届上海市科学技术协会主席，上海交通大学医学院教授、博士生导师，上海交通大学医学院附属瑞金医院终身教授。现任中华医学会副会长，上海血液学研究所研究员、学术委员会主任，医学基因组学国家重点实验室主任，国家转化医学研究中心（上海）主任。第十、第十一届全国人大代表，第十二、第十三届全国政协委员。1975年毕业于原上海第二医科大学，1981年获医学硕士学位，1989年获法国巴黎第七大学科学博士。

主要从事血液恶性疾病发病机制和新型靶向治疗研究，率先发现急性单核细胞白血病DNA甲基转移酶基因突变是该类白血病的始动因素；发现RNA解旋酶DDX3X基因突变是天然杀伤/T细胞淋巴瘤诊断和预后判断的独特分子标志；系统阐明慢粒白血病和M2b白血病的多步骤发病原理；通过对急性T和B淋巴细胞白血病（ALL）的基因组全景式研究，构制了T和B急淋的基因突变和异常表达谱以及系列新的融合基因等药物作用的靶点；应用系统生物学研究思路，开展了急性髓系白血病（AML）和ALL的多组学研究；揭示了急性早幼粒细胞白血病（APL）砷剂作用的直接靶点，阐明砷剂"以毒攻毒"的分子机制，奠定了APL协同靶向治疗的分子基础。她注意基础与临床医学的结合，领导了APL的靶向治疗方案的设计与实施，使APL实现了从高死亡率向高治愈率的转变。同时，她将这一成功思路进一步拓展至其他类型的白血病。最近她领导和组织的复发/难治多发性骨髓瘤患者用LCAR-B38M的CAR-T探索性临床研究取得显著成效。她的研究对我国血液学科发展具有重要的推动作用，产生了重大的国际影响。

陈赛娟在《自然》（*Nature*）、《科学》（*Science*）、《细胞》（*Cell*）、《柳叶刀》（*The Lancet*）、《自然-遗传学》（*Nature Genetics*）、《癌细胞》（*Cancer Cell*）、《血液》（*Blood*）、《美国国家科学院院刊》（*PNAS*）等国际著名刊物发表论文500多篇，被引证数达30 000余次。以第一完成人获得了包括国家自然科学奖二等奖（2次）、上海市自然科学奖特等奖在内的10余项重要科技奖项，并获何梁何利基金科学与技术进步奖、"求是"基金青年科学家奖、上海市医学荣誉奖、上海市育才奖等，还获得全国劳动模范、全国三八红旗手、全国十佳女职工、全国十大女杰等国家级荣誉称号。

一

圆梦医学，勤奋励志脱颖而出

陈赛娟曾在自述中说：“我出生于1951年，我和我的同代人亲身经历了20世纪50、60年代年轻共和国的茁壮成长期，‘文化大革命’的曲折路程和新时期国家改革开放快速发展的大好时光。我从一名普通的纺织工人走上医学科学的道路，并成长为中国工程院院士。尽管道路艰辛，但在同代人中是幸运的。”从一名纺织女工到医学领域的杰出科学家，陈赛娟固然是幸运的，但其间所需要的耐力与努力，恐怕也是难以想象的。一路走来，无论顺境还是逆境，陈赛娟从未放弃求知的渴望和学习的机会。

1966年，正在上海市向明中学读初二的陈赛娟因为“文化大革命”，被迫中断了学业。两年后，年仅17岁的她成为一名纺织女工。虽然读书深造的路在当时几近破灭，但她从不曾放弃自己的求学路。1968年，17岁的陈赛娟被分配到上海纺织局下属的上海第六印绸厂，当了几个月的车工，不久因为工厂合并，进入上海第五丝织厂。纺织厂一般都是停人不停机，工人三班倒。上早班，天还没亮就得起床，做夜班，上班时已经是半夜。陈赛娟最怕上中班，下班是晚上10点，到家最起码是11点，第一天上中班，回来的路上，提心吊胆，害怕碰到坏人。为此她常常约几个同路的小姐妹一起走。有时，实在约不到人，陈赛娟就哼唱革命歌曲，一路小跑回

家。她每天要步行45分钟去上班，这一方面是为了节省开支，另一方面也为了锻炼身体。

陈赛娟去上班的路，总是经过上海第二医学院，即现在的上海交通大学医学院，看见大学生们出出进进的，真是太羡慕了，心想自己不知猴年马月也能到这个学校去读书。如果读上这所大学，毕业之后，穿上白大褂，戴上口罩，胸前再挂上一个听诊器，当个医生，该多好啊！从那时起，陈赛娟在心中种下了一颗渴望学医的种子。

陈赛娟一开始在准备车间工作，因为她当时才17岁，还没到法定上工的年龄，工人们也很照顾她，都把她当作小妹妹来看待，安排她摇纤子、扦经，这在厂里属于比较轻的工作。可是陈赛娟人小志不小，总想多学点本领，她常常利用休息时间到纺织车间去学习挡车。她身边总带着几件工具：一把小剪刀、一段小棉线，用它打蚊子结，将断了的线结起来。挡车工十分辛苦，有人曾经计算过，每年一个纺织女工在车间里来回走的距离，大概可以绕地球好几圈！陈赛娟人不高，大约只比机器高一点点，可女工们都愿意教她。就这样陈赛娟很快学会了一手过硬的技术。关于这

17岁成为一名纺织女工

些，陈赛娟说："纺织工人马不停蹄的三班制工作使我得到锻炼，也更体会到工人师傅的辛劳。"虽然劳动很辛苦，陈赛娟却从未放弃学习。俗话说，时间像海绵，挤一挤，总会有的。在繁忙的工作间隙，陈赛娟常常到街道图书馆或者卢湾区图书馆去借书。对红色著作的阅读让她决心积极争取成为工人阶级先进组织中的一个成员，终于在1970年加入中国共产主义青年团，1971年加入中国共产党。入党后，陈赛娟作为厂领导的后备干部受到组织的培养。

1972年，陈赛娟的生活出现了新的转折。一天，陈赛娟正在埋头干活，忽然党委书记来到她身边。挡车车间里的机器声很大，工人说话不升高分贝，对方就听不到声音。陈赛娟只见书记的嘴巴在动，却不知道他在说什么。隐约听到"上大学"三个字时，她的心猛烈地跳动起来。机会总是留给有准备的人，当时纺织厂里有一个上大学的名额，大家一致推荐年纪小又好学的陈赛娟去。彼时她有两个大学可以选择——上海第二医学院和上海外国语学院。陈赛娟毫不犹豫地选择了前者，因为她希望能为千家万户的病人解除痛苦。就这样，表现优异的陈赛娟被推荐进入上海第二医学院，学习的大门再次向她敞开。带着极大的毅力和耐力，陈赛娟入读了大学，用勤奋获取知识。

1975年，陈赛娟大学毕业，由于成绩优秀，被分配在瑞金医院当内科医生，她终于到了能够施展才华，为人民服务的时候。在瑞金医院的病房里工作了一年后，陈赛娟到松江新浜公社赤脚医生大学去教学，那段经历也给陈赛娟留下了深刻的印象。她说："广大赤脚医生活跃在农田里为群众服务，深受农民们的欢迎。我承担了赤脚医生大学大部分医学基础和临床课，包括病理生理、生化和内科学，既培养了赤脚医生，又使我进一步巩固了大学期间所学的课程。"1978年，党的十一届三中全会的春风，吹遍了祖国大地，在邓小平同志的倡导下，全国研究生考试恢复了，这让陈赛娟又面临着一次人生抉择。她心中始终有一种当医生的神圣使命感，催促着她向一个更高的目标迈进。陈赛娟毅然把握了这个时机，一边上班，一边紧张地复习。果然，功夫不负有心人，在六百多位考生中，陈赛娟脱颖而出，成为十一届三中全会后的首批女硕士研究生，师从著名血液学专家王振义教授。当时与她同时考入研究生的还有一位名叫陈竺的年轻人。

1976年，陈赛娟在松江新浜公社赤脚医生大学教学

陈赛娟和导师王振义

这对同窗，一同留学，互相鼓励，最终成为生活和科研道路上的终身伴侣。

辛勤耕耘的结果是丰硕的收获。1981年，陈赛娟交了一篇研究血液的"高凝固状态"的硕士论文。高凝状态广泛见于包括冠心病、糖尿病、肾脏病在内的多种常见病。这一研究涉及当时不少比较先进的生理、生化学理论，还需要进行大量的统计学分析，从一定意义上讲是个具有挑战性的交叉学科课题。陈赛娟通过了论文答辩，获得了血液研究硕士学位。硕士阶段的学习使陈赛娟比较系统地掌握了现代生物学和血液学的基础理论和科学研究方法，从而为日后发展奠定了基础。陈赛娟的导师王振义教授曾经这样夸奖她："赛娟不逊于陈竺，不远的将来，她肯定也会成为一名院士。"王教授之所以如此自信地预言，是因为他清楚这位女弟子有的不仅仅是机敏聪慧的良好科研素质，在她身上还蕴涵着一种坚忍不拔的品质，那是成就一名优秀科学家所不可缺少的。

二

志在报国，艰苦求学终结硕果

1986年1月，陈赛娟被派往法国巴黎的血液病研究中心圣路易医院血液病研究所进修。通过深入研究，陈赛娟认识到细胞和分子遗传学是白血病诊断的重要依据，也是白血病分子机制研究的突破口，而国内血液学界尚缺少这门学科。因此，陈赛娟决心以细胞遗传学研究为切入点，架设一座血液学临床和分子研究的桥梁，探索白血病的发病机制。为了专心致志地做研究，陈赛娟将不满2岁的儿子留在国内，报考了巴黎第七大学的博士学位，师从细胞遗传学家洛朗·贝尔杰。

法国留学期间的陈赛娟，在生活上从来不挑剔，可是在学习上，她总是以最高的标准来要求自己。在巴黎第七大学读博的日子里，她把自己关在图书馆、资料室、实验室里，满脑子都是研究、研究再研究。巴黎城的美丽风光，她往往一扫而过，凯旋门、埃菲尔铁塔也对她没有多少吸引力。她几乎将所有的时间与丈夫陈竺一起埋头于各种书本、各种实验、各种试剂中。早年留学法国攻读博士学位的经历让陈赛娟很难忘。留学的生涯是辛苦的，陈赛娟如饥似渴地探索着生命的奥秘。

在攻读博士学位的初期，陈赛娟一方面学习细胞遗传学核型分析的方法，另一方面研究带有费城染色体（由第9号和第22号染色体相互易位所致）的白血病细胞之免疫表型，即在细胞不破裂的情况下，同时作核型分析和免疫表型分析。当时，染色体荧光素原位杂交技术还没有引入，尽管花了几个月的时间进行研究，进展不顺利。陈赛娟到法国时，分子生物学正处于快速发展的阶段，她应用Southern、Northern分析，DNA测序，分子克隆和染色体步移等方法，经过努力、失败，再努力、再失败，终于在费城染色体阳性的急性白血病中鉴定出一种新的分子畸变。在此种畸变，即费城染色体形成过程中，22号染色体BCR基因的断裂点，不是位于慢性粒细胞白血病的经典区域（基因的第12至14内含子），而是位于BCR基因的第一内含子，从而为疾病的诊断和鉴别诊断提供了有用的分子标志，也为该型白血病染色体易位的可能机制提供了工作模型。

可就在这个时候，一位从美国芝加哥大学获得博士学位的学者走进了陈赛娟的实验室，看了这个研究项目，居然要把它接过去。陈赛娟的导师也同意把它移交给那个美国人。陈赛娟自然不愿意这样做，但对于导师的决定，学生是没有理由反对的。虽然移交了，但陈赛娟在陈竺的实验室里继续进行研究，当然这是秘密的，绝对不能让导师知道。半年过去了，那个美国学者没有研究出任何结果，而陈赛娟却已将研究成果写出了两篇论文并且公开发表，这一切让人们目瞪口呆。

在法国的三年多时间里，陈赛娟几乎每天都要工作12到14个小时，从无间断。记得1987年的圣诞节，法国的同事都回家过节去了，可是陈赛娟与丈夫仍然来到实验室。陈赛娟辛勤的耕耘终于换来了甜蜜的收获。她首次在国际上报告证实伴Ph1染色体的急性白血病在第22号染色体断裂点的丛集区；首次克隆了BCR基因，一个长达94 kb的区域；首次建立了Ph1染色体形成的分子模型。她先后在法国发表12篇论文，其中以第一作者在《血液》（*Blood*）、《肿瘤基因》（*Oncogene*）、《核苷酸研究》（*Nucleic Acids Research*）、《白血病》（*Leukemia*）等杂志上发表了7篇论文，这些杂志都是在国际上享有很高权威的。

1989年1月，陈赛娟以最佳评分通过论文答辩，获得法国巴黎第七大学科学博士学位。参加博士论文答辩委员会的一位法国专家说："我也做过类似的研究，知道要攻克这项难题非常不容易，要付出很多很辛苦的劳

在法国艰苦求学获得学术硕果

动。"这时，陈赛娟的导师则开玩笑地说："我不能直接称她是居里夫人，但她是一个非常有韧性的女性。"提起居里夫人，陈赛娟说："一直以来，我总是把她当作自己的榜样，在我很小的时候，就对这位坚韧不拔、勇于拼搏的女科学家产生了敬重和钦佩之情。当时，居里夫人在极其恶劣的环境中历尽千辛万苦，从数以万吨的矿物渣中，提炼出放射性元素镭……她是我心中一座不朽的丰碑。"对于自己在巴黎的这段日子，陈赛娟说："是我的科学研究生涯逐渐走向成熟的过程，也使我第一次了解了西方世界，并且进入学术圈，结识了不少法国朋友。"

获得博士学位后，陈赛娟决定回国。当陈赛娟将这个消息告诉自己的法国导师时，导师低头不语，好半晌才吐出一句话："别走了，这里你会有非常灿烂的前程。"一些好心的朋友也向他们提出了建议，认为陈赛娟在西方国家发展机会将会更多。还有许多法国同事都劝陈赛娟夫妇改变主意，他们说："不要回去了，留在这里，你们肯定能拿到终身职位，会有非常好的前途。"还有的人则露骨地说："回国，你们将一无所有！"

对于陈赛娟夫妇回国的决定，国内也有很多人不理解。当时国内刚刚发生过一场政治风波，有人乘机掀起了一股"出国风"。陈赛娟夫妇在这时毅然返回祖国，让有些人大感意外，还有人甚至以为他们在法国混不下去才回来。陈赛娟说："不管人家怎么说，历史证明我们是选择了一条正确的道路！至于科研条件，没有也可以创造。我们不讲大道理，但我们都不能违背中华民族的古训：滴水之恩当涌泉相报。祖国养育了我，我要为祖国服务，尤其在祖国处于困难的时刻。"

留在法国固然可以过舒适的生活，进行得心应手的科学实验，但是祖国的科学事业更需要人才。他们热爱法国和法国人民，可是在他们的心底里，对祖国热爱得更多。陈赛娟在博士论文的首页上写的第一句话就是："谨以此献给我的中国！"因此陈赛娟斩钉截铁地对朋友们说："即使一无所有，我们也要回国。原因很简单：科学无国界，科学家却有祖国。"陈赛娟的法国导师贝尔杰，得知自己的学生坚持要回国的真正原因后，非常感动，也非常理解。他亲自带着陈赛娟夫妇到法国癌症基金会，说服基金会的负责人，争取到一笔10万法郎的基金，资助他们回国创建实验室。在20世纪80年代末，这10万法郎可不是一笔小数目，陈赛娟兴奋极了，握住丈夫的手，连声说道："陈竺，我们回去一定要好好干！"

三

勇攀高峰，专注科研不断突破

1989年7月，陈赛娟和陈竺放弃了国外舒适的生活，毅然回到了祖国。两人将在法国争取到的10万法郎基金全部用于购买仪器设备运回国内。他们还加入了成立不久的瑞金医院上海血液学研究所，携手展开了艰难的白血病基础和临床治疗机制的研究。

当时瑞金医院实验室的设备比较简陋，就像一张白纸，国内的导师和不少专家曾好心规劝他们到科研条件比较好的科学院系统或肿瘤所工作，但是他们却割不断对曾经哺育他们两代医生之家的上海第二医科大学附属瑞金医院的深厚情结。他们认为科研没有条件，可以创造条件，而且瑞金医院是全国著名的综合性大医院，有着丰富的临床资源，特别适合做集基础和临床研究于一体的"转换型"研究。陈赛娟他们借鉴法国巴黎第七大学圣·路易医院的科研体制，将实验室放在医院里，变临床资源为医学分子生物学研究之源。陈赛娟决心凭着对祖国的爱，对党的信赖，对病人的一片真情，要在这张白纸上画出最新最美的图画来。然而，医院的医疗任务非常繁重，在20世纪80年代末，要在一个临床医院里建立一个基础研究实验室要面临诸多困难。当时的条件下，要人没人，要设备没设备，要经费没经费，甚至没有一间像样的房间来做实验室。

临时建立的实验室在瑞金医院门诊五楼，仅仅只有10平方米。好不容易从法国进口的几套设备，包括高精度温控的水浴箱、凝胶紫外观察仪等，那都是做染色体技术需要的基本仪器，实验室里放不下，就放在走廊里，与医院门诊超声波、心电图等候诊患者挤在一起。还有一些实验需要超速离心机等昂贵设备的，瑞金医院没法做，就到外面的研究院、研究所去做。每次都是把那些贵重的标本、试剂、试管小心翼翼地放在自行车前的网兜里，骑车过去。无论雨天、刮风、酷暑、严寒，陈赛娟都坚持不懈。记得为了到坐落在岳阳路的上海生化所做PCR实验，一天要来回3次。令人欣慰的是，在老师王振义和各界的无私帮助下，陈竺、陈赛娟最终只用了两年时间就建成了系统的白血病标本库、细胞遗传学实验室和分子生物学实验室，为进一步的研究打下了扎实的基础。

身穿医生服的陈赛娟院士

有人说，陈赛娟是一个坚强的女性，在条件最艰苦的时候，她自己洗试管、制蒸馏水；但她又是一个脆弱的女性，常常为患者的一句话、一个眼神而流泪。陈赛娟曾在自述中说道："30年前，当我从医学院毕业跨入内科临床大门之时，不得不面对这样一个事实：白血病的化疗虽能在部分患者取得完全缓解，但绝大多数患者会复发，治愈率非常低。看着白血病患者那一张张渴望生命的脸，作为医生的我却无能为力，那种内疚感是非常沉重的。看来白血病诊治水平的提高离不开对疾病发病原理的认识，有待于基础理论研究与临床实践的结合。"因为这份善良，而产生了巨大的动力，使得陈赛娟立志于从发病机制入手，重新认识白血病。实验室的工作是枯燥乏味的，陈赛娟的执着、忍耐一直是整个课题组勇往直前的凝聚力。分子生物学研究当时在中国尚处于起步阶段，实验条件和国外相比有着天壤之别。那时，土制上马自制蒸馏水的速度很慢，有时一上午才接了1 000—2 000毫升，不像现在，只要龙头一开，蒸馏水就会哗哗地流出来。现在用的都是一次性试管，做完实验就扔了，可那时，试管用过以后，洗干净了再接着用，实验做得越多，洗刷、烘干等杂事越多，可是他们那代人从小吃苦吃惯了，再大的困难都压不倒她。陈赛娟知道白血病的危害逐年有增无减，虽然在总人口癌症死亡率中排位第六，但对青少年来说，则高居各类癌症之首，这些使陈赛娟更加忘我地投入与白血病抗争之中。

多少年来，陈赛娟和导师王振义以及同事寻找各种"武器"，攻克白血病。功夫不负有心人，通过艰苦的探索，他们终于获得了一系列原创性研究成果，特别是创建了急性早幼粒细胞白血病协同靶向治疗的理论和技术体系，创建了全反式维A酸和三氧化二砷协同靶向治疗的"上海方案"，实现了临床转化的重大突破，使该病从最凶险的白血病亚型转变为第一个可治愈的急性髓系白血病，挽救了国内外成千上万白血病患者的生命，成为肿瘤治疗学最为成功的典范。这项成果被国内外同行誉为"从实验室到临床转化医学的遗产"，被美国国家综合癌症网络定为治疗的标准方案。在《自然》《科学》《细胞》《自然－遗传学》《癌细胞》《血液》《美国国家科学院院刊》和《白血病》等国际高水平杂志发表系列文章，在国际上产生了很大的影响。正如1995年11月《科学》"中国科学"专辑中一篇报道所评论的："如此简陋的实验室中进行的分子生物学研究却是世界水平的。"

然而，要彻底攻克白血病，还有待时日。首先，其诱导分化治疗的分子机制亟待阐明。在极端困难的条件下，陈赛娟和同道们日夜拼搏，终于和国际上其他3个研究组同时发现APL患者所特有的染色体易位，可引起维A酸受体（RARa）基因和早幼粒细胞白血病（PML）基因发生重排。PML-RARa融合基因及其编码的蛋白质，不仅在APL发病机制中起着核心作用，也可作为白血病细胞分化治疗的一个分子标志。回国不到两年的时间里，他们的研究论文分别发表在《白血病》和《血液》上，并为同行广泛引证。1990年，一位急性早幼粒细胞白血病的病人在接受常规治疗后仍未见好转，这一情况引起了陈赛娟的注意。她在显微镜下反复地观察，发现这位病人与其他病人不同，其细胞中具有一种变异型的染色体，累及11号染色体。陈赛娟没有放过它，而是仔细研究了很长一段时期，最终她弄明白了。原来那是17号染色体的维A酸受体基因与位于11号染色体上的一个新的人类基因发生了融合。随后，陈赛娟便克隆了这个新基因，实现了当时我国生物医学领域中人类疾病新基因克隆"零"的突破。该发现在国际学术界引起了巨大的轰动。此后，美国、法国等国的同行遇到同种的病例，都要专程送到中国请陈赛娟夫妇过目后才放心。

为了深入研究，陈赛娟、陈竺在国外先进的实验室克隆了这两个APL受累基因，并对急性早幼粒细胞性白血病微小残余病变进行检测，有效地指导了临床的治疗。这一发现为每年数以千计的患者打开了一条通向特异性有效治疗的希望之路，标志着我国白血病基础理论研究已进入世界领先行列。"科研无止境"，这是陈赛娟常常说的话。她几乎把自己的精力、体力、时间，都献给了科研事业，当她发现一个新的东西时，会欣喜若狂。一种出于医生天职的使命感和责任感，使陈赛娟将自身最大的快乐寄托在病人的康复和重新树立生活的信心上，而这些成为她为之努力奋斗、自强不息的精神动力和力量源泉。

　　在几十年的医学研究领域中，陈赛娟曾遇到过各种困难，但她都坚强地应对了下来。支持着她的，是一份最原始也最坚定的信念——治病救人。每当想到病房中血液病病人痛苦的病容，病人家属祈求的目光时，陈赛娟那颗温柔的心就紧缩了。倔强好强的她在心中许下誓言，要把这一个个活蹦乱跳的生命从死神手里抢回来。对于自己的研究领域，陈赛娟曾这

陈赛娟指导学生分析数据

样描述:"一般治疗白血病用的是化疗方法,在杀灭疾病细胞的同时,也会杀死正常细胞。而我们用的白血病诱导分化和凋亡疗法就好比是将'坏人'改造教育使其成为'好人'。"

陈赛娟研究团队从临床问题出发进行基础研究,并将成果落实于临床治疗,实现了基础研究与临床研究的双向转化。"上海方案"的成功,证明了实验研究与临床治疗结合可以取得开创性的成果。怎样把急性早幼粒细胞白血病"上海方案"的这种治疗路径,复制到其他类型的白血病上,找到攻克其他白血病的方法,这是陈赛娟一直在思考的一个问题。她希望,在APL转化医学研究上取得的经验,可以推广到更多的学科领域,促进其他疾病的研究也能借助转化医学而获得突破。陈赛娟和她的团队曾多次提出加强转化医学研究的建议,并得到了国家和上海市政府的大力支持。2013年,国家发改委批准首个转化医学重大科技基础设施落户上海,2020年12月转化医学大楼正式启用。为完成这一重大任务,未来转化医学将以创新的机制体制整合在沪高校和国家科研院所的优势资源和科研队伍,为推动转化医学的发展以及促进医药生物技术产业水平的提升做出显著贡献。

诺贝尔生理学或医学奖得主克里斯汀·德迪夫(Christian de Duve)教授这样评价陈赛娟的科学贡献:"通过她的研究工作,使我们有机会了解中国女性的科学见地和敬业精神,她的研究对于世界科学的进步至关重要。"

教书育人,引领后学成就英才

1996年,陈赛娟成为博士生导师。成为陈赛娟的学生是幸福的。在科学研究的道路上，陈赛娟高瞻远瞩，擎灯引航，为学生指明前进的方向。在生活上，陈赛娟就像一位慈母，关心着每位学生的成长，帮助他们解决学习和生活中的困难。作为陈赛娟的学生也是"痛苦"的。对于做学问，她是出了名的严师。学生们无论是做实验还是写论文都得细心谨慎，因为他们知道陈赛娟是最不好糊弄的，任何细小的差错她都能明察秋毫。学生的论文被修改十余遍是常有的事。大到逻辑结构，小到语法与标点符号，陈赛娟都会认真修改，不放过任何一个细节。每一篇论文，无论其价值大小、拟投稿的期刊影响因子高低，陈教授都一律认真对待，因为她认为必须为读者负责，为实验室的声誉负责。德高为师，身正为范。陈赛娟十分重视人生观、价值观和科学信念的教育，大力提倡学习老一辈科学家的奉献精神，注重培养学生高尚的学术道德和严谨的科学作风。面对近年来学术界的各种学术不端现象，她以身作则，不追名逐利，不追风赶潮，踏踏实实做学问，倡导科学诚信。她曾给上海血液学研究所全体导师和研究生发出了"严惩学术不端行为，维护学术诚信"的倡议书，要求全所师生坚持学术诚信至上，恪守学术道德，维护学术尊严。20多年来，陈赛娟兢兢业业，呕心沥血，把大部分的时间都奉献给了她的学生和科研工作。她几乎没有节假日，绝大多数的时间都用于修改学生的论文，或和学生一起讨论工作，常常废寝忘食。

决定科学研究成败的关键因素是人而不是物。高水平的工作必须由高层次创新人才来完成。作为国家级研究机构的管理者，陈赛娟一贯重视人才战略的实施，坚持培养和引进并重的人才政策，依靠事业和科学来吸引青年才俊，使得她领导的白血病研究团队成为人才集聚的科研高地。对于自己培养的人才，陈赛娟因势利导，让青年人出国深造的愿望与团队的学科建设目标尽可能地结合到一起。对于有发展潜力的优秀年轻人才，也会帮助联系国外学术水平高或是学科交叉需要的机构攻读博士学位或博士后。对于引进人才，陈赛娟千方百计为他们创造良好的工作和生活条件，在研究生招生、启动经费等各个方面给予及时的倾斜和支持，使他们尽快度过回国初期的适应、磨合期，以便早出成果。在她的主持下，白血病研究团队已引进十余位临床和基础研究领域的中青年优秀人才，其中包括国家中组部海外高层次人才引进计划1名、青年海外高层次人才引进计划3名。

作为一名科学研究管理者，在"以人为本"的理念下，陈赛娟领导的白血病转化医学团队为青年人实现梦想提供了广阔的空间，人人享有出彩的机会。20多年来，团队为国内生物医学研究培养了大量的人才，许多已经成为所在领域的领军人才，其中10名国家基金委杰青、5名教育部长江特聘教授、国家有突出贡献中青年专家3名，优青3名、百千万人才工程5名、"国家特支计划"领军人才3名，获得上海市领军人才、上海市科技精英、上海市海外高层次人才计划、上海市东方学者、上海市科技启明星等上海市人才计划共77人次。6名研究生获国家优秀博士生论文。白血病转化医学团队于2005年获教育部"长江学者和创新团队"，2006年获国家自然科学基金创新研究群体科学基金，2009年被中组部、中宣部、人力资源和社会保障部、科技部共同授予"全国专业技术人才先进集体"荣誉称号。她创建和领导的团队成为海内外优秀人才发挥聪明才智的汇聚基地，形成了有优秀学科带头人领衔的、具有战斗力的、能打仗的老中青优秀团队。

五

全能女性，科研家庭兼顾两者

陈赛娟是中国工程院院士，是瑞金医院上海血液学研究所的所长，是诸多硕士、博士研究生的导师，同时还是一位卓有成就的科学家的妻子，

2003年，陈赛娟当选为中国工程院院士

一位优秀青年的母亲。每天她需要不停地变换她的角色，而每一种角色，都在要求她做到完美。一个女性要想让事业与家庭两全其美，其实并不容易。生活中的陈赛娟努力做个好妻子、好母亲、好女儿，她付出的辛苦自然比一般人更多。

为了研究工作，陈赛娟和陈竺两人也会经常辩论和争吵。有一阵子，为了保证在家里能有片刻的放松，他们俩只好约法三章：在家不准争论科研上的事。不过正是通过科研上这种富有激情的交流，夫妻两人共同推动着中国的白血病研究不断向前。而在这种互动中，陈赛娟作为一名女性的坚韧与细致不可或缺。

记得有一次，陈竺在实验时获得一个梦寐以求的数据结果，极度兴奋的他没有细加考虑，便马上向合作者——美国的魏克斯曼教授通报了这些最新数据。进一步核查却发现，这个结果是由于工作人员在实验操作过程中的"污染"造成的。学术上一向精益求精、人格上力求完美的陈竺，顿时陷入了自责的深渊，他悄悄地写了一份辞职报告。就在这时，陈赛娟对他说："你要是辞职，就是错上加错，面对挫折你不应该丧失信心和勇气。"

正是这份来自妻子的鼓励和支持，让陈竺最终坚持了下去。他们的一位合作伙伴曾这样描述这对夫妇：陈赛娟总以包容的胸怀来看待学术上的分歧，放下争执，用数据和结论审视自己的观点。这让陈竺充分认识了志同道合的妻子，并在共同的研究道路上携手向前。

褪去科学家的诸多光环，陈赛娟还是一位母亲，她对儿子有自己的一套教育理念。陈赛娟爱儿子从不摆在脸上，对儿子读书、生活自理上都要求非常严格。陈硕小学五年级时，考取了上海外国语学院附中预备班，一直住校，每周末返家。除了最初几次由家人接送外，之后都是他自己乘公共汽车来回。在婆婆眼里，陈赛娟是一个好母亲。可是陈赛娟老觉得对儿子亏欠得太多，她说："我一生中面临的考验，不是在实验室，而是在飞机场。"1986年，陈赛娟准备到巴黎留学时，儿子才2岁不到。到1987年，陈赛娟夫妇才得空陪法国代表团回国。为了能早点见到儿子，他们托人买票，提前一天回家。当陈赛娟和陈竺夫妇赶到儿子身边时，3岁的孩子正在吃饭，他不认识进来的两个人，只看了他们一眼，便继续埋头吃饭。在一旁的外公和外婆赶紧让孩子叫爸爸妈妈。尽管事先外公、外婆曾经告诉

陈赛娟、陈竺夫妇和儿子在一起

他，爸爸和妈妈明天回来看他。此时3岁的孩子眨巴着眼睛望着两位"陌生人"，心想这是谁啊，既然外公让我叫，我就叫一声吧。他羞涩地叫了声爸爸妈妈，叫过以后，忽又面露喜色，对陈赛娟和陈竺说："我们明天要到飞机场去接爸爸妈妈了。"陈赛娟听到此话，禁不住泪如泉涌，她一把将儿子紧紧地抱在怀里，哽咽着说："傻儿子，我们就是你明天要到机场去接的爸爸和妈妈呀！"几天后陈赛娟要回法国了，在机场上又面临着别离，儿子似乎有点懂事了，他哇哇大哭，拉着妈妈的手不放，最后在爷爷奶奶的说服下，才勉强松了手。这哭声久久地留在了陈赛娟耳边……

陈赛娟既是科学家，又是媳妇、妻子和母亲，要同时做好这几种身份，谈何容易，陈竺十分体谅她。陈赛娟说："我先生在吃的方面很随便。他总说：'我上山下乡都去了，还有什么苦不能吃？'他回家后，还与我抢着干家务活。当他看到我在科研上碰到困难时，他也很着急，赶快过来恨不能立即帮助我解决。我们俩志同道合，互相谅解。"在攀登科学高峰的道路上，无论站得有多高，陈赛娟心中的出发点永远都是患者。她和丈夫陈竺历年来捐献了数百万元人民币用于奖励科研。陈赛娟曾经说过，白血病有几十种，而血研所的研究种类还相当有限。如今，在基本治愈急性早幼粒细胞白血病的同时，陈赛娟和血研所的同事们已经开始找寻M2、M5等其他种类白血病的治疗方法，也在探寻攻克人体其他部位肿瘤的途径。在这条赋予人类生命希望的道路上，她的步伐不会停歇。

排除一切外在干扰，达到崇高的科学境界。陈赛娟在不断地超越中，演绎着自己美丽的人生。她觉得21世纪的生物医学和信息技术会发生前所未有的、突飞猛进的发展，在需要付出长期努力和需要巨大的专注力、细致观察和精细实验的学科领域，女性的长处将会得到最充分的发挥，女性也将在其中扮演越来越重要的角色。在"女人干得好，不如嫁得好"的传统思潮中，"陈赛娟现象"在召唤女性走出传统的社会家庭角色，克服自身的心理弱势，不断去学习、创造、释放自己的潜能和才华，为实现自身价值拓展更大的舞台。正如陈赛娟所说："我首先是科学家，然后才是女性。女性只有自尊、自信、自立、自强，才能真正得到社会的承认，也才是一个完整的女人。"

六

巾帼风采，薄肩勇担社会之责

陈赛娟说："女性科学家要攀登国际科学技术的高峰，既需要勇气，更需要自信心；既要用宽广的胸怀团结同事协同攻关，又要充分发挥自身的优势。"

1989年回国后，陈赛娟及其团队就潜心于维A酸诱导分化治疗白血病机制的艰苦探索。在这项国际竞争中，她以女性科研工作者特有的细致和敏锐，发现了与该种白血病发病相关的新基因，找到了早幼粒细胞白血病中决定细胞对分化诱导剂产生反应的关键机制，提出了维A酸针对白血病基因产物的"靶向治疗"的思路，在同行中产生了很大反响，这一成果同时也实现了我国生物医学领域中人类新基因克隆"零"的突破。

陈赛娟认为科学不分性别，女性科学家应勇敢担起社会责任。她如是说：在与女同胞们进行交流的时候，人们经常表达的一个观点是，作为女性事业上要获得成功，要比男性付出更多；作为妻子、母亲、女儿对家庭、对子女、对父母常常有一份更重的责任。我更想提到女性科学工作者的社会责任。

第一，一位哲人说过，妇女解放是社会解放的标志。在我国建设富强民主文明和谐美丽的社会主义现代化强国进程中，中国妇女的作用能否在包括科技教育在内的各条战线上得到充分发挥，在相当程度上决定着"以人为本"方针能否真正落实。全社会也应更加重视妇女的全面发展，支持妇女事业。

第二，在我国和全球公共卫生和健康事业的发展中，要更加强调对妇女和儿童的关爱。多种人类疾病以妇女和儿童为易感人群，而妇女和儿童的健康水平又是检验一个社会医疗卫生和健康水平的主要指标。既要切实加强对妇女的卫生和健康宣传教育，提高对疾病预防的认识，同时也要建立对妇女主要疾病的普查制度和控制措施。

第三，当今世界，以信息技术和生物技术等为代表的高科技领域日新月异，不断孕育着新的革命，带动着知识经济的发展，成为国家核心竞争力的标志。这些领域的发展，比之传统的产业和技术领域更需要付出长期努力，需要极大的专注力、细致观察和精细实验，因而有可能使女性的长处得到充分发挥。历史上女性的杰出代表，物理和化学两次诺贝尔奖获得者居里夫人，2004年诺贝尔生理学或医学奖得主琳达·巴克（Linda Buck）等学者的成功，充分证明了女性在智力、能力、创造力和忍耐力方面绝不低于男性。在科技、经济和社会的进步更加依赖人的智慧而非体力因素的时代，女性科学家在更加适合于自身发展的卓越领域，将扮演着越来越重要的角色。我们应该抓住机遇，迎接挑战，在实现自身价值的同时，争取为国家和人类进步的事业做出更大的贡献。

（兰妙苗初稿，萨日娜修订，陈超审阅）

巾帼名言：许多难，在我们这代人看来，其实都不算什么。我们从小接受的教育是，再苦、再难都是可以克服的；对于人民的事业，必须全力以赴。对我来说，我所有的努力、唯一目标，就是为病家谋幸福。

贾伟平

内分泌学科「中国模式」的开创者

人物简介

　　贾伟平，1956年11月生，祖籍江苏镇江，内分泌代谢病（糖尿病）学专家。1978年毕业于西安医学院（现西安交通大学医学部）医疗系；1993年毕业于西安医科大学（现西安交通大学医学部）内分泌学专业，获硕士学位，师从丁汉伦教授；2003年获上海第二医科大学（现上海交通大学医学院）博士学位，师从陈家伦教授。现任上海市糖尿病研究所所长、国家基层糖尿病防治管理办公室主任、上海市政府参事。她长期致力于糖尿病精准诊疗、预警筛查、发病机制的研究及防治工程管理。曾获得国家科技进步奖二等奖2项（排一、排二），省部级科技进步奖一等奖5项（排一），主持国家重点基础研究发展计划（973计划）及国家重点研发计划等，作为通讯（含共同通讯）作者在国际权威期刊发表论文299篇，主编国际首部持续葡萄糖监测中英文专著。荣获何梁何利基金科学与技术进步奖、亚洲糖尿病研究协会糖尿病流行病学杰出研究奖、吴阶平-保罗·杨森医学药学奖、谈家桢生命科学奖（临床医学奖）、中华医学会糖尿病学分会科学贡献奖。2021年，贾伟平当选为中国工程院院士。

贾伟平率先在国内建立了糖尿病功能诊断的系列技术，开展代谢综合征的流行病学及发病机制的研究，构建了糖尿病及糖尿病前期慢性并发症的筛查及诊治网络，建立了世界第一个动态血糖监测的正常参考值。她所研究的成果不仅填补了国际空白，扩大了我国在国际糖尿病学术领域的影响，更为我国制定糖尿病的防治策略提供了翔实的依据，其研究成果多次被写入《中国糖尿病防治指南》《中国成人血脂防治指南》，以及用于国家医改慢病防治实施方案中。基于此，贾伟平多次获得全国三八红旗手、全国先进工作者、全国优秀科技工作者、上海市科技精英、上海市劳动模范等荣誉称号。

一

域外求学，掌握关键诊治技术回祖国

敦本务实的医院院长、授业解惑的医学教授、有担当的全国人大代表，在贾伟平人生的不同阶段，有很多不同的角色、岗位，而有一个贯穿始终的角色，就是内分泌代谢疾病领域的医生，一辈子研究"甜蜜的事业"。她的名字，屡屡与"首次"相连：首次发现12个中国人2型糖尿病新易感基因，首次发现非酒精性脂肪肝的新型生物标志物，首次提出中国人糖化血红蛋白（HbA1c）诊断糖尿病的切点，首次建立动态血糖监测的正常参考值。她的探索，开启了糖尿病诊断治疗的"中国模式"，给万千糖尿病患者带来福音，其成果被多次写入全球医学指南、健康手册以及教科书等。这些成功的背后，是贾伟平艰苦钻研、无私奉献的硕果，也是中国内分泌医生一场艰苦卓绝的追赶。

1993年，贾伟平刚刚进入上海市第六人民医院内分泌科工作。伴随着社会主义市场经济改革的春风，中国人民生活方式发生了巨大的改变，饮食上糖与脂肪的摄入都显著增加。根据调查，在1990年至2010年间，我国成人的糖尿病患病率几乎增长了5倍，由2%增至9.7%，中国成为世界第一糖尿病大国，患病人数高达9 700万。急剧增长的患者数量和落后的研究技术之间的矛盾日益突出，亟须解决。贾伟平在我国糖尿病发病机制分子研究的先驱人物——项坤三院士的领导下，一头扎进了糖尿病领域的研究及防治工作。

1995年初，贾伟平第一次踏出国门，前往意大利米兰大学圣拉斐尔医院学习。在国外的学习经历，使贾伟平受到极大的冲击和震撼——当时糖尿病的诊断技术和学术研究高地几乎都在欧美国家，我国与之的技术差距长达20年之久。"让中国的糖尿病研究走进世界的第一方阵"，自此贾伟平在内心深处立下了这个目标。

在进修期间，贾伟平成功掌握了检测人体胰岛素敏感性和胰岛素分泌功能的全球标准——葡萄糖钳夹的整套技术，这是开展糖尿病发病机制及药物疗效研究的基础和关键。这项试验的技术要求高、操作难度大，试验步骤多且复杂、花费时间长，还需要团队协作。贾伟平专心致志，全身心投入，边学习边实践，不仅做了大量学习笔记，同时画了很多示意图并配以标注来详细描绘钳夹的每一个步骤和环节。当时，糖尿病的治疗方案主要是基于国外的循证学证据。"哪些人得糖尿病、什么时候发糖尿病，可能和遗传密切相关。由于人种不同，国内外糖尿病易感基因有较大差异，因此不能照搬国外经验。必须研究中国人糖尿病的遗传发病特点，才能创建适用于国人的早期预警技术。"贾伟平深深认识到，必须加紧研究更适合中国糖尿病患者的筛查、诊断和治疗方案。

1995年8月，贾伟平回国，她带着从国外学习的糖尿病关键诊治技术回到上海市第六人民医院，并和团队开启了长达数十年的中国糖尿病诊断治疗的追赶之路。她积极筹备，在国内建立了复杂的糖尿病机制研究需要的精确检测技术的设备及试剂。为了解决静脉血液动脉化的难题，她与院外懂行的工程师联合攻关，因地制宜自主设计和制作了带有恒定温度和湿度的恒温箱，既保证了试验采血的要求，又让受试者的体验更为舒适。

1997年，贾伟平带领研究团队开展了建立葡萄糖钳夹技术的工作。相继在国内率先建立了检测机体胰岛素敏感性的精确技术，即扩展高胰岛素-正葡萄糖钳夹技术，制定了判断中国人胰岛素抵抗的标准；检测胰岛

β 细胞分泌功能的精确方法——高葡萄糖钳夹技术，制定了中国人葡萄糖刺激的胰岛素双相分泌的正常参考值；随后又开展胰岛素脉冲样分泌检测技术。这些技术的建立为进一步探讨中国人糖尿病病理生理机制及新型降糖药物的研发建立了标准和检测平台，并通过这些精确检测技术对应用于临床及流行病学的各种胰岛素抵抗及分泌功能的简易评估指数进行了评价，提出了在糖尿病发生发展不同阶段最佳的检测适用方法。

二

多个首次，建立糖尿病诊治中国模式

随着经济、社会、科学技术的不断进步和发展，我国逐步迈向小康社会，随之而来的饮食结构也发生改变，因而中国的 2 型糖尿病患病率陡然增长。贾伟平针对中国人群糖尿病及肥胖的特点，在遗传机制、流行病学、诊断与治疗、监测与管理模式以及分子病因学等方面都开展了系统性的研究工作。随着研究的不断深入，贾伟平逐渐认识到：要减少糖尿病对健康的危害，必须要"关口前移"，建立适合于国人糖尿病防控的策略、技术及实施路径，不能照搬国外经验。必须研究中国人糖尿病的发病特点，创建适用于国人的早期预警技术，制定更适合中国糖尿病患者的筛查、诊断和治疗方案，这些成为贾伟平的研究焦点。

自 2006 年起，贾伟平先后主持了国家重点基础研究发展计划（973 计划）项目、国家重点研发计划项目以及国家自然基金重点项目等，开展了大规模的糖尿病遗传与环境交互作用的系列研究。她带领团队确定了 40 个国人糖尿病易感基因位点，其中新发现有别于欧美人群的 12 个位点，使当时全球易感基因由75个增加至87个；建立国人遗传易感基因谱，揭示胰岛 β 细胞功能缺陷是中国人糖尿病的主要发病机理；构建遗传风险评估模型，用于高效检出糖尿病遗传高风险的个体，这已在全国300余家医疗机构和社区应用。其研究成果被写入美国斯坦福大学主编的教科书，书中如此评价："该模型能很好预测胰岛 β 细胞功能损伤导致的血糖异常。"《柳叶刀》子刊评价："她是针对中国糖尿病特点的研究者，架起遗传和临床、医院与社区间的桥梁。"

肥胖是糖尿病的高风险因素，但肥胖类型与糖尿病及相关疾病的发病风险尚未明晰。近三十年来，贾伟平持续开展肥胖类型与糖尿病、代谢综合征关系的系列研究，通过对1.3万人体脂分布表型的精准检测，确定我国超重肥胖人群中60%是腹内型肥胖，揭示腹内脂肪堆积是糖尿病发生的独立风险因素，进而提出腹内型肥胖诊断新标准，显著提高预测糖尿病、代谢综合征和心血管事件的发生效率。她带领团队通过分析上万人研究获取的数据和随访队列的结果，首次提出中国人腹型肥胖的影像学精确诊断标准——腹内脂肪面积大于等于80平方厘米；提出了腹型肥胖简易诊断指标，即男性腰围大于90厘米，女性腰围大于85厘米。该腰围切点被用于制订中国人代谢综合征中腹型肥胖（即中心型肥胖）的诊断标准，相继被《中国成人血脂异常防治指南》《中国2型糖尿病防治指南》《中国高血压防治指南》等9部中国医学诊疗指南所采用。腹型肥胖的腰围诊断标准被列入2013年《中华人民共和国卫生行业标准——成人体重判定》的行业标准，解决了中国人中心型肥胖的诊断难题。

2015年，贾伟平与上海交通大学附属第六人民医院转化医学中心主任贾伟教授共同领导中美18名研究者，合作完成肥胖糖尿病代谢组学研究，对研究与肥胖相关的代谢性疾病的发展机制以及临床治疗效果的评估均具有重要意义。研究发现，肥胖人群血清中的一些游离不饱和脂肪酸与代谢健康状态密切相关，它们比目前临床指标如血糖、血脂、胰岛素水平能够更早地反映一个人代谢状态的变化。这些游离脂肪酸将有望作为新的标志物，对人们的健康状态进行评价并预测将来发生代谢综合征的风险。该研究成果以题为"Circulating unsaturated fatty acids delineate the metabolic status of obese individuals"的论文在线发表于《细胞》和《柳叶刀》联合支持的开源杂志*EBioMedicine*上。该杂志是《柳叶刀》旗下发表转化医学研究的高端金色开放获取期刊，是《柳叶刀-发现科学》(*The Lancet Discovery Science*)的一部分。

贾伟平指导科研工作

我国是全世界糖尿病的重灾区，是全世界糖尿病患者数量最多的国家。针对这一现状，贾伟平不断探索建立临床新技术。在制定一系列糖尿病早期预警关键技术的同时，贾伟平领衔团队持续开发糖尿病"精准干预"诊疗新技术。传统血糖检测方法痛苦多，且难以反映糖代谢全貌。而过度的血糖波动是导致糖尿病并发症发生的重要危害。有没有痛苦少，并且更体现精准干预的手段？为了便于替病人拟定合理化、个体化的降糖治理方案，2002年，持续血糖监测系统（CGM）这一临床监测新技术首次在国内被应用。该项技术由于可以连续记录人体的昼夜葡萄糖变化又被称为血糖"Holt"。在临床应用中，贾伟平陆续发现了若干临床需要解决的问题，如CGM监测技术尚未建立用于判断机体葡萄糖水平及波动正常与否的标准，CGM图谱的解读缺乏标准化的方法，数据的分析复杂费时等。此外，这一新技术的临床适应症、监测数据的准确性评估方法以及如何指导临床实践都少有经验。2007年以来，贾伟平主持持续葡萄糖监测（CGM）技术临床应用标准研究，监测及分析了糖尿病和对照人群90万数据，创建CGM正常及异常的国际标准，建立了各类糖尿病动态血糖谱特征；随后又在全球首次揭示了血糖波动目标范围内时间（Time In Range，TIR）与视网膜病变密切相关，即血糖波动大、持续时间长可以导致致盲性眼病的发生风险增加。根据动态血糖谱精准制定治疗方案，提高治疗效果。2009年，贾伟平率先在国际刊物 *Diabetes Care* 上发表了研究成果；为了在临床更好地推广使用，她带领团队自主开发了系列配套统计软件及管理系统，已在全国30个省市216家医院应用。随后，学科在CGM研究领域始终处于引领地位。

贾伟平的研究揭示了糖尿病、糖尿病前期及正常人的血糖波动规律，创建了动态血糖监测技术临床应用关键指标。研究成果连续被国内外诊疗标准采用。2017年，贾伟平带领团队编著并出版国际上首部CGM技术的学术专著——《持续葡萄糖监测》。该专著入选"十三五"国家重点图书规划项目，获得国家科技部"国家科学技术学术著作出版基金资助项目"资助，并于2019年由世界上最大的科技出版社之一施普林格出版英文版 *Continuous Glucose Monitoring*。美国内分泌学会主席对此给予高度的评价："贾伟平及其团队是国际动态血糖监测临床应用的引领者。"同年，贾伟平带领团队再次在 *Diabetes Care* 上发表了研究新发现——CGM葡萄糖目标范围的时间（TIR）可预测糖尿病视网膜病变的发生，并提出 TIR 可成为评价血糖控制状况的新指标。研究成果在国际上引起很大反响。同年 10 月 17 日，路透社健康新闻报道这项研究的意义"糖尿病患者是否发生可致盲的眼部病变，可能更取决于每日葡萄糖处于目标范围内时间（TIR）。"贾伟平被多次邀请参加该领域的高级别研讨会，共同制定该项技术的标准及临床应用共识。在中国抗击新冠疫情期间，她又指导团队开展了动态血糖监测联动云平台，进行糖尿病新冠患者的血糖精准管理，使不良结果下降 30%，研究成果于 2021 年发表于 *Diabetes Care*，对推进全球新冠患者防治中的糖尿病精准管理起到了重要作用。

贾伟平带领血糖监测研究团队进行研究

贾伟平课题组于 2010 年率先发现 FGF21（成纤维细胞生长因子 21）是非酒精性脂肪肝的早期生物标志物，*Journal of Hepatology* 在同期刊发专家述评："NAFLD（非酒精性脂肪性肝病）尚缺乏血清标志物，影像学检查是现在临床上常用的诊断方法，而B超对轻度脂肪变敏感性低，对肥胖患者敏感度就更低，不利于NAFLD的早期发现。该研究首次发现了FGF21与NAFLD的联系，FGF21水平在轻度脂肪变时已上升，且与脂肪变程度正相关。该研究显示FGF21具有成为NAFLD的生物标志物、发挥筛查和监测作用的潜在价值。"随后，课题组通过历时3年的人群队列前瞻性研究（上海糖尿病研究）发现，FGF21模型能更早识别NAFLD，可显著提高NAFLD的早期诊断效率。在2018年初，课题组一项研究成果在线发表于《自然》子刊《自然通讯》。该研究发现，在能量摄入过剩时，肝脏分泌的激素样因子成纤维细胞生长因子21（FGF21）能通过促进皮下脂肪的增生和调控其功能，从而维持胰岛素敏感性和糖代谢稳态。该研究首次发现能量过剩时升高的内源性FGF21能改变脂肪分布，促进皮下脂肪增生，FGF21还能促进皮下脂肪中过氧化物酶体增殖物活化受体 γ 靶基因的表达、脂联素分泌和巨噬细胞向抗炎的方向极化，增加葡萄糖摄取，从而维持胰岛素敏感性。FGF21是能量摄入过多导致皮下脂肪累积的过程所必需的细胞因子，发挥改善胰岛素抵抗、维持糖稳态的作用。研究也明确了FGF21的病理生理作用，并进一步揭示了皮下脂肪不仅储存体脂，而且可以作为一种内分泌组织来缓解全身胰岛素抵抗。此次发现也为胰岛素抵抗和2型糖尿病提供了新的治疗靶点。课题组致力于细胞因子在2型糖尿病中的预警作用及分子机制系列研究，聚焦于FGF21、脂肪细胞型脂肪酸结合蛋白（A-FABP）和脂质运载蛋白-2（Lipocalin-2）在2型糖尿病不同阶段的预警作用和参与机制，研究成果发表在*Diabetes*、*Diabetes Care*等众多高水平期刊，以第一完成人和第一完成单位获国家科技进步奖二等奖、教育部科技进步奖一等奖和上海市科技进步奖一等奖等。

这些研究成果不仅填补了国际空白，扩大了我国在国际糖尿病学术领域的影响，更为我国制定糖尿病的防治策略提供了翔实的依据，其研究成果多次被写入国际各类指南如《中国动态血糖监测临床应用指南》《美国糖尿病医学诊疗标准》《持续葡萄糖监测国际共识》和医改慢病防治实施方案中，直接提高了我国糖尿病临床诊断治疗的能力和水平。

三

上海故事，实现个体诊治向群体防控

作为一名临床医生，在日常诊治工作中，让贾伟平无比痛心的是很多患者来到三甲医院就医时，往往已经发生了严重的糖尿病并发症——失明、肾衰、截肢、心梗、中风等诸多病症吞噬着患者的机体，残害着他们的生命。其实，糖尿病本身并不可怕，真正可怕的是50%的患者并无典型的糖尿病"三多一少"的症状，但在血糖居高不下的情况下，机体重要脏器"悄悄然"受损，最终导致残疾或死亡。贾伟平总是说，糖尿病致病过程长、诱发因素多、覆盖人群广，如果仅仅关注治疗这一环，只能是事倍功半。只有把预防疾病、精准诊治、科学管理形成一体化的系统工程管理战略，才是糖尿病防控的关键。但这必须要走出大医院、走向基层，动员更多的防控力量，使糖尿病早诊早发现，从个体诊治迈向群体防控。

"我开始做这件事情的时候，并没有什么'宏伟'想法，只是因为看过的患者越多，越能体会糖尿病患者并发症发展到晚期时的痛苦，越是觉得应该在基层、早期对患者进行筛查。"贾伟平为了更精确地开展研究，及时掌握第一手资料，带领她的团队对多个上海社区人群进行糖尿病、代谢综合征及其并发症的调查随访工作。其中对来自2个社区的5 628人进行了5年随访，全面揭示了上海地区糖尿病及糖调节异常患病率和发病率的最新数据。经过多次基层社区医院的实地调研，贾伟平发现，在三级医院看病，血糖理想控制可达到60%以上，并可以系统检查糖尿病的并发症，而在社区仅为20%—30%，并且社区医院多年来未实施过并发症检查。针对社会糖尿病知晓率低、血糖控制率低、慢性并发症筛查率低的"三低"现状，贾伟平开展了《糖尿病及糖尿病前期人群中慢性并发症的流行病学研究及其检查方法的筛选和评价》，提出了"无缝化管理"的策略，即创立"医院—社区"糖尿病一体化管理模式，组建一体化管理工作团队，构建适宜的标准化分层诊治流程，开发"医院—社区"共享信息平台。

2007年起，在贾伟平的主导下，上海在国内首创了"医院—社区糖尿病一体化"管理模式，将三级医院的糖尿病专科技术转化为可推广的适宜性技术，下沉到社区，实现社区首诊、双向转诊、急慢分治的无缝衔接。这套管理模式在国际上被称为糖尿病防控的"上海模式"，世界糖尿病基金会主席对此给予高度评价，"如果大城市的医院和社区中心之间要建立一个无缝化的管理模式，那一定是正在上海实践的这样。"通过实施与大型医院相衔接的系统化、人性化管理，社区的医疗卫生服务中心克服了医疗资源不足的难题，为病人搭建快捷、便利、便宜的医疗平台，让糖尿病人实现少花钱，好看病，这也是贾伟平作为一名人大代表为百姓做实事、做好事尽心尽责的表现与有益的尝试。随着医联体建设的深入开展，糖尿病分级诊疗在紧密型医联体中开展机制顺畅。2015年，贾伟平主持了上海市糖尿病预防与诊治体系建设工程，建立了上海医防融合的糖尿管理体系及信息化监测平台，实现上海全市社区卫生服务中心糖尿病及慢性并发症检验，检测能力的同质化。提升了基层糖尿病综合防治的能力。通过社区22万糖尿病慢性并发症筛查，发现了1/3糖尿病患者伴有慢性肾脏病变、1/7的患者伴有视网膜病变，并及时转诊较为严重的糖尿病肾病患者20 000余例、视网膜病变患者4 000余例，使这些患者得到及时的专科治疗。

美国糖尿病学会于2003年提出，空腹血糖受损的切点，应该从6.1毫摩尔/升下调至5.6毫摩尔/升。所谓空腹血糖受损，是介于糖尿病和正常糖代谢之间的一种糖代谢异常状态，是导致糖尿病发生的高危因素。但贾伟平教授认为该诊断标准的确立及其在中国人群的适用性，亟待进一步论证。贾伟平教授随即率领科研人员对上海5 628名社区居民进行了3年随访，结果发现，空腹血糖5.6—6毫摩尔/升正常糖耐量人群发生糖尿病的风险，是5.6毫摩尔/升以下正常糖耐量人群的4.5倍。研究人员还采用受试者工作特征曲线，分析了5 126名中国人群资料，确定了空腹血糖筛查糖尿病的最佳切点是5.4毫摩尔/升，其特异性为78.04%，敏感性为78.36%。此前通常采用OGTT来筛查糖尿病及糖尿病前期患者，该方法耗资大、效能低。研究发现，当空腹血糖小于5.4毫摩尔/升时，OGTT仅可检出0.74%的糖尿病患者，而在5.4—6.1毫摩尔/升时，检出率可提高6倍。为此，研究将空腹血糖检测及口服葡萄糖耐量试验结合，优化了糖尿病的筛查策略。即首先进行空腹血糖检测，对于空腹血糖达5.4—7毫摩尔/升的人群再进行OGTT筛查。该研究首次在国际上阐明了中国人空腹血糖受损与糖尿病发病的关系，确定了应用空腹血糖预测糖尿病的最佳切点，优化及建立了适用的糖尿病及其慢性并发症检查方法，并提出了早发现、早诊断的序贯策略。其研究成果被2007版《中国2型糖尿病防治指南》采用。

由此"上海模式"扩展到"上海体系"。她的关注并未仅仅停留在上海。为了摸清全国糖尿病并发症的流行情况，2017年，时任中华医学会糖尿病学分会主任委员的贾伟平与中国疾控中心合作，牵头实施了首次全国糖尿病慢性并发症调查，覆盖了全国所有省市的5万名糖尿病患者。她在2018年又发起"路标"糖尿病管理示范工程，将"医院—社区"一体化管理的上海模式推向全国，在全国25省864乡村/城镇试点实施，使得基层糖尿病血糖控制达标率大幅提升。同年，贾伟平在《中国科学》的中国糖尿病研究进展专辑中发表《中国糖尿病的社区化管理》，提出了社区、疾控、医院三位一体的模式。疾病预防控制机构是慢性病防治的专业防治机构，指导社区开展慢性病防治。除了组织开展糖尿病及其危险因素的监测外，负责指导社区开展糖尿病的预防和疾病的随访管理工作，并对防治效果开展考核和评价。在"社区—医院"一体化模式和"社区—疾控"模式基础上，上海、江苏等地实施"社区、疾控、医院三位一体"的糖尿病综合防治，整合辖区医疗卫生资源，建立并完善疾病预防控制专业机构、二三级医疗机构和社区卫生服务中心间职责明确、衔接有序、协同合作的工作机制和服务体系，由疾控机构和医疗机构共同指导社区开展包括健康教育、危险因素控制、疾病筛查、管理、康复的全程健康管理服务。鉴于贾伟平在糖尿病群体防治所做的大量工作，2018年，受国家卫生健康委委托，她组建并领导国家基层糖尿病防治管理办公室开展工作。牵头制定并组织实施了《国家基层糖尿病防治管理指南》，目前已标准化培训了全国100余万的基层医务人员。同时，她还是国家健康科普专家第一批成员、健康中国行动糖尿病专项行动工作组的核心成员，主编了《中国糖尿病健康管理规范》，指导各相关机构开展糖尿病健康管理。

"在国外，总会有人把我的故事称为'上海故事'。来自北卡罗来纳大学教堂山分校的埃德温·菲舍尔（Edwin Fisher）教授称：'贾伟平的工作是了不起的，她将世界糖尿病专业护理与社区卫生中心整合在一起。她在遗传学与临床护理整合的成果都反映了她对该领域的早期兴趣。工程师设计桥梁是为了江河两岸，而该上海项目的实施的意义远不止于联系社区医院和患者两者，它还将两者整合在同一个社区。'现在整个上海都在推广这种一体化管理模式，卫生部也在向全国推广。我们就是要为社区医生敞开大门，让他们多接触患者，最重要的是提高他们自身的技能。"贾伟平深情地说，"未来，我还想把这个糖尿病防控的'上海故事'讲给更多人听！"

贾伟平参与《养生堂》讲解《精准控糖的密码》

四

智慧赋能，创新中国糖尿病管理方案

糖尿病视网膜病变是糖尿病慢性并发症，长期高血糖环境会损伤视网膜血管，引起一系列眼底病变，例如微血管瘤、渗出、新生血管、黄斑水肿等。该病进展十分隐匿，初期患者通常没有任何症状，当出现可感知的视力受损时，病情往往已十分严重，可导致永久视力损伤甚至失明，给个人、家庭和社会造成沉重负担。根据《中国2型糖尿病防治指南》推荐，所有的2型糖尿病患者及病程5年以上的1型糖尿病患者每一两年应进行一次眼底摄片筛查，以便及早发现糖尿病视网膜病变并进行干预。然而，眼底摄片筛查的普及却困难重重。我国成年糖尿病人数高达1.298亿，全国注册眼科医生却仅4.48万，比例高达3 000∶1，DR筛查面临眼科医生不足的困境。

　　针对糖尿病视网膜病变筛查与防治的需要，贾伟平课题组开发了糖尿病视网膜病变辅助智能诊断系统（DeepDR）。DeepDR基于迁移强化的多任务学习框架，通过对上海市加强公共卫生体系建设三年行动计划重大项目"上海市糖尿病预防和诊治服务体系建设"中的近70万张的眼底图片数据进行学习，使DeepDR能够像眼科医生一样对眼底照片进行视网膜病变诊断。DeepDR由多个交叉迁移强化的多任务学习卷积神经网络组成，包括图像质量分析与实时反馈、病变检测和分级诊疗三大功能，可以对视网膜特征病变实现自动识别和分割，精确识别微血管瘤、棉絮斑、硬性渗出和出血等病变，给出分级诊疗结果，精准区分从轻度到增殖期不同程度的视网膜病变。核心成果获中国授权发明专利3项、美国授权发明专利1项，相关工作成果发表于 *Nature Communications*。贾伟平建立了上海市科委"一带一路"国际联合实验室，DeepDR已应用于国际糖尿病联盟全球中低收入国家糖尿病视网膜病变筛查项目，覆盖48个国家和地区，为糖尿病全球管理和防控提供了中国特色的人工智能解决方案。

　　此外，贾伟平课题组还积极应用移动医疗作为一种新的医疗管理方式，通过整合信息技术合理配置医疗资源，并提高医疗资源的利用率，加强糖尿病管理与照护，为患者与医疗服务者之间提供交流血糖、体重和饮食管理的平台。"优行-全国糖尿病线上管理教育行动"由贾伟平牵头，全国429家医院参与，该项研究基于"优行"手机端小程序，以血糖监测和糖尿病教育为核心，打造方便快捷的综合管理移动平台。该平台的主要功能有：提供智能血糖仪，实时同步血糖数据给患者本人、家属和医生；血糖异常实时提醒，及时提供相关信息帮助患者控制血糖；提供系列线上糖尿病教育内容，以游戏化的形式鼓励患者参与；关爱中心专员提供实时教育信息，帮助患者解答平台操作问题。研究发现，患者参与糖尿病教育的积极性与其血糖改善显著相关。参与程度越高，血糖控制的获益就越大，体现为更大的糖化血红蛋白改善幅度及更少的低血糖事件，并有助于提高糖尿病患者血糖自我监测的依从性。研究结果提示，基于移动医疗的线上糖尿病管理平台可作为糖尿病教育的有效形式之一，助力提升诊疗效率及安全性，促进院外血糖管理。

五

医为人民，坚守以患者为中心的初心

2008年，贾伟平当选全国人大代表，一干就是十年。她始终坚持"以患者为中心"的理念，"三句话不离老本行"，一直关心人民看病难、看病贵的问题。不忘医者责任积极建言献策，"我是来自上海医疗领域的代表……我发言的题目是《深化医疗卫生体制改革，人人享有基本医疗卫生服务》"。这是贾伟平首次参加全国两会时的开场白。2010年，贾伟平担任上海市第六人民医院院长，这是首次由一位民主党派的女医生担任三级综合性医疗机构的正院长。这也让她能够从更高的视角来看待慢性病防控管理以及改善医患关系的思路与方法。

她始终牵挂着人民健康，关注着医患矛盾，积极撰写提交相关建议议案，同时围绕医疗卫生、慢性病防控、食品安全、民生教育等与民生息息相关的问题，建诤言、献实策，贡献真知灼见。2009年，贾伟平作为全国人大代表建议建立专项基金，使药品不良反应受害者得到有效的赔偿或补偿。"客观地说，药品不良反应不可避免，关键是要建立有效的应对机制。"药品不良反应事件，特别是群体性药品不良反应事件，往往会产生巨大的社会影响。贾伟平说："事件发生后由于患者常处于弱势地位，与药品生产企业或医院打官司需要花费很大的周折。特别是当药品本身检验合格、医疗机械操作使用也无失误的情况下，因患者个体差异等原因产生的严重不良反应。由于目前我国的法律没有对药品不良反应赔偿问题给出明确规定，使得受害者在企业和医院之间奔波'讨说法'，结果却索赔无门，遭受精神和经济上的双重打击。"为此，她建议修改《药品管理法》，明确发生药品不良反应后应通过国家药品有害救济基金对患者予以赔偿；明确药品生产企业应从全年收益中按比例提取资金充实基金，并纳入药品意外责任险体系。在此之前，贾伟平曾经在上海参与有关药品不良反应赔偿的相关调研，她与全国人大代表周红玲等一起准备了有关议案。贾伟平说："我是一名临床医生，看到患者受到伤害而得不到赔偿，深感不安。"

2015年3月5日，在十二届全国人大三次会议上海代表团小组会上，贾伟平就糖尿病防控及医患关系做了发言，建议糖尿病防控资源要向农村和基层倾斜，关口前移，加强疾病筛查，并向习近平总书记推荐了在六院拍摄的纪录片《急诊室故事》。"医疗事业是我作为人大代表履职过程中第一关注的领域。"贾伟平这样总结自己的履职，"我是一名从一线成长起来的医生，不仅要诊治患者身体的痛苦，更要体现医者的人文关怀，有一位医学前辈曾告诉我，一定要把手焐暖了，再去给患者进行腹部触诊，这样对方会感觉很温暖，会感受到医生的仁者之心。"2018年7月30日，在上海市政府参事聘任仪式上，贾伟平从时任市委副书记、市长应勇手中接过市政府参事的聘书，出任上海市政府参事，成为市政府"智囊团"的一员，为健康上海的建设集智聚力。

除此之外，贾伟平特别关注农村地区的糖尿病防控，走访了很多偏远地区，如宁夏的泾源县。在交通困难的云南怒江兰坪县，她发现当地的糖尿病药品非常有限，有一些基本的药物，村医又不敢用，生怕用药不当引起低血糖等副作用。她手把手培训基层医务人员，教会他们应用好双胍和磺脲类两个最基本的药物，就可以在基层看好大多数的患者。她牵头实施民政部糖尿病救助援藏项目，为西藏糖尿病患者进行并发症检查和健康管理指导。藏民患者动情地说，"感谢党中央，感谢政府，送医送药到雪域高原，给我们做了这么细致的检查，并得到及时的治疗。"在她的领衔与推动下，改变在一点点出现，以移动医疗赋能县乡村三级基层卫生服务体系的路标行动为例，使基层糖尿病血糖控制达标率提升了18.6%。

在医院和社区，向民众普及糖尿病知识；在学术会议上，与同行们分享糖尿病防治成果；在中国偏远农村地区，培养"懂慢性病"的乡村医务人员，实现健康扶贫……一路走来，贾伟平怀着对科学探索的坚毅，不忘内心那份对患者的责任和关怀做出了许多努力。"对我来说，我所有的努力、唯一目标，就是为病家谋幸福。当选院士，只是我的一个新起点。对于关系人民健康的医疗事业，我必全力以赴。"

2010年4月参加全国劳模表彰会议的贾伟平（右二）

六

从医转防，深入推进糖尿病防治行动

　　除了糖尿病的诊断、治疗、临床应用之外，贾伟平还十分重视糖尿病的防治工作。在21世纪日新月异不断发展的今天，人类社会正在进入一个新的发展阶段。对于以糖尿病、心脑血管疾病、慢性呼吸系统疾病等为代表的慢性病防控也需要新理念的转变。尤其针对预防糖尿病的"糖尿病前期"重点人群。"糖尿病前期"是一种血糖升高的状态，特指空腹血糖或餐后血糖高于正常人，却又未达到糖尿病的诊断标准，临床上称作"糖调节受损"。这类人群发展为糖尿病的风险极高，每年约有8%—10%的人会转化为糖尿病。对此，贾伟平建议，有糖尿病家族史，查体发现血糖轻度升高，超重肥胖、脂肪肝、血脂异常和高血压的个体要了解自己的血糖、血压和血脂的情况，至少每半年测量一次血糖，每年到医院进行一次糖尿病评估。在日常生活中要做到少吃多动，能量平衡。即合理控制食物总量，尽量使体重维持在健康水平，超重或肥胖者使体重指数（BMI）达到或接近24。低脂、富含膳食纤维的食物以及戒酒、戒烟、限盐有益于健康。同时要养成规律运动的习惯，运动方式适度量力，贵在坚持，通常每周至少150分钟中等强度的运动，有益于改善糖脂代谢及保持体重的稳定。她对于如何预防糖尿病并发症也给出一些普适化的建议。她提出，预防和延缓糖尿病慢性并发症的关键之一是要早筛查。即一经诊断糖尿病就要到医院检查眼底、尿微量白蛋白/尿肌酐、心血管筛查（心电图、动态心电图、心脏彩超等）、肌电图、下肢彩超等。以判断是否患有眼、肾、神经及血管等并发症。做到早发现、早干预、早控制。其二是遵医嘱，医患合作控血糖。即规律服药和定期血糖监测。对于血糖控制不好的患者，当出现视物模糊、口腔疾病、皮肤瘙痒、下肢对称性肢端麻木、疼痛或感觉异常、尿液泡沫增多、夜尿增加、眼睑及双下肢浮肿等身体异常信号时，要及时与医生沟通，调整治疗方案。在血糖控制达标基础上，还要尽量减少血糖波动，同时关注血压和血脂的控制情况。其三是建立良好的生活方式。即平时生活起居要有规律，不暴饮暴食，要平衡膳食，减少精制碳水化合物（如白米饭、面食、饼干等）和含糖饮料的摄入，以全谷物或杂豆类替代1/3精白米、面等主食；要戒酒；要适量运动，适当运动有助于改善血糖，超重、肥胖者即使减去5%的体重，也会为糖尿病管理带来明显益处；要戒烟，糖尿病患者吸烟会加大患心血管疾病的风险；要规律作息，每日至少有7个小时的睡眠时间等。

2022年1月，贾伟平在《中华内科杂志》第1期上发表文章《新形势、新理念下的慢性病防控》，提出了防控策略要从以疾病诊治为主的传统临床医学模式向早期监测、早期干预、预防为主的大健康模式转变的思想。在文章中贾伟平指出，在传统与现代不同临床医学时代，社会维护健康所承担职责主体间的差异。传统的临床医学时代，社会把维护健康的主要任务交给医生，由医生负责诊断和治疗疾病。而现在我们处于大健康时代，对于我们自身的健康而言，医务人员不再是健康保护的唯一力量，每个人都应该积极参与到维护和促进自己健康的全过程中来。正如《"健康中国2030"规划纲要》所倡导的："推动人人参与、人人尽力、人人享有，落实预防为主，推行健康生活方式，减少疾病发生，强化早诊断、早治疗、早康复，实现全民健康。"贾伟平指出，落实主动健康理念是实现抗击慢性病的"关口前移"战略的关键，而落实这个理念需要社会全方面、全方位地发力。其一要提高全民健康素质，这不仅是公民个人的职责，而且要多方共同参与。民众要在日常生活中养成良好的卫生习惯，保持健康膳食平衡和健康的生活方式。从医务工作者的职责来说，他们需要更深入、更全面地研究生命的生理病理活动，从而能够为民众提供更好的营养膳食指南和运动健身指南等各种健康行动指南。此外，学术界、医学界、企业界也是不可缺少的主体，在广大民众的积极参与下，打造人们健康状态早期监测和早期干预的健康管理闭环，以实现协同创新，形成"举国体制"的健康促进模式。其二要实现慢性病防治技术与管理协同创新，慢性病防控需要用整体性、系统性的观念去理解。慢性病防控措施的制定和实施要基于慢性病的发生、发展规律去思考，研究不同阶段的科学技术。既要有用于大医院的高精尖技术，更要有广泛用于基层的适宜技术，以支撑慢性病防控的多层次需求和广覆盖。

2022年8月27日，在由上海交通大学主办的"中国（深圳）行业发展高峰论坛"上，贾伟平发表了主题为"数字医学与大健康管理"的主旨演讲，进一步对大健康时代的社会管理、疾病预防、存在问题等方面提供详细的思想、理念和方案。在演讲中贾伟平表示，从事临床工作40多年，她深刻感受到，要改善中国人民的健康问题，需要从"医"转向"防"，

贾伟平做主题为"数字医学与大健康管理"的学术报告

即做好全生命周期的大健康管理。大健康领域的研究和管理是一个复杂的系统工程，也是一项全社会的工程，全周期的健康管理强调信息化建设、人员能力的建设、价值医学的评估，以及由全社会参与的团队角色分工。

贾伟平有40多年的临床工作经历，深耕糖尿病防治领域。她表示，目前慢性病已经成为一个严重危害全人类的健康问题，同时也是一个重要的社会问题，中国慢性病死亡人数占总死亡人数的80%以上，慢性病防治占医疗费用的80%。"中国有1.25亿糖尿病患者，占全世界的27%，每九个人中就有一个是糖尿病患者。近30年间，中国的糖尿病患病率上升了10倍。"

贾伟平说："我做了一辈子的医生，深刻感觉到，要彻底改善中国人民的健康问题，一定要从'医'转向'防'，而这个'防'就需要我们要有针对健康管理的技术和手段。"世界卫生组织曾提出，要降低人类的致死率，不仅要对急诊疑难病人进行救治，也需要对慢性病患者给予长期的呵护和管理。在慢性病管理当中，贾伟平团队提出了"医患协作"的模式，即不仅要考虑患者的身体状况，也要考虑患者的心理状况、生活环境及家庭氛围等，这种诊疗模式是一种以人为本的全周期的健康管理模式。

贾伟平指出，目前的大健康管理还存在以下几个难点：一是疾病的治疗和预防是隔阂的；二是基层管理能力显著不足；三是信息平台之间壁垒很难打破。此外，在疾病的预防、早筛、诊疗、康复过程中，如果都按照以往的"人管人"模式，恐怕很难做到。因此，对于整体的大健康管理，信息化平台的建设和实施是非常重要的一步。

2015年，贾伟平受上海市政府委托，参与建设上海市糖尿病预防与诊治体系，致力于医防融合的糖尿病全程健康管理。贾伟平认为，其中的大数据平台建设具有至关重要的作用。她说："之所以能够做成这件事，完全借助于上海大数据的建设。在糖尿病专门网络，可以开展糖尿病筛查、病人的自我管理以及大数据分析。我们首先对糖尿病并发症的筛查和诊治难点，比如糖尿病视网膜病变，探索通过数字医学推动防治糖尿病视网膜病变的工作。"贾伟平认为，数字医学是整个大健康管理中一个不可或缺的工具，数字医学在大健康管理中可以起到以下作用：一是可以实时沟通疗效；二是可以进行宣传教育；三是便于成本控制；四是利于医患互动。总之，"大健康管理是一项全社会的工程，一定是全社会的事情。"贾伟平说，大健康领域的研究和管理是一个复杂的系统工程，也是一项全社会的工程，全周期的健康管理强调信息化建设、人员能力的建设、价值医学的评估，以及由全社会参与的团队角色分工。

在医防融合方面，贾伟平也十分关注基层糖尿病管理水平的提高。80%的慢性病可以预防和治疗，而早发现、早控制是最关键的问题。很多糖尿病患者等到眼睛看不见了才来治疗，就会耽误了就诊的好时机。而对于预防工作来说，基层医生的职责是十分重要的。只要加强对基层医生的培训，使他们不断提高对一些慢性病诊疗和控制水平，可以实现有效控制慢性病的目的。相较而言，基层医生更重要的是与病人更加熟络、亲切，这有利于医患之间沟通交流。贾伟平举例说："我们曾经深入上海普陀区的三个社区医院，为那里的医生免费提供三个月的糖尿病治疗培训，使他们成为治疗糖尿病的骨干。结果发现，每个社区医生一天接待70到100个病人，病人管理也很好，血糖控制很好。如果遇到疑难病症，就直接转诊到专家门诊。"她对这些社区所运用的模式评价颇高，认为不仅使得患者的病情得到有效的控制，还能缓解她一直以来关心的看病难、看病贵问题。因此，应该让更多的全科医生在基层医院开创自己的平台，这样才是治本之道。政府在这方面应该有所作为，为基层医生畅通他们事业发展的渠道，搭建基层医生学习的平台，如提高基层医生待遇水平、改善医疗环境、提高基层医生的社会认可度，以及解决职称晋升等问题，通过上述途径让更多全科医生愿意在基层干事业。

她认为，目前我国的基层糖尿病管理工作还面临着诸多挑战与困难。

所面临的挑战有：未诊断率高达63%，年轻化趋势日渐严重，基层诊疗能力欠佳，患者自我管理水平较低，同时我国还缺乏糖尿病并发症造成的致死致残的流行病学调查数据。所面临的困难包括：生活方式改变比较困难且难以坚持，患者抗拒药物治疗，抗拒增加治疗药物剂量或种类，不适应复杂的治疗方案和药物不良反应，胰岛素恐惧，风险意识不足，自我血糖监测不足或较差，同时患有其他并发症或慢性疾病，自我管理及意识不足，随访或就诊依从性差等。部分地区社会经济文化水平低，医疗服务资源紧张等。贾伟平指出，包括糖尿病在内的重大慢性病防治一直受到党和国家的高度重视。《"健康中国2030"规划纲要》提出，国家实施慢性病综合防控策略，到2030年实现全人群、全生命周期的慢性病健康管理，基本实现糖尿病患者管理干预全覆盖；建立专业公共卫生机构、综合和专科医院、基层卫生医疗机构三位一体的重大疾病防控机制；推进慢性病防、治、管整体融合发展，实现医防结合；降低重大慢性病过早死亡率，到2030年比2015年降低30%。

在糖尿病分级诊疗方面，一定要探索出适合我国国情的工作路径，将人工智能等新兴技术应用于糖尿病并发症筛查，这有利于提升我国基层糖尿病管理和防治水平。此外，将人工智能等数字化技术手段应用到医院的管理系统中，不管对于三级医院、社区医院，还是病人的自我管理都可发挥重要作用。如今，患者在就诊时只需要出示手机就可全面展示各项化验结果，这就是信息化手段给患者带来的便利和福音，也必将是未来大有可为的新趋势。

贾伟平认为，对于国外、国内先进的糖尿病防控的模式和经验值得借鉴。国际上先进的例子如新加坡糖尿病视网膜病变一体化远程防治体系，它覆盖了15万名糖尿病患者，采用的是自定义远程眼科平台和人工智能技术，极大地提高了诊断的效率，1小时即可出报告。在直接医疗费用方面，这种远程筛查模式较传统筛查模式每人可节省144新加坡元。国内比较先进的是上海市将人工智能技术应用于糖尿病视网膜病变筛查，探索出适合我国国情的糖尿病分级诊疗工作路径，创建了医防融合的管理新体系。上海市公共卫生体系建设三年行动计划（2015—2017年）是上海市政府批准的重大项目，该项目把医疗机构和预防机构整合在一起，倡导"重在预防，上下联动，医防融合"的理念，最后落地在社区卫生服务中心。上海市糖尿病预防和诊治服务体系由上海交通大学附属第六人民医院、上海市疾病预防控制中心等牵头，指导区级二级医院和区疾病预防控制中心，最终在社区卫生服务中心进行疾病危险因素登记、糖尿病及其并发症筛查、患者随访管理、患者支持教育和检验体系标准化建设。

七

永不言弃，拼搏与坚持谱写科研之路

科研的道路从来不是一帆风顺的，辉煌的成绩背后，有着外人想象不到的艰辛。但贾伟平的身上天然就带着一股逢山开路、遇水架桥的闯劲，一股滴水穿石的韧劲，一股困而不惧、艰而不退、奋而不止的拼搏精神。贾伟平数十年如一日、废寝忘食地工作，辛勤地钻研，没有双休日、节假日，她的实验室通常是整幢大楼最晚关灯的实验室之一。每当课题攻关的紧要时刻，总能见到她的身影。每当他人有困难时，总能得到她的帮助。由于科研工作繁忙，她常常没有时间吃一顿完整的饭菜。但不管多忙，贾伟平仍然尽心尽力地履行着医生的职责。面对病人，她无不有求必应。

在贾伟平的从业生涯中，她始终坚持"为患者谋幸福"的行医准则，在糖尿病研究和诊治等科研领域志存高远，刻苦钻研，敢为人先。面对患者，贾伟平永远是同事们眼中最拼命的那一个，她的字典中从未有过"放弃"二字，"遇到有糖尿病酮症酸中毒的患者抢救，到了急诊室以后，我是一晚上绝对不回休息室的，一遍一遍地帮他调，一定在那里把这个患者抢救成，因为我的信念就是他一定能够好"。

出国进修时，贾伟平没有经过系统的英文和意大利语训练，但是在她看来，这样珍贵的机会，哪怕有一个环节没有弄明白，都是功亏一篑。她就白天看技术员们操作，把每个细节都记下来。晚上再一步步查文献，用英文逐一写下她需要了解的问题，"这个为什么要这样做？""为什么要这样计算？"最终，她不仅熟练掌握了核心技术，还以坚韧不拔、锲而不舍的学习精神获得了意大利同行的认可和尊敬。

开展大样本人群的糖尿病研究，需要采集超过百万的样本作为数据库支撑，建立主要技术及样本库。贾伟平并没有被困难吓退，"好的研究都是聪明人用笨办法做出来的，这个样本不可能从天上掉下来，我们只有披星戴月，日复一日，年复一年地持续做下去"。为了做好样本的收集，贾伟平一边在日常接诊中不断收集病例，一边不辞辛劳地带领团队深入社区，遥远的云南、宁夏、青海，都留下过她的足迹。

回顾走过的路，贾伟平对引领她步入糖尿病研究领域的前辈和导师充满感激之情，"在科研道路的前行过程中，我非常有幸得到了学术大师们的指导。一位是我国著名的内分泌代谢病和分子生物学专家项坤三院士，他创立了六院内分泌代谢科；另外一位是德高望重的内分泌学界泰斗，我的博士生导师陈家伦教授；而领我进入内分泌领域之门的则是我的硕士生导师丁汉伦教授"。

贾伟平至今记得项坤三院士早年和她说的一句话："做医学研究如同挖井，必须持续不断地往下深挖，几十年如一日。"她做到了，她忘不了恩师陈家伦教授对她的鼓励，在贾伟平博士学位答辩会上，导师陈家伦教授动情地说道："我这个学生太不容易，大学毕业15年拿到硕士学位，毕业

25年要冲刺博士学位。"

贾伟平出生于1956年，上山下乡的浪潮中，她逆流而上，有幸结缘医学；1975年，她入读西安医学院医疗系，下定决心要成为一名优秀的医务工作者；1978年，恰逢改革开放，她从菁菁校园步入工作岗位，健康所系的道路上，她不畏难、不怕挑战，不断攀登高峰。

"许多难，在我们这代人看来，其实都不算什么。我们从小接受的教育是，再苦、再难都是可以克服的；对于人民的事业，必须全力以赴。对我来说，我所有的努力、唯一目标，就是为病家谋幸福。"简简单单一句话，是贾伟平对病家的责任和关怀，也是她对医学的执着与热忱。"山至高处人为峰"，有人曾这样形容贾伟平。作为糖尿病防控领域的领军者，她亲历见证中国糖尿病学科的发展，从艰难起跑、跟跑到引领多项国际研究；从收集百万样本到开展科学研究硕果累累；从携手编织防控之"带"到共同探索抗糖之"路"。如今，贾伟平带领她的团队继续为建立立体综合的糖尿病防控体系而努力，为庞大的糖尿病患者和潜在的人群带来更多的福音。

人 生 感 悟

"15岁开始从事医疗工作，一直跟病人打交道，从不厌倦，从不偷懒，因为我曾宣读过希波克拉底誓言。"在贾伟平的办公室里处处洋溢着暖意。各种专业书籍占了整整一面墙，桌上成堆的资料和文件分门别类摆放齐整……每一个细节都体现着两个字——热爱。对知识、对事业、对生活、对美的热爱。

在"文化大革命"动荡的几年间，贾伟平曾是一名知青，在陕西偏远农村接受了初步医学训练，成为一名护士。而正是这段经历激发了她对医学的热情。她在接受《柳叶刀-糖尿病与内分泌学》(*The Lancet Diabetes & Endocrinology*) 专访时，曾说："在'文化大革命'时期，我不能选择我的职业，但是随着不断学习医学，我发现我深深爱上了医学。"因此，"文化大革命"结束后，她于1975年开始就读于位于陕西的西安医学院。而后经过十年的工作经历，她对内分泌科产生了极大的兴趣，于是回到母校攻读内分泌学的硕士学位。2003年，她又获得上海第二医科大学内科学内分泌代谢专业博士学位，她经常用自己的学习经历去鼓励那些担心自己年龄成为阻碍的同事。"我拿到医学博士学位时已经47岁了，所以，学习知识永远不会嫌晚。"面对所取得的成绩和荣誉，贾伟平却十分淡然："这不是我个人的成绩，是在整个学科同仁共同努力之下获得的。"

贾伟平的同事这么评价这位雷厉风行的领航人："在我们的心目当中，贾院长是一位具有精湛医术的好医生，这与她几十年的一线临床工作经验以及扎实的专业理论知识是分不开的。在我们遇到疑难病例的时候，她往往能从千头万绪中理出思绪。在遇到重危病人抢救的时候，她都是镇定自若，组织有序，以她高超的医术进行指导，使病人转危为安。"

贾伟平淡泊名利、谦虚严谨。那些在常人看来难以企及的荣誉，在她身上却是不胜枚举。但面对曾经获得的成就和荣誉，她总是显得那样平静、低调、谨慎，她更想通过奖励来了解自己和同行专家的不同优势。她认为在奖励的评审过程中能够看到别人的长处、优点，其意义早已经大于奖励本身。奖励的本身是一种目标、一个努力的方向，而不是追名逐利的奖品。正是因为她一直心无旁骛、无心于杂事，才能够专注于医学事业。

针对给医生送"红包"问题，贾伟平讲起了自己的故事。她年轻的时候在陕西做医生，曾有一位老奶奶抱着急症的小孙子呼天唤地赶来，她凭借认真的态度和掌握的医术救回了孩子的生命。后来老奶奶送来了拿手帕包着的三个鸡蛋，说是自己家里老母鸡下的，一定要她收下。她怕老人难过，就感谢着收下了，老人含笑离去。而多年后，一位相当富有的病人为感谢她的回春妙手，一定要送大红包给她，她却无论如何也不肯收。后来这种事情多了，贾伟平建议可以用变通的办法，红包收下来，交给医院直接打入病人的医疗费里，"取之于民，用之于民"。"病人感恩，没错；医生坚持职业操守，没错。但感恩不必'太物质'，一份真心，足够。希波克拉底誓言说得明白：我的唯一目的，是为病人谋幸福。"

张爱玲曾说："生命是一袭华美的袍，爬满了虱子。"而贾伟平的袍上缀满了对生命的责任和使命。她精湛的医术解除了无数人病痛的折磨，她刻苦的钻研带来了病人生的希望与信心，而她卓越的领导则带出了一支超水平的一流团队，无往不利。作为一位知识型与管理型皆备的时代女性，贾伟平用她爽朗的笑声迎接每一次的挑战，而她的乐观向上则为她的成功添砖加瓦。她倾注了无限的激情于她所奋斗的事业，她用自身的行动诠释着医者的神圣，在她成功背后，不竭的是永恒的执着与追求。

路虽远，行则将至；事虽难，做则必成。回望来路，贾伟平满怀感恩之情。展望未来，她的话朴素而又真挚：不忘初心，继续认真做好每件事，用真情讲好内分泌代谢学科的中国故事，让"糖人"们有一个更加美好的明天！

对青年医生和学子的寄语

贾伟平作为上海交通大学博士研究生导师，为国家培养了大批硕博士研究生、博士后。在同学们眼中，贾伟平既是科研上严厉的导师，又是生活中慈爱的长者。不仅注重培养学生的科研兴趣，让学生提高基础理论知识，还注重拓宽学生的知识视野。她把专业领域内最前沿的信息及时传递给学生，激发学生的创新性。同时，她特别注重加强人才引进，并根据每个人的特点因材施教，充分发挥人才的长处。在她的团队中，充满着对医学的热情，其中既有临床技能一流的医学专家，也有博学多才的海外留学生；既有技压群芳的实验能手，也有朝气蓬勃的年轻博士。她的人才策略增强了团队的人才厚度，使科室的整体实力有了进一步增长。

"桃李不言，下自成蹊。"贾伟平踏踏实实做事，亲力亲为的工作态度，同时带动了科室的每一位成员兢兢业业、勤勤恳恳地投入工作，她用自己独特的人格魅力潜移默化地影响着团队的每一个人，他们无一不以贾教授为楷模。她说："医生的贡献，不仅要多看病，还要教更多的人会看病、看好病。"

贾伟平一直鼓励年轻人要勇于创新和挑战自我，对于年轻人提出的新主题、新想法、新思路，她在审慎考虑和判断可行性之后，会在资金、设备、人员等方面尽其所能提供支持和帮助，让科研人员只需潜心钻研而无后顾之忧。因此，这种关怀和帮助使团队的创新源泉不断涌流，年轻的业务骨干迅速成长，在各个糖尿病有关疾病亚学科的新锐崭露头角：胡承入选中组部"国家特支计划"和国家自然基金委杰出青年基金项目；优秀学科带头人，上海市领军人才包玉倩担任科室主任，将科室治理得井井有条，并坚持埋首于科学研究，探究肥胖病的发病机制并创建了内分泌科主导的多学科协同的代谢手术管理新模式，获得国务院政府特殊津贴的殊荣，成长为上海市劳动模范及上海市人大代表；周健获得上海市银蛇奖，始终致力于血糖监测新技术的研发和应用，并获得了上海市科技进步二等奖的佳绩。李华婷对FGF21开展系列研究并获得全国优秀博士论文提名奖，承担基金委优秀青年基金。还有多位团队骨干先后获得国家自然基金项目十余项、国家科技支撑计划、973课题、全国青年岗位能手等。

同时，贾伟平用她的学术敏锐性不断激励团队成员要时刻关注和掌握本学科领域发展的前沿，并能够在当前领域里进行创新。团队里的博士生吴海娅清楚地记得，当时刚刚传来国际上发现一种新的脂肪细胞因子

（RBP4）与胰岛素抵抗有关的研究成果，贾伟平认为其极有可能与人体体脂分布有关。之后，在她的带领下，团队成员共同在该领域不断考证、研究，结果证实了贾伟平的猜测，并且在国际上率先提出了新的发现、新的观点，为将来糖尿病的临床治疗、诊断提供新的理论依据。

她告诉学生们，医生这份工作很辛苦。临床、科研、教学，一样都不能落下。也正因如此，更需要一股韧劲、一种勇往直前的精神。"很多道理你现在和学生说，他们很难领悟。当医生，如果你没有热情，缺少寻根究底的韧劲，最多就是做一个普通的医生。无法站得更高、看得更远。而最美的风景，往往需要攀上高峰，才能一睹真容。"贾伟平时常叮嘱医学生们要耐下性子，提高自己的本领。生活不可能一帆风顺，但一定不会辜负努力的人。贾伟平坦言，自己就是这样一步一步走过来的：一开始插队落户分在基层，当过护士，在一线岗位上摸爬滚打。即使遇到艰难，她始终保持着对医学的热情不轻言放弃，因为她坚信：总有一天，会看到属于自己的最美风景。

（杨可鑫初稿，萨日娜、李华婷修订，苏卓君审校）

HUANG
HEFENG

巾帼名言：医学技术的任何一个改变，都能让生
命发生神奇改变。

黄荷凤

中国人群生殖健康的守护者

人物简介

　　黄荷凤，1957年9月出生于浙江嵊州，籍贯浙江杭州临安，妇产科学家、生殖医学家，中国科学院院士、发展中国家科学院院士、英国皇家妇产科学院荣誉院士，中国医学科学院学部委员。曾任上海交通大学医学院附属国际和平妇幼保健院院长、生殖中心主任、主任医师，为上海交通大学医学院教授、胚胎源性疾病研究所所长、博士生导师，复旦大学教授、浙江大学求是特聘教授、香港大学荣誉教授、澳大利亚阿德莱德大学客座教授。

　　黄荷凤担任国际科学顾问委员会委员，国际生殖遗传学会创会理事，世界中联围产医学专业委员会第一届理事会副会长，中国妇幼保健协会副会长，中国医师协会生殖医学专业委员会第一届委员会副主任委员，中国医师协会医学遗传医师分会第一届临床生殖遗传专业委员会副主任委员，中国优生优育协会副会长，中华医学会生殖医学会副主任委员，中国中西医结合学会妇产科学会副主任委员，中国中西医结合学会生殖医学专业委员会主任委员，中国妇幼保健协会生育保健专业专家委员会主任委员。此外，她还是国家重大研究计划首席科学家，"十二五"国家科技支撑计划项目牵头人，863项目负责人，国家自然科学基金重大国际合作项目负责人，国家重点研发计划重点专项负责人，国家自然科学基金委二审专家，遗传发育与精神神经疾病教育部重点实验室副主任，生殖遗传教育部重点实验室主任，教育部长江学者和创新团队发展计划——生殖安全转化医学研究负责人，卫生部人类ART培训基地主任，卫生部有突出贡献中青年专家。

黄荷凤的学科专长是生殖医学和生殖遗传，主要研究方向包括：生殖与发育相关基础研究；发育源性疾病（包括代谢性疾病、心血管疾病、神经精神性疾病和免疫性疾病等）分子机制研究；遗传性出生缺陷的机制及临床转化；儿童发育与个体健康。一直从事生殖医学和遗传性出生缺陷诊治临床工作，以及发育源性疾病发生机制研究和遗传性出生缺陷精准防控。在国际上首次创新性提出"配子源性疾病"理论学说，对精/卵源性疾病的代间及跨代遗传/表观遗传机制进行了开创性研究。针对辅助生殖技术（ART）出生子代近远期健康的关键科学问题，通过ART出生队列和基础研究、优化助孕流程、创建生殖新技术，提高了试管婴儿安全性，并从源头阻断遗传性出生缺陷。她主编中国第一部ART工具书《现代辅助生殖技术》和第一部《人类ART临床诊疗指南》。受施普林格出版社特邀主编撰写专著《配子/胚胎源性成人疾病》（*Gamete and Embryo-fetal Origins of Adult Diseases*），也受邀担任7家SCI期刊及多家中文学术期刊的编委。获得国家科技进步二等奖3项（以第一完成人获2项；以第二完成人获1项），国家计生委科技进步奖一等奖1项。主编妇产科和生殖医学专著5部，获授权发明专利3项，发表SCI论文300余篇，培养研究生200余人。

进学之路，浙医求学港大进修

1977年冬，中国570万考生走进了曾被关闭了十余年的高考考场，黄荷凤就是其中之一。1978年3月，黄荷凤从浙江常山来到了杭州，进入浙江医科大学（现浙江大学医学院），成为一名临床医学系学生。临床医学专业有句口头禅："辛辛苦苦妇产科"，因此愿意选择妇产科作为自己专业的医学生，往往并不多。而黄荷凤之所以选择妇产科，与她年轻时期的一段经历有着密切关系。黄荷凤在医科大学就读期间，曾在浙江的一家地区级医院见习，在实习的过程中，第一次近距离接触妇产科，每天接触到大量的疑难杂症患者。她曾遇到一位产妇因为胎盘早剥被送到医院，情况十分紧急，经过妇产科医生的抢救，大人的子宫保住了，小婴儿顺利出生。当听到这个刚和妈妈一起被医生从生死线上拉回来的小家伙第一声响亮的啼哭时，黄荷凤内心最柔软的地方被深深地触动了，"那一刻我真的是从内心深处感到，妇产科医生是一个非常神圣的职业。那种生命诞生时，全家人的欣喜感，深深地吸引了我。所以毕业后，我便义无反顾地选择妇产科作为终身职业"。

"医学的奥秘让我为之着迷，进校后不久，我就深深爱上了临床医学这个专业。"黄荷凤说起当年的选择，口气仍然非常笃定，依然没有丝毫犹豫。年轻的她甚至主动和其他同事要求："晚上有剖宫产就叫我。"能够从事自己喜爱的工作，自然有使不完的干劲。

1982年，黄荷凤毕业于浙江医科大学，并于1989年获得妇产科学硕士学位。黄荷凤大学毕业后，成为一名妇产科医生。黄荷凤的医学生涯中有一件令她记忆深刻的事。那是1988年8月8日，由于台风灾害，妇产科医院的整栋

黄荷凤（左）在浙江医科大学

楼陷入黑暗之中，断水断电。打破寂静的，是产科病房中此起彼伏的痛呼声。当时尚是一名小医生的黄荷凤，和另一位值夜班的同事一起，通过打手电、点蜡烛来照亮环境，又指挥男家属们抬担架、拎水桶，做辅助工作，克服了极其简陋的条件，为即将临盆的产妇们接生。这其中又有一位疤痕子宫的产妇需要剖宫产，由于没有电源，情况紧急，黄荷凤和同伴甚至不得不通过口吸羊水以确保孩子的平安诞生。她说不慎呛到羊水都顾不上了，全身心投入在汗水、羊水甚至是鲜血混杂的产房里。正是由于所有人的共同努力，在那个夜晚，医院迎来了30多个可爱的小婴儿，而疤痕子宫的那位产妇，也得以平安顺利地产下一个健健康康的孩子。

1990年，黄荷凤赴香港大学玛丽医学院进修。在进修的她，看见精子和卵子在体外结合、发育，又被移植回母亲子宫的过程。这是第一代试管婴儿技术，能够解决因为女性因素导致的不孕问题。这一辅助生殖手段为她打开了新的大门，从此走上生殖医学的临床和科研之路。

1991年研修结束后，黄荷凤从香港进修回来，并带回10根一次性取卵针。这10根取卵针，成为黄荷凤攻关试管婴儿技术难题的开始。而且，随她一起回到浙江大学医学院附属妇产科医院的是"试管婴儿"这个新概念。

在香港学习时期的黄荷凤

在此，她建立了全国第一批辅助生殖中心。那时黄荷凤时常骑自行车去买实验用的瓶子，自己泡酸清洗实验器皿，配置试剂，亲自扛着B超机上楼，为病人做检测。复旦大学附属妇产科医院遗传中心副主任徐晨明回忆："一辆陈旧的二八自行车，黄荷凤老师骑着它在杭州走街串巷，一点一点凑齐了组建生殖医疗团队需要的器具和设备，最基本的培养皿也需要她自己去购买。"尽管辅助生殖技术在国际上已经发展了10余年，但对于20世纪八九十年代的中国来说，"试管婴儿"还是一个很新的词。刚过而立之年的黄荷凤着手组建生殖医学团队，加入了国内试管婴儿技术研究的行列。在黄荷凤团队的努力下，浙江省第一例试管婴儿诞生。

二

迎接新生，步入浙医探秘生殖

2017年7月的一天，黄荷凤和平常一样忙碌，尽管日常行政和教学科研工作十分繁忙，她仍然风雨无阻地坚持每周出诊两次，帮助患者解决困难。这天，一位特别的来访者——一位21岁的年轻女孩走进她的诊室。这个女孩不是来看病的，而是来向黄妈妈告别的。女孩口中的黄妈妈正是黄荷凤。原来，她是当年黄荷凤通过辅助生殖技术诞生的试管婴儿。当年的小婴儿如今已经长大成人，而且准备去英国留学了。出发前她专门来拜访黄荷凤，向这位赋予自己生命的医生郑重道别。

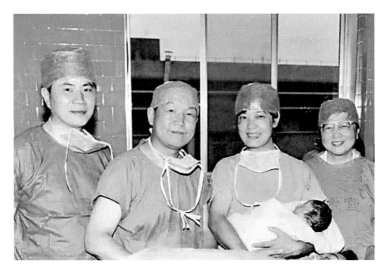

怀抱婴儿的黄荷凤（右二）

辅助生殖技术（体外受精-胚胎移植）俗称"试管婴儿"，是将人的卵子和精子分别取出后，置于培养液内使其受精，再将胚胎移植回母体子宫内发育成胎儿的过程。1978年，全球首位"试管婴儿"在英国诞生，科学家将精子和卵子放在同一个培养基中，使它们自然结合，再把受精卵放回母亲的子宫内以孕育新的生命。1992年，比利时医生通过显微操作将精子注射到卵细胞胞浆内（卵浆内单精子注射），解决常规受精失败的问题，进一步完善了"试管婴儿"技术。

"'试管婴儿'不是解决不孕不育的唯一途径。因为不孕不育的原因很多，治疗方法也不同。只有通过其他治疗仍不能自然怀孕时，才考虑'试管婴儿'。"黄荷凤一直坚持这个观点。从医30余年，她创建生殖新技术和优化助孕治疗流程，带领团队使数万个家庭生育了健康孩子，为不育家庭带来了希望，成为使无数新生命诞生的"科学家妈妈"。黄荷凤等科学家的努力同时还推动了辅助生殖技术规范化、规模化，中国的生殖医学从此跻身世界前列。

2023年2月3日，当年的浙江省首例"试管婴儿"生下自己的孩子，让黄荷凤有了"做外婆"的感觉。在孩子的出生贺卡上，她郑重写下"生命繁华"四个字作为祝福。黄荷凤时常说，人类是一个很奥妙的机器，世上没有一样东西比人更复杂。一颗卵子一颗精子，在DNA没有发生任何变化的情况下，只是表观遗传修饰上面的一个改变，竟然会如此神奇地传给下一代，引发疾病。原来很多人觉得做妇产科医生没意思，只是接生的，但我就觉得很有意思。我的学生也喜欢，否则每年哪有那么多人来报考我的研究生，其中很多都是学校的第一名。难道医生看病就只管开刀开药吗，一个病到底有药没药，总要有人去改变的——没有基础研究，就没有靶点和新药。

黄荷凤是国内较早开始关注辅助生殖技术出生子代安全性的专家和学者，为此她所带领的团队从21世纪初就开始了对辅助生殖技术出生的子代健康状态进行随访。她带着"助孕技术出生子代近远期健康"这个关键科学问题，开展辅助生殖技术诱发配子/胚胎源性疾病的分子机制研究，在国际上创新性提出"配子/胚胎源性疾病"的理论假说。"配子指的就是精子和卵子，这种理论已在临床中证实，这使慢性疾病的关注点前移到了配子和胚胎发生期，人类可以从源头上防控疾病。"黄荷凤的这些研究受到了世界的广泛关注，2012年，她受邀撰写专著《配子/胚胎源性成人疾病》，系统地描述了配子和胚胎源性的糖尿病、心血管病等的发育源性。

在对辅助生殖技术出生的孩子进行长期随访后，黄荷凤发现很多慢性疾病来源于生殖细胞的表观遗传。也就是说，如果一个人得了糖尿病，那么有可能他父亲的精子或母亲的卵子上就带有生成糖尿病的表观遗传信息，正是这种表观遗传信息使子代得糖尿病的风险增加了。黄荷凤进一步开展精源性和卵源性疾病的代间及跨代遗传规律和机制研究，使配子/胚胎源性疾病研究成为重大慢性病研究的前沿和热点。她不仅是一位生殖医学临床专家，更是一位临床研究医学家。

中国每年出生约1 800万新生儿，有出生缺陷的新生儿约占5.6%，这些有出生缺陷的新生儿中，遗传性出生缺陷占30%，比例非常大。对于一个普通家庭来说，新生儿遗传性出生缺陷是灾难性的。那么，辅助生殖技术安全吗？生育本是一个自然的过程，经过人工干预，会不会出现意料之外的变化，损害母亲和孩子的健康？这是黄荷凤一直在思考的问题。"在辅助生殖技术的基础上，我们又进一步进行胚胎着床前遗传学诊断研究，在孕前就把'娘胎里带来的疾病'治好。"黄荷凤表示，目前这种诊断只需"一个细胞"就可以完成，"胚胎着床前遗传学诊断一般在体外培育三到五天的胚胎中进行。但这时胚胎细胞量有限，如果用于活检的细胞太多，就会影响胚胎的成活，所以我们只摘取一个细胞或少数几个细胞，通过改良的全基因组扩增技术，大大提高了检测的准确率。发现了某种遗传疾病，就剔除携带致病基因的胚胎，选择健康的胚胎放入母亲的子宫中，生出来的宝宝以及后代子孙就降低患遗传病的可能性。"

工作转折，北上交医守护妇幼

2013年，黄荷凤从杭州北上至上海，加盟上海交通大学，任上海交通大学医学院附属国际和平妇幼保健院院长。国际和平妇幼保健院伫立在繁华的徐家汇商圈，这是一座"幸福"的医院。沿着繁华的衡山路行走，午后的阳光正笼罩着街道与两边的建筑物，行人匆匆，年迈的，年轻的，脸上无一不挂着和暖喜悦的微笑，追随他们的足迹，便来到了他们行迹的终点保健院。门前的广场上，楼间的小道里，处处可见散步的准妈妈们，她们将在此迎接腹中生命的第一声啼哭，将在此完成爱与希望的传递。而在新生命漫长而崎岖的诞生道路上，为她们保驾护航的，正是国际和平妇幼保健院的医生与护士们。

黄荷凤将其称之为一份"呵护晨曦"的事业，"几十年来，我的工作从单纯的病床边走向细胞和分子的生物学实验室，哪怕这条路漫长而崎岖，为了更多人对新生命的一份渴求，我依旧要保驾护航"。而黄荷凤并未将自己的脚步停留在简单的助孕技术上。面对人类生殖健康日益受损、出生缺陷居高不下的现状，黄荷凤带领她的科研团队，开始了"提高出生人口质量的生殖技术创建、体系优化与临床推广应用"项目的研究，并以第一完成人获得了两项国家科技进步二等奖。

黄荷凤对她的团队充满信心，她说道："我们团队的特点是带着临床问题的科学研究，有人说我们是临床科学家，或者说是研究型医生。比如我虽然是个医生，但平时在实验室的时间也很多。我现在的主要任务就是培养人才，把他们都培养成研究型医生。我们去看病的时候也是带着临床问题去的，每个病例既是治疗患者，也是研究对象。因此，医学的成果最要感谢的是所有病例的贡献。"

她也经常把团队概念放大到医院，曾斩钉截铁地表示，要把医院建设成学科一流、专科领先的学术型医院。她曾喜悦地展示了一张榜单——中国医学科技影响力排行榜，当年在其带领下，国际和平妇幼保健院第一次上榜就冲击到第9名，这让她既欣喜于医院发展的迅猛势头，也下定决心进一步发动全体医护员工的热情，挖掘进步的潜力。

在黄荷凤看来，人类的生殖是一门医学艺术，她在探索生殖奥妙的过程中守护着一个个新生命，也守护着每一个新生命家庭。首次提出"配子源性疾病"理论学说，对精/卵源性疾病的代间及跨代遗传/表观遗传机制进行了开创性研究。针对辅助生殖技术出生子代近远期健康的关键科学问题，通过 ART 出生队列和基础研究，创建生殖新技术，提高了试管婴儿安全性，源头阻断遗传性出生缺陷。她的开创性研究成果得到世界认可，增进了全球对生殖医学知识的了解，改善了中国人群的生殖健康。

2017年11月28日，在北京召开的全国院士大会公布了2017年新当选院士名单，黄荷凤当选为中国科学院院士。看到黄荷凤新晋中国科学院院士，她就读浙江医科大学时的老校长郑树说："妇产科院士的首要任务，就是要培养更多的妇产科人才。"对此，黄荷凤说，人工智能时代来临，医务人员应同时具备创新能力、学科能力和教学能力；医院应该是创新型、研究型的医院。这沉甸甸的头衔背后是黄荷凤对妇产科始终如一的初心，是她对学生、对团队不计回报的付出与培养，是她30余载不遗余力地刻苦钻研、砥砺前行。

2017年，黄荷凤当选为中国科学院院士

2019年11月27日，第28届发展中国家科学院大会在意大利里雅斯特召开，新一届发展中国家科学院院士名单揭晓。在增选的46名院士中，有14名来自中国，分别包括10位中国科学院院士、2位中国工程院院士以及2位非两院院士的知名学者。中国科学院院士黄荷凤当选2019年发展中国家科学院院士。发展中国家科学院成立于1983年11月，总部设在意大利的里雅斯特，是非政府、非政治和非营利性的国际科学组织，致力于支持和促进发展中国家的科学研究。迄今为止，发展中国家科学院共有1 221名院士，其中中国有232名。

2023年7月11日又传来捷报，国际生殖研究协会（SSR）第56届年会上，黄荷凤院士荣获2023年Fuller W. Bazer SSR国际科学家奖。据悉，这是中国科学家首次获此殊荣，也是对中国生殖医学和生殖生物学在研究成就方面的充分肯定。在颁奖仪式上，国际生殖研究协会现任主席彼得·汉森（Peter J. Hansen）与国际科学家奖基金的资助者富勒·巴泽（Fuller W. Bazer）教授对黄荷凤院士表示祝贺。

黄荷凤与彼得·汉森和富勒·巴泽合影

给予希望，自始至终呵护晨曦

温柔、稳重、细心，这是黄荷凤给人的第一印象。从1983年正式成为一名妇产科医生，三十余载始终坚持临床第一线，这更加深了她对妇产科专业的热情与喜爱。"我手上迎来的，是人类的希望。"黄荷凤如此评价自己的工作，欢喜溢于言表。

如果把人的生命比作日行长空，那么生命的开端自然是晨曦初起，能够呵护晨曦是黄荷凤最快乐、最甘愿的选择。然而，她也说道："一个妇产科医生，仅仅是满怀爱心、热情是不够的，也需要思维敏捷以及反应干脆、出手果断。因为妇产科特别是产科，不像其他慢性疾病，危险和化解危险，几乎都是转瞬间的事。"

黄荷凤带着欣喜的神情描述她的工作：取精子与卵子两种生殖细胞，让它们在体外结合，再进行培育，每天观察、再观察，然后把成活的胚胎移植到母亲的子宫里，这一过程每天都有惊喜。她不可救药地爱上了生殖医学研究。她又先后去了德国基尔大学、美国辛辛那提大学进修访问，在实验室里的研究与学习，扎实地打牢了生殖医学研究基础。在美国学习时，导师一直挽留她，丈夫当时在美国发展也很好，她承诺丈夫只是回国看看就返回。可当她回国后却再也舍不得走了，"我们这个工作跟其他科研工作的不同之处就在于，你面对的是一个个鲜活的生命，所以你的心会被一次次触动"。

黄荷凤院士和丈夫盛建中教授

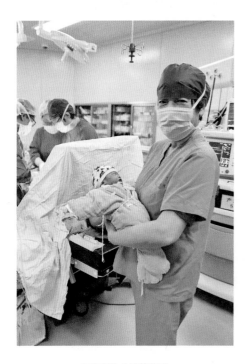

怀抱新生儿的黄荷凤

　　"家系收集-突变基因筛查-孕前胚胎遗传学诊断-宫内胎儿基因诊断-子代随访",从孕前检测到新生儿出生、成长,黄荷凤为他们层层把关,建立了严密的遗传病防控技术体系,保证了下一代的安全。她主持创建了系统化遗传病防控技术体系和规模化临床平台,制定了染色体病和单基因病临床诊断规范,创建了国家卫生计生委准入开展全部辅助生殖技术的生殖中心,主编了辅助生殖技术工具书《现代辅助生殖技术》和辅助生殖技术临床诊疗指南和技术规范，为中国辅助生殖技术规范化和标准化做出了重要贡献。

与此同时，黄荷凤带领团队一起完成15 000多名胎儿遗传学诊断和1 139个遗传病家系的胚胎遗传学诊断，避免了超过2 000个遗传病儿出生，还将她的科研成果在全国14个省市33家单位推广。这些工作得到了加拿大、澳大利亚等国知名专家的高度肯定，他们认为黄荷凤的研究增进了全球对生殖医学知识的了解，对中国人群的生殖健康做出不可或缺的贡献。她带领团队做的一项重要的创新工作，就是把妇产科的研究领域扩展到了慢性疾病防控。

"目前我们正在开展世界卫生组织的大型儿童肥胖干预项目'预防儿童肥胖的社区-家庭-母婴综合干预队列研究'，在疾病的胚胎/胎儿起源学说基础上，将在国际范围内开展临床干预性试验研究，在从社区-家庭-医院层面，开展覆盖妇女妊娠前期、妊娠期、儿童婴儿期、幼儿期的连续性肥胖干预措施，制定基于我国国情和妇幼保健特点的儿童超重/肥胖风险评估标准及临床干预手册，最终减轻我国慢性代谢性疾病人群的疾病负担。"黄荷凤表示，她和团队所开展的2017年国家重点研发计划项目"人类胚胎发育中的细胞编程与配子/胚胎源性疾病的发生机制"研究以及规模化的染色体病和单基因遗传病的出生缺陷干预，会继续为提高我国的人口质量保驾护航。

从医至今，黄荷凤见证了现代医学的飞速发展，以及人们对妇产科看法的刷新。"在以前，妇产科医生是类似于接生婆之类的存在。"黄荷凤笑着说，"但现在不说微创手术、达·芬奇机器人手术的引入，生殖医学的发展也让我们从单纯的病床边走到了实验室。"既然选择了黎明，选择了呵护晨曦初生，自然该为之不断磨炼，进修、学习、思考、实践，黄荷凤的脚步从来未曾停歇。

以小爱成就大爱，将小爱圆满大爱，正是以黄荷凤为代表的一代医者的赤诚之心。在黄荷凤手中，诞生了一个个健康的新生命，也正是这一双手，将这份不忘初心、建设健康中国的使命传承下去，让一代代中国人更健康更幸福地享受美好生活。不仅要让每个女性都拥有做母亲的权利，还要让每个家庭都拥有更为健康的新生儿，这份"呵护晨曦"的事业仍将继续。

五

打造联盟，助力健康造福新生

中国人口协会、原国家卫计委联合发布的《中国不孕不育现状调研报告》显示，20世纪80年代我国的不孕不育发病率为2.5%—3%，2009年已升至12.5%—15%，而"试管婴儿"技术如今已经成为主流的辅助生育手段。在此背景下，黄荷凤及其团队也在辅助生殖技术领域不断创新和突破。在黄荷凤等众多生殖医学人的推动下，我国的"试管婴儿"技术已经来到了第三代，并且跻身国际一流水平。从第一代试管解决"生不出来"的问题，到第二代试管婴儿解决了"严重男性不育"的问题。如今，黄院士团队开展的第三代试管技术PGT（胚胎植入前遗传学检测），已经可以在解决生育问题的同时"消灭娘胎里的疾病"，降低新生儿患遗传病的风险，为很多家庭带来了活泼健康的孩子。

虽然我国的辅助生殖技术已经达到国际先进水平，逐渐可以从源头阻断遗传性出生缺陷，但黄荷凤也表达了自己的担忧："生育的年龄才是金标准，任何技术都替代不了年龄。我们应该尊重自然规律，给人们树立正确的生育观念，只要有办法能自己自然生育，一定要自己生，不要做违背自然规律的事情，试管婴儿是没有办法的办法，只要有办法就不要做试管婴儿。"黄荷凤反复说道："女性在30岁之前是最佳生育年龄，20～30岁之间，就这么窄的生育窗。人口问题是一个国家永恒的主题，要提高人口质量，应从多方面进行医学保障。"

30多年来，黄荷凤每天睁开眼睛第一件事，依然是想去实验室看看胚胎有什么新变化。她曾经说道："我经常想，有什么不开心的事，我就去看病，还有什么事情像我们妇产科医生这么有成就感，你看到那个孩子就很开心。我们的开心是很简单和朴素的，有新的技术产品，有自己的理论体系和临床治疗体系。从生殖繁育的角度，我们为中国或全世界慢性病防控创建了很好的创新机制和举措。"她立志创建"很有意思的"妇产科，也为之奋斗着。

"每天都有惊喜在等着我。"黄荷凤朴素的话语代表着在她的心里，培育一个新生命就像雕琢一件艺术品，需要匠心。从剖宫产手术，到精确的微创手术，再到在显微镜下培育一个个新生命、致力于胎儿源性成人疾病探索研究。

2020年4月9日，黄荷凤团队牵头建立"红房子出生缺陷联盟"，由83家具有出生缺陷诊治相关专科的医疗机构、高等院校、科研院所组成，覆盖了26个省市自治区。此外，建立了国内首个出生缺陷基因云诊疗平台，配合远程超声，实现高效远程会诊，建立诊治绿色通道，为疑难杂症的异地诊治开创了一个全新的模式。这些成果除了获得国家科技进步二等奖以外，"出生缺陷一站式防控体系"作为"健康中国"板块内容之一，在国家"十三五"科技创新成就展上精彩亮相。黄荷凤指出："三孩政策落地实施后，我国高龄孕妇相对多，高危孕产妇比率也随之增加，对于辅助生殖技术的需求越来越大。如今，辅助生殖技术不但能解决不孕症，也可适用于遗传病家族，通过辅助生殖剔除不良胚胎。"

黄荷凤（右二）带学生出诊

随着生殖医学的进步，腔镜、微创，甚至是机器人，逐渐进入了人们的视线。不知不觉间，黄荷凤接触最多的，已经从手术刀变成了显微镜。而疑难杂症也从个体、器官水平上，深入到细胞乃至分子。除人类之病痛，助健康之完美，这句医学誓言是黄荷凤及其团队孜孜不倦的动力。

2016年，一个在国妇婴诞生的婴儿甜甜（化名）吸引了国内外的目光。甜甜的特别之处在于，她的诞生凝聚了现代医学科技的成果之一——PGD技术。PGD技术，即植入前胚胎遗传学诊断，也就是第三代试管婴儿技术，能有效防止因为胚胎自身遗传物质变异而造成的流产或遗传病患儿的妊娠以及出生。甜甜的父亲李先生（化名）及其爷爷先后罹患甲状腺癌，并且进行了甲状腺切除，其姑姑因未进行及时治疗发生了甲状腺癌骨转移。此前，李先生曾对家系进行过基因检测，发现家系所有患者都在甲状腺癌的致病基因RET原癌基因上携带了一个致病的突变位点，如果患者生育，将有50%的机会将致病基因遗传给下一代。由于李先生妻子吴女士（化名）同时合并输卵管因素不孕症，他们决定通过辅助生殖技术要一个不遗传这种家族肿瘤易患疾病的健康孩子。为此，他们特地到国妇婴找到了在PGD方面有多年研究积累和临床经验的黄荷凤教授团队。

黄荷凤团队认为，可以通过单细胞高通量测序联合核型定位PGD技术阻断该家族性甲状腺髓样癌。经过取卵、胚胎的培养和筛查，专家们从6个胚胎中选出了4个完全正常的胚胎，选择了质量最好的第1号胚胎植入吴女士子宫，并顺利妊娠。在孕中期经羊水穿刺和产前基因诊断显示胎儿正常。2月28日，吴女士顺利诞下一名女婴，体重3 060克，身长50厘米，评分各项指标均为10分。这是国内第一名运用单细胞高通量测序联合核型定位技术对遗传性甲状腺癌致病基因RET进行筛检而生出的健康婴儿。

作为"十二五"国家科技支撑计划项目牵头人、生殖安全转化医学研究负责人，黄荷凤及其团队走在国内生殖医学发展的医学的前沿。2015年，国妇婴成为上海唯一一家获得国家卫计委批准的高通量基因测序植入前胚胎遗传学诊断临床应用试点单位。目前医院已开展智力障碍、脊髓性肌萎缩症、常染色体隐性多囊肾病等17种单基因疾病的产前基因诊断，其中4个遗传病家系的异常妊娠得到终止。这无疑能造福许多具有高风险遗传病基因的家族。黄荷凤说，她所率领的团队未来主要的研究攻克方向是发育源性的成人疾病。糖尿病、高血压等慢性疾病，其复杂的发病机制一直是几代科学家们挑战的对象，而漫长的病程、难以根治的症状则困扰着无数患者。黄荷凤团队的研究，从发育源的角度，试图破解慢性疾病的密码。毫无疑问，研究一旦有所突破，患者、家庭乃至整个社会的医疗负担都将大大减轻。

他们的科学研究，不仅解决了一个家庭的问题，而且把这个家庭世世代代的问题都解决了，从此他们的后代就不携带这个遗传病基因了。在研究中，她和团队又希望生殖医学能进一步为疾病防控服务。

黄荷凤带领团队大胆地尝试着新技术的挑战，也提倡大学医院就应该做一些刷新历史的事情，但也反复重申医护人员要守住伦理道德的底线。

有人曾问她，是不是可以挑更聪明、更漂亮的胚胎，她坚定地回答："我们当然不会这么做，目标还是为了疾病防治。"

黄荷凤非常重视科学研究中的问题意识。她曾经说有待解决的问题太多了，比如人被针刺为什么会感觉到痛？耳朵怎么能听到高低五六个声部？眼睛看到的画面远远胜过照相机，它是怎么调节光感的？这些都是诺奖级别的问题。现在生殖医学领域，我们还有很多问题还没有解决。比如生育调控的机制，人能不能选择分娩的具体时刻，想生的时候生，不想生的时候不生，这肯定有规律，但这个"开关"我们还没找到。

她也指出："我的科学研究是让病人问出来的。说得高级一点，就是带着临床问题的科学研究。基础研究为什么重要？有了理论依据以后，再实施临床转化是很自然的。"她还认为："每个人研究领域不同，都很重要，而自然界里这些事实和现象都在，只是没有被人发现，不知道它的原理。从经典的DNA遗传，到表观遗传，或许还有我们没发现的其他机制，正是它们让我们人类不停地繁衍，不停地演化，也许进一步地变好，也许相反，但就是这种多样性决定着人类的未来。"

她也明确地指出，科研中遇到失败的经历数不胜数，也有很多事情做出来一开始得不到认可。科学研究也有很多偶然的机遇，法国微生物学家、化学家巴斯德曾经说："机遇只偏爱有准备的头脑。"做事严谨，思想广阔的黄荷凤也是经常捕捉到科学研究中的机遇。

她曾讲过一件有趣的故事，这件事让她印象很深。有一次她给患者做子宫肌瘤手术的时候，开刀的切口上一擦全是脂肪，她无意中想到，女人一绝经肚子就变大蓄积脂肪，这到底是为什么，然后就让学生拿这些脂肪去研究。没想到发现脂肪里也有卵泡刺激素受体。卵泡刺激素，顾名思义，它的作用是促使卵泡长大。而这跟脂肪有什么关系？通过细心研究后他们知道了，卵泡刺激素也会促使脂肪细胞分化和生长。有雌激素的时候，卵泡刺激素是被抑制的，而老年妇女没有雌激素了，卵泡刺激素就变得很高，这也会让她的身体老化。反过来说，抑制卵泡刺激素，就有可能延缓衰老。

黄荷凤捕捉机遇而得的这个新颖的观念提出来的时候，大家都不注意或者不接受，论文投出去多次被拒稿。直到美国学者发现骨头里也有卵泡刺激素受体并发表在了《细胞》上，他们的研究工作才发表在 *Aging Cell* 上。研究成果的认可有时候需要各种契机。这件事情让她意识到，妇产科研究可以涉及更广泛的健康问题。

人 生 感 悟

从自称"接生婆"，到如今著名的生殖医学专家，30多年来，黄荷凤为数万个不育家庭带来了希望，被患者亲切地称为"送子观音"。她自己却谦虚地说道："我最大的动力就是新生命的微笑。"

从见习期年轻的实习医生，到如今著名的生殖医学专家，已经30多年过去了，黄荷凤的初心从来没有变过，30余年的坚守始终如一。她常说自己的愿望其实很简单，就是希望每一个幸福的家庭都诞生健康的宝宝，新生命的微笑由她来守护。"生殖医学"四个字已深深嵌入黄荷凤这一生的奋斗里。

黄荷凤长期工作在妇幼保健系统，守护着妇女和孩子的健康，她将无数新生命带到这个世界，为无数家庭解决烦恼，也无时无刻不在努力使这个职业变得更加"神圣"。

新生命的诞生是神圣和令人感动的，黄荷凤当初选择妇产科，就是被生命的第一声啼哭吸引。迎接新生命的到来让她感到欣喜，这种心情到现在都没有减弱过。

对青年女性的寄语

黄荷凤曾说："青年强，则医院未来强。"为此，在她的推动下，所任职医院总是会给青年人更大的平台和支持，也自然迸发出了更大的前进动力。

黄荷凤多次提到团队，提到自己的学生。团队中有很多年轻的女医生，身为博士生导师，黄荷凤培养出了许多英才，可谓桃李满天下，如今她们中的不少人秉承着老师的教诲，在妇产科领域里精勤钻研、发光发热。

对于人才培养，黄荷凤认为，在医学发展过程中，教育起到了不可忽视的作用。因此多年来，她对教学有着异乎寻常的热情。她乐于与学子分

黄荷凤（左六）和学生们在毕业典礼上

享自己的所得所获，同时期望并相信青年人的潜力。尽管脸上总是带着和善的微笑，可黄荷凤对学生也有着严格的要求，希望青年学子能够"打好基础，选择一个感兴趣的方向，寻找一个适合自己的带领者，融入一个好的团队，最后把自己变得举足轻重起来"。黄荷凤强调，年轻人身上承担着国家前进的重任，故而必须拥有把自己做强做大的勇气与志气，学会独立，也懂得合作，如此方能不负初心，不辱使命。

黄荷凤以其果敢严谨的作风，说一不二的行为，带出了一个积极奋进、创新氛围浓厚的科研团队。黄荷凤曾说："其实在这个团队里，受益的不仅是学生，还有我。事实上，我能取得现在这样的成绩，与学生们是分不开的。"在她看来，导师与学生绝对不是单向的传道解惑，而是双向学习，互相促进。青年尽管在经验和知识容量上有所不足，但其活跃的思维、乍现的灵光，往往会给导师带来不同寻常的灵感，甚至可以启迪导师。"学生会使老师变得聪明，最终两相进步。"黄荷凤得出这样的结论。

黄荷凤对所有的医学青年殷殷寄语："学医是一个造福人类的职业，能够帮助别人是很有意义的，愿大家能够在这个过程中学会善良、完善自己。"在她的影响下，交大医学院出现了一批立志胚胎科学、守护生命的青年学者。

从医已经30余载，黄荷凤觉得将时间奉献于医学事业分外值得，虽然她也曾遗憾地感慨"因为工作很忙，家庭角色未能尽职"，但对职业的付出和由此而来的认可却是让她非常满足的。做人，愿为出世之青莲；做事，甘当鲸鱼之脊梁。这份执着与热爱都化作了她脸上的笑容，也感染着年轻的一代。

（应成霞初稿，萨日娜、林佳丽修订，苏卓君审校）

参考文献

［1］蔡淳，贾伟平.中国糖尿病的社区化管理［J］.中国科学：生命科学，2018，48（08）：820-826.

［2］沉痛悼念徐晓白院士［J］.环境化学，2014，33（04）：541-542.

［3］陈亚珠，唐耀宗.配电变压器的防雷问题［J］.电力技术，1980（01）：27-33.

［4］陈亚珠，唐耀宗.配电变压器防雷配变、避雷器组合的大冲击电流试验与分析［J］.上海交通大学学报，1979（04）：157-167.

［5］陈亚珠，肖登明，周德新.强脉冲技术应用于肾结石体外粉碎机［J］.高电压技术，1997（01）：34-36.

［6］陈亚珠.感恩是我的力量源泉［EB/OL］.（2021-06-07）［2022-12-30］.上海交通大学新闻学术网.https://news.sjtu.edu.cn/index.html.

［7］陈亚珠.解放日报征文选登：半世纪的恩惠［EB/OL］.（2006-04-24）［2022-12-30］.上海交通大学新闻学术网.https://news.sjtu.edu.cn/index.html.

［8］陈亚珠.理工医聚力打造大健康产业格局［N］.医学科学报，2022-01-28（4）.

［9］陈云峰.市三女中设立"陈亚珠院士奖学金"［N］.文汇报，2022-10-11.

［10］成就卓著　巾帼豪杰——热烈祝贺我国著名化学家徐晓白院士八十华诞［J］.分析化学，2007，（05）：615-616+621-622.

［11］大会主席——黄荷凤教授简介［C］//.中国中西医结合学会生殖医学分会首届学术年会暨生殖医学专业委员会成立大会论文汇编.［出版者不详］，2014：7.

［12］董玉琴，于卓.《中华百名女杰》丛书　科学卷［M］.北京：中国国际广播出版社，1997：45.

［13］杜克久.一些环境有机污染物雌激素生物效应研究［D］.北京：中国科学院研究生院，2000.

［14］高凡婷.夏培肃：造中国自己的计算机［J］.创新世界周刊，2020（09）：74-75.

［15］高小霞.寄语青年读者［M］.稀土农用与电分析化学，北京：北京大学出版社，1997.

［16］高小霞.家在北大［M］//.邵元华，庄乾坤，徐光宪.高小霞院士诞辰九十周年纪念文集.北京大学化学与分子工程学院分析化学研究所，2009：158-159.

［17］高小霞.漫长的求学旅程［M］//.中国科学院院士工作局.科学的道路上.上海：上海教育出版社，2005：494.

［18］高小霞.求学［M］//.邵元华，庄乾坤，徐光宪.高小霞院士诞辰九十周年纪念文集.北京大学化学与分子工程学院分析化学研究所，2009.

［19］古亭.夏培肃：我国计算机事业的奠基人［J］.瞭望周刊，1992（29）：28-29.

［20］谷超豪.奋斗的历程　谷超豪文选［M］.上海：复旦大学出版社，2005：222.

［21］韩承德.恬淡人生　夏培肃传［M］.北京：中国科学技术出版社，

2020.

［22］贺小虎.征文选登：高山仰止，景行行之——我眼中的陈亚珠院士［EB/OL］.（2006-04-25）［2022-12-30］.上海交通大学新闻学术网.https://news.sjtu.edu.cn/index.html.

［23］胡和生.德沙格定理在射影空间超曲面论上的推廣［J］.复旦学报（自然科学），1955（01）：46-50.

［24］胡和生.共轭的仿射联络的扩充［J］.数学学报，1953，（04）.

［25］胡和生.数学家的智慧　胡和生文集［M］.上海：上海教育出版社，2017.

［26］胡和生.特殊的仿射聯絡空间［J］.数学学报，1955（03）：325-332.

［27］胡克源，徐晓白.忆纪如老师［A］.征文史资料第11辑　柳大纲纪念文集，2004：61-64.

［28］胡晓菁，黄艳红.追忆徐晓白院士和她的化学人生［N］.中国科学报，2014-07-18（10）.

［29］胡晓菁.情系化学　返璞归真：徐晓白传［M］.北京：中国科学技术出版社//上海：上海交通大学出版社，2018.

［30］黄海华.她，上海市科技功臣！为研发中国人的肾结石体外粉碎机，这位女科学家曾经贷款40万［EB/OL］.（2020-05-19）［2022-12-30］.上观新闻.https://export.shobserver.com/baijiahao/html/249221.html.

［31］黄荷凤当选为中科院院士！厉害了我的妇产科学！［J］.中外女性健康研究，2017（24）：2+191.

［32］黄建军.新中国成立70年党对高校全面领导的历史考察与基本经验［J］.中国高等教育，2019（12）：4-6.

［33］纪念高小霞先生诞辰100周年专刊［J］.分析科学学报，2019，35（06）：673-674.

［34］贾薇薇，史郁松.勇做学科担当　彰显中国力量：专访中华医学会糖尿病学分会主任委员贾伟平教授［N］.医师报，2018.12.08（08：糖尿病专栏）.

［35］贾伟和贾伟平合作团队在糖尿病代谢组学研究方面获得新突破［J］.上海交通大学学报（医学版），2015，35（12）：5.

［36］贾伟平：不断探索进取开拓，为"糖人"们不懈努力［EB/OL］.上海交通大学.新闻学术网.（2017-12-06）［2022-12-30］.https://news.sjtu.edu.cn/ztzl_jdms/20180414/71154.html.

［37］贾伟平：我的新征程才刚刚开启［EB/OL］.九三学社上海市委.［2022-06-15］.http://www.93.gov.cn/syfc-ysfc/770416.html.

［38］贾伟平.持续葡萄糖监测［M］.上海：上海科学技术出版社，2017.

［39］贾伟平.新形势、新理念下的慢性病防控［J］.中华内科杂志，2022（61）：1.

［40］贾伟平代表：应建立药品不良反应受害者赔偿基金［EB/OL］.九三学社中央办公厅.（2009-04-10）［2022-12-30］.http://www.93.gov.cn/xwjc-snyw/217397.html.

［41］姜承永.深切怀念恩师高小霞［M］//.邵元华，庄乾坤，徐光宪.高小霞院士诞辰九十周年纪念文集，北京大学化学与分子工程学院分析化学研究所，2009.

［42］姜斯宪.变革中的大学章程［M］//.朱健，唐国瑶.上海交通大学年鉴.上海：上海交通大学出版社，2015：64-68.

［43］蒋可，徐晓白.质谱/质谱法快速检出国产五氯酚中的痕量剧毒杂质—四氯二苯并呋喃［J］.环境科学学报，1990（01）：96-100.

［44］蒋秀明.水之源　上海交通大学"弘扬交大爱国主义革命传统 塑造社会主义跨世纪新人"研讨会文集［M］.上海：上海交通大学出版社，1997.

［45］焦奎.师表垂千秋——深切怀念恩师高小霞院士［M］//.邵元华，庄乾坤，徐光宪.高小霞院士诞辰九十周年纪念文集，北京大学化学与分子工程学院分析化学研究所，2009.

［46］金涛，刘国雄.女学部委员访问记［M］.北京：海洋出版社，1983.

［47］孔艳艳.预防为主　医防融合　深入推进糖尿病防治行动——专访国家基层糖尿病防治管理办公室主任、上海市糖尿病研究所所长贾伟平院士［J］.健康中国观察，2022（09）：50-53.

［48］李超.角色嬗变与艺术转型——以民国艺术家胡伯翔为中心的考察［J］.都会遗踪，2022（01）：133-146.

［49］李汉琳.世界杰出女科学家陈赛娟［J］.人才开发，2000（03）：1.

［50］梁国栋.贾伟平：慢性病治疗应放在社区医院［J］.中国人大，2011（09）：47.

［51］刘海峰，欧七斤.中国大学校史研究的回顾与前瞻［M］.厦门：厦门大学出版社，2016.

［52］刘瑞挺.中国计算机奠基人之一：夏培肃院士［J］.计算机教育，2003（01）：18-20.

［53］刘欣梅，江倩倩.黄荷凤　新生命的微笑，由她守护［J］.中国卫生人才，2018（01）：66-69.

［54］卢嘉锡.院士思维 第4卷［M］.合肥：安徽教育出版社，2003：1592-1596.

［55］骆郁廷.改革开放40年来高校思想政治理论课教师队伍建设的历史发展［J］.思想理论教育导刊，2018，238（10）：16-24.

［56］马德秀，印杰，王方华，徐飞，顾锋.扎实开展创新与创业教育的实践与思考［J］.中国高等教育，2008（23）：9-11.

［57］马德秀.变革与超越：走中国特色的一流大学之路［M］.上海：上海交通大学出版社，2014.

［58］马德秀.产学研联盟：实现高校超常规发展的有效途径［J］.教育发展研究，2004（09）：15-17.

［59］马德秀.创建世界一流大学的阶段性挑战与思考［J］.中国高等教育，2010（23）：7-9.

［60］马德秀.高校党委提高执政能力的四点思考［J］.国家教育行政学院学报，2005（02）：41-42.

［61］马德秀.实践与探索［M］.上海：上海交通大学出版社，2015.

［62］马德秀.以国家战略需求为牵引 积极做好毕业生就业工作［J］.中国大学生就业，2008（24）：18.

［63］马德秀.在服务社会中实现我国高校的超常规发展［J］.清华大学教育研究，2004（05）：73-79.

［64］马德秀.着力三个突破 建设高水平研究型大学［J］.中国高等教育，2010（Z1）：7-9.

［65］闵建颖.医源大家［M］.上海：上海交通大学出版社，2012：248.

［66］您就是那振翅的风——记上海交通大学医学院附属瑞金医院陈赛娟院士［J］.中国研究生，2019（06）：32-37.

［67］宁波市第三年中学.陈亚珠院士回信鼓励三中学子"深怀爱国之心，砥砺报国之志"［EB/OL］.（2022-01-19）［2022-12-30］.宁波市第三中学微信公众号.

［68］潘锋.医防融合，切实提升基层糖尿病管理水平——访中华医学会糖尿病学分会主任委员贾伟平教授［J］.中国当代医药，2019，26（11）：1-3.

［69］祁威.夏培肃 中国计算机之母［J］.科学大观园，2021（05）：52-55.

［70］秦占芬，徐晓白.非洲爪蟾在生态毒理学研究中的应用：概述和实验动物质量控制［J］.科学通报，2006（08）：873-878.

［71］【全景直播】上海交通大学纪念建校121周年［DB/OL］.（2017-04-08）［2022-12-12］.https://mp.weixin.qq.com/s/AnHYzryOfWNLKUgrrzwXhg.

［72］如何面对化学品充斥的世界——访中国科学院院士徐晓白［N］.中国绿色时报,1998-02-03（01）.

［73］阮莉珠.生命放歌 上海当代科技精英、杰出人物风采录［M］.上海：上海科学普及出版社,2002.

［74］上海超声医学研究所.周永昌教育奖获奖人陈亚珠简介［EB/OL］.［2022-12-30］.https://www.sium.org.cn/hjjj-detail/2.

［75］《上海交通大学年鉴》编纂委员会.上海交通大学年鉴1997总第1卷［M］.上海：上海交通大学出版社,1997.

［76］上海交通大学医学院.【四十人话四十年】黄荷凤：惟愿"呵护晨曦"［EB/OL］.（2018-12-09）［2022-12-12］.https://mp.weixin.qq.com/s/CPaZ3bf21VeCHMqXg5lOhw.

［77］上海交通大学医学院.绚丽的生命风景线——记陈竺、陈赛娟院士［M］.上海：上海交通大学出版社,2006.

［78］上海交通大学医学院官网［DB/OL］.［2022-12-12］.https://www.shsmu.edu.cn/info/1025/1230.html.

［79］上海交通大学医学院官网研究生导师［DB/OL］.［2022-12-12］.https://daoshi.shsmu.edu.cn/Pages/TeacherInformationView.aspx?uid=8F17286E-E373-4A0B-AE78-9AE750C7E599&from=s&pId=100211&tId=.

［80］上海市高校思想理论教育研究会.论德育在高校工作中的地位［M］.上海：同济大学出版社,1991（05）.

［81］上海市宁波经济建设促进协会,上海市宁波同乡联谊会,《宁波人在上海》系列丛书编委会.同建新上海［M］.上海：东方出版中心,

2006：514-520.

［82］上海市委组织部.上海领军人才［M］.上海：文汇出版社，2009.

［83］邵元华，庄乾坤，徐光宪.高小霞院士诞辰九十周年纪念文集［A］.北京大学化学与分子工程学院分析研究所，2009.

［84］佘磊.多才多艺的胡伯翔［J］.礼拜六.1947：76.

［85］宋立志.名校精英　上海交通大学［M］.北京：京华出版社，2010：185-191.

［86］孙佳.贾伟平院士：一辈子研究"甜蜜事业"，许多"第一"与她有关［EB/OL］.（2021-11-18）［2022-12-12］.https://news.sjtu.edu.cn/jdyw/20211118/162783.html.

［87］陶德坤，刁承湘.上海研究生教育改革发展20年　成果篇［M］.上海：上海交通大学出版社，1999：102-108.

［88］陶婷婷.全国政协委员陈赛娟：建国家级重大疾病专病数据库平台优先聚焦严重影响人群健康的疾病［N］.上海科技报，2022-03-09（001）.

［89］陶婷婷.新科院士贾伟平："甜蜜"的事业，钻研的人生［N］.上海科技报，2021.11.26（001）.

［90］滕建勇.话说七十年 1950—2020上海市教育工会发展访谈录［M］.上海：上海交通大学出版社，2020.12.

［91］铁铮.中国女教授［M］.北京：中国城市出版社，1995.

［92］王晓涵.胡伯翔时装女郎月份牌画研究［D］.南京：南京艺术学院，2021：22.

［93］王宗光，李建强，盛懿.顺应变化 以史育人 不断开创思想政治工作的新局面——交通大学加强思想政治工作的实践与思考［J］.上海党史与党建，2002（08）：15-18.

［94］王宗光，赵文华.促进人的全面发展：高等教育创新的使命与挑战

［J］.复旦教育论坛，2003（04）：7-10.

［95］王宗光.百年交大人才观的演进［J］.上海交通大学学报（社会科学版），2002（03）：3-6.

［96］王宗光.从专才、通才到全面发展的人——百年交大人才观的演进［J］.学校党建与思想教育，2002（17）：10-12.

［97］王宗光.发挥大学文化对城市文化的助推作用［J］.上海党史与党建，2003（07）：1-3.

［98］王宗光.关于科技与经济结合的几点思考［J］.上海交通大学学报（社会科学版），2000（01）：10-14.

［99］王宗光.贯彻十六大精神　实现跨越式发展［J］.思想·理论·教育，2002（12）：4-5.

［100］王宗光.弘扬交大爱国革命传统　培育跨世纪优秀人才［J］.上海党史研究，1996（03）：14-17.

［101］王宗光.基础研究是上水平的重要环节［J］.上海交通大学学报，1996（02）：159-160.

［102］王宗光.加强思想政治工作的针对性和有效性［J］.中国高等教育，2000（07）：7-8.

［103］王宗光.教育创新：马克思主义教育思想的新境界［J］.中国高教研究，2003（08）：8-10.

［104］王宗光.认真做好高校青年教师入党工作［J］.求是，2002（09）：52-54.

［105］王宗光.思想政治工作要抓好三支队伍建设［J］.学校党建与思想教育，2001（04）：9-11.

［106］王宗光.真情岁月：任上海交大党委书记的体验［M］.上海：上海交通大学出版社，2009.01.

［107］为我国的化学和环保事业奋斗一生——访中国科学院院士徐晓白

［N］.科学时报，2008-02-28。

［108］魏芳.糖尿病的"中国特色"——访著名糖尿病学专家贾伟平教授［EB/OL］.中国数字科技馆.［2016-11-21］.https://www.cdstm.cn/gallery/media/qkdr/wf/201605/t20160525_320399.html.

［109］吴瑾欣.夏培肃　甘做中国计算机基石［J］.软件工程，2022，25（05）：2+63.

［110］吴学昭.怀念母校上海工部局女中［M］//.陈秀云.我所知道的陈鹤琴，北京：金城出版社，2012：76-77.

［111］吴学周对徐晓白晋升研究员的审查意见［A］.1982-05-04.

［112］喜报！黄荷凤当选中国科学院院士［DB/OL］.（2017-11-28）［2022-12-12］.https://mp.weixin.qq.com/s/KVEYB_ep4VKwFzc_hvQtIQ.

［113］夏玲英.上海市科技教育系统妇女工作委员会.美丽智慧之光　上海当代女科学家实录［M］.上海：上海科学普及出版社，2005：56-62.

［114］夏培肃与中国计算机发展水乳交融［J］.科学大观园，2019（Z1）：46-47.

［115］小路.夏培肃教授传略［J］.电工教学，1994（01）：65.

［116］新闻中心.陈亚珠：医工交叉开拓者，健康中国笃行人［EB/OL］.（2020-05-28）［2022-12-30］.上海交通大学新闻学术网.https://news.sjtu.edu.cn/index.html.

［117］徐飞.学者笔谈　第3辑［M］.上海：上海交通大学出版社，2012：11-18.

［118］徐光宪.往事如烟：记高小霞半工半读、半教半研的一生［M］//.邵元华，庄乾坤，徐光宪.高小霞院士诞辰九十周年纪念文集，北京大学化学与分子工程学院分析化学研究所，2009.

［119］徐品方.女中算杰胡和生［J］.数学教师，1996（01）：45-47.

［120］徐瑞哲.超声波治癌明年有望临床试验［N］.解放日报，2013-5-14（3）.

［121］徐晓白.从无机到有机，中国环境化学学科的主要开创者［N］.科普中国，2019-01-23.

［122］徐晓白.硝基多环芳烃——环境中最近发现的直接致突变物和潜在致癌物［J］.环境化学，1984（01）：1-16.

［123］徐晓白.新型阴极材料六硼化镧简介［J］.化学通报，1965（12）：34-39.

［124］徐晓白.盐湖的分类［J］.化学世界，1958（03）：28-31.

［125］徐燕，徐佳.妈妈，你还在我们身边［M］//.邵元华，庄乾坤，徐光宪.高小霞院士诞辰九十周年纪念文集，北京大学化学与分子工程学院分析化学研究所，2009.

［126］许嘉璐，王宗光.关于大学生人文素质教育的谈话［J］.上海交通大学学报（哲学社会科学版），2003（01）：3-6.

［127］闫宏飞，解志涛.创造美好环境的女化学家——记中国科学院生态环境研究中心徐晓白院士［J］.中国科技奖励，2006（08）：30-34.

［128］严爱云.改革创新 1978—1992［M］.上海：上海教育出版社，2014.

［129］杨波.画坛先辈胡伯翔的人生三部曲［J］.纵横，1999，0（2）：62-64.

［130］尹薇，王艾冰，孔天骄，杨晓露，刘静怡.黄荷凤院士：辅助生殖技术30年［N］.健康时报，2022-08-26（003）.

［131］尹振兴.不是花中偏爱兰——访中华医学会糖尿病学分会副主任委员贾伟平教授［J］.糖尿病新世界，2010（01）：6-7.

［132］虞彬，周桂发，丁士华，张剑，段炼.我给谷超豪当秘书［J］.都会遗踪，2013（02）：137-154.

［133］曾涛.不懈的计算机生涯——访中国科学院院士夏培肃［J］.中国青

年科技，2003（11）：6-9.

［134］张安胜.匠心交大［M］.上海：上海交通大学出版社，2019.

［135］张剑，段炼，周桂发.一个共产党人的数学人生　谷超豪传［M］.
北京：中国科学技术出版社，2014：231.

［136］张璟璟.新年大家都甜甜蜜蜜　82岁甬籍院士陈亚珠为家乡人炖
甜品［EB/OL］.（2018-02-11）［2022-12-30］.浙江新闻.https://
zjnews.zjol.com.cn.

［137］张双虎，黄辛.中国工程院院士陈赛娟：建设重大疾病专病数据库
势在必行［N］.中国科学报，2022-03-23（003）.

［138］赵阳，赵烨.未名湖畔夜话：中科院学部委员、著名化学家高小霞
一席谈［J］.妇女，1992（1）.

［139］政协嘉善县委员会文史委员会.嘉善精英-中国科学院五院士［M］.
政协嘉善县委员会文史委员会，1997：168-196.

［140］中共上海市教育卫生工作委员会党史办公室.上海教育卫生改革创
新亲历记1978—1992［M］.上海：上海浦江教育出版社，2014.08.

［141］中国高等教育学会.加强教育科学研究，促进高等教育创新　2003
年高等教育国际论坛文集［M］.北京：北京理工大学出版社，
2004.04.

［142］中国工程院院士馆.陈亚珠事迹传记［EB/OL］.［2022-12-30］.https://
ysg.ckcest.cn/html/details/2093/index.html.

［143］中国工程院院士馆.中国工程院院士、上海交大安泰经管学院讲席
教授贾伟平：改善中国人民的健康问题，需要从"医"转向"防"
［EB/OL］.［2022-08-28］. https://ysg.ckcest.cn/ysgNews/1743736.
html.

［144］中国科学院学部.院士名单与简介　黄荷凤［EB/OL］.［2022-12-12］.
http://casad.cas.cn/sourcedb_ad_cas/zw2/ysxx/smkxhyxxb/201711/

t20171129_4625066.html.

［145］中国院士——陈赛娟［J］.世界最新医学信息文摘，2017，17（02）：10.

［146］周子璇，张培富.论夏培肃在中国计算机科学中的贡献［J］.山西科技，2019，34（06）：74-77.

［147］周子璇.夏培肃与中国计算机科学的建立和发展［D］.山西大学，2020.

［148］朱茜，倪立冬.医学大家陈赛娟　从纺织机上走下来的女院士［J］.健康大视野，2006（04）：14-17.

［149］朱庆葆，刘志兰.弘扬大学精神 完善大学制度 加快一流大学建设——"一流大学建设系列研讨会"综述［J］.中国高等教育，2005（Z2）：13-14.

［150］祝贺！黄荷凤院士当选2019年发展中国家科学院院士［EB/OL］.（2018-11-29）［2022-12-12］.https://mp.weixin.qq.com/s/8ATjNVk7Y_sTInKMMu4Kw.

［151］A. A. 莱文.固体量子化学［M］.徐晓白，译.北京：科学出版社，1982.

［152］Н.П.鲁日娜娅，徐晓白.氯化锂-氯化钾-氯化锶体系［J］.化学学报，1958（05）：356-363.

［153］Kongqinglin.专访贾伟平教授：学习知识永远不会嫌晚［EB/OL］.丁香园.（2016-01-04）［2022-06-15］.http://endo.dxy.cn/article/481961.

［154］Xu X B, NACHTMAN J P, JIN Z L, et al. Isolation and identification of mutagenic nitro-pah in diesel-exhaust particulates[J]. Analytica Chimica Acta, 1982, 136 (APR): 163-174.

［155］Xu X B, NACHTMAN J P, RAPPAPORT S M, et al. Identification of 2-Nitrofluorene in diesel exhaust particulates［J］. Journal of Applied Toxicology, 1981.

后　记

　　跨越三个世纪的交通大学，早在1927年就开始招收培养女学生，在国内外高等教育史上也是领先者。中华人民共和国成立以来，学校孕育了无数光芒四射的巾帼科技功臣。她们爱国奋斗，拼搏奉献，尽展风采；她们热衷科研，孜孜不倦，敢于追梦；她们在各自的学术领域创新突破，培养科技人才，为推动国家和人类社会发展做出了卓越贡献！

　　为了全面生动展现上海交通大学女性科学工作者、教育家、高等教育管理者的卓越成就和崇高精神，校妇委会策划出版"巾帼交大"系列丛书。第一册《巾帼交大 科教功勋》，以交大培养和在交大工作的9位女院士、2位女党委书记为代表，记录她们在科教管理工作上的杰出贡献和成长过程中的人生感悟。本书是国内高校首部以女院士、女书记为人物题材的书籍之一，全书用20余万字篇幅，全方位展现了交大女性的杰出贡献，以激励更多的青年科技工作者和大学生树立远大理想，不负韶华，成就人生，报效祖国。

　　书中选录的11位杰出女性，有曾在交大求学育人的，如高小霞、夏培肃、徐晓白、胡和生、陈亚珠、贾伟平等；有从国外学成归来在交大传道授业的，如沈天慧、陈赛娟、黄荷凤等；还有为高等教育改革发展做出巨大贡献的，如王宗光、马德秀。

　　在本书撰写过程中，院士们和书记们的人格魅力一次又一次地感动激励着我们。"一代人做好一代人的事情",为交大走向世界一流大学奠定坚实基础的王宗光书记如是说。85岁高龄的王书记与我们交流时,反复强调"我们做了一些承上启下的工作,交大人都非常地团结,领导班子成员都无私地奉献智慧,取得的一些成绩是我们全体交大人披荆斩棘,共同努力的结果",把"功成不必在我,功成必定有我"的胸怀展现得淋漓尽致。采访当日恰逢王书记的生日,老人家还热情地与我们分享了生日蛋糕。

"选择交大,就选择了责任",这是马德秀书记曾在"开学第一课"上,对一批批新生的谆谆嘱托,这是交大的办学"主旋律",更是每一位交大人的精神底蕴。她在工作中所具有的宏观思维和战略眼光,所展现的对接国家经济社会发展的前瞻布局和抢抓机遇,与日俱进的担当作为,常常感染着我们。而在采访中,她却总说,"应该多写那些奋斗在一线的女教师和女学者们,她们才是为交大奉献智慧和汗水的可敬可爱的人"。而她又曾几何时不是我们每位交大女性心中的楷模!

陈亚珠院士在接受访谈时回顾了自己艰苦奋斗的青少年时代,对于日后取得的成果,她着重讲的是其他学者对她的影响和科研团队成员的学术贡献,其朴实无华的语言令我们深感她谦逊的人格魅力。采访间隙,我们看到桌上放着87岁高龄的陈院士用娟秀的文字对我们初稿悉心修订的"花脸稿",字里行间充分体现出一名杰出科学工作者严谨的治学精神!

在写陈赛娟院士时我们了解到,她当年放弃了法国优渥的生活,从零开始开展白血病的基础研究与临床治疗,又将自己获得的奖学金也用于购买研究材料上。高小霞院士在20世纪50年代初为了早日回国建设新中国,放弃了一直追求的博士学位,赶在美国禁止中国留学生回国法令颁布前回国。为了弥补国内研究的空白,夏培肃院士从无到有,研制出了中国人自己的电子计算机。沈天慧院士为了国家的需要,曾数次转换研究方向,无怨无悔,且在每一个领域都获得领先于国际的成果。徐晓白院士人到中年转向环境有机污染物的研究,为后续环境治理工程奠定了基础。贾伟平院士在国内首创了"医院—社区糖尿病一体化"管理模式，为病人搭建快捷、便利、便宜的医疗平台，让糖尿病人实现了"少花钱，好看病"。黄荷凤院士经常教育学生："学医是一个造福人类的职业，能够帮助别人是很有意义的，愿大家能够在这个过程中学会善良、完善自己。"

"世界需要科学，科学需要女性"，这是知识女性薪火相传的时代使命。科学发展史中，从来不缺乏女科学家的名字，以居里夫人为代表的"榜样力量"激励着一代代女性在科技创新中追求卓越，女性诺贝尔奖获得者层出不穷。在以创造精神书写历史、改变中国的征程上，巾帼步履从未停歇。回首过往，奋战在各行各业的女性争做伟大事业的建设者、文明风尚的倡导者、敢于追梦的奋斗者，用双手创造出彩人生。当今世界风云变幻，人类面临可持续发展的挑战，比任何时刻都更需要女性的智慧与包容，女性科技工作者的重要性也愈加凸显。为进一步激发女性科技人才创新活力，搭建广阔平台，让更多优秀女性科技工作者脱颖而出，上海交通大学在全国率先推出《关于支持女性科研人才在科技创新中发挥更大作用的16条措施》。

《巾帼交大　科教功勋》的撰写始于2022年下半年，由于疫情原因，当时无法进行面对面的访谈，萨日娜教授带领学生克服各种困难，通过校史资料、访谈稿、学术报告和文献等，全方位撒网式地搜集院士和书记们的相关资料；苏卓君老师频繁联系党委宣传部、校友会、档案文博中心、医学院及附属医院等单位，竭尽全力找到最新最全的资料。她们多次和我协商书稿的框架和内容的编排，探讨对每一位人物的刻画。2023年春节前夕，我们通过视频与每一位院士开展深入交流，听取她们对于书稿写作的意见，并在三八妇女节当天启动了《巾帼交大》书籍编写仪式。

3月开始，我们对一些院士和书记进行了面对面的口述访谈，院士和书记们对我们的访谈和写作工作都给予了极大的支持。我们也借此机会衷心感谢党委宣传部、校友会、档案文博中心、医学院及附属瑞金医院、附属第六人民医院等单位，为本书提供宝贵的原始资料。有一些校友的资料在外地，如为了搜集高小霞院士的第一手资料，萨日娜教授多次前往北京，到北京大学档案馆和图书馆进行调研和访谈，得到北京大学档案馆余浚馆长的热情支持，在此向余馆长致以由衷的谢意。

受限于篇幅，寥寥20余万字远远不足以完整呈现院士们和书记们的精彩人生。我们只能选取若干视角，回顾她们热衷科研、立德树人、拼搏奉献、爱国奋斗的事迹。希望读者朋友们能从中感悟并汲取精神养分，勇于探索未知世界，踔厉奋发，勇毅前行。

《巾帼交大　科教功勋》出版发行后，我们将继续编写交大巾帼的动人故事，聚焦交大培养出的一批杰出女教师、女医师和女校友，激发广大年轻人特别是青年女学生、女科技工作者的历史责任感和主人翁精神。面向未来，中国亿万妇女必将心怀"国之大者"，秉承创造精神，砥砺前行，为全面建成社会主义现代化强国贡献巾帼力量，造福人类！

上海交通大学党委常委、副校长、
妇女工作委员会主任 　徐学敏

2023 年 10 月